111 GRÜNDE, UM DIE WELT ZU REISEN

MARIANNA HILLMER

111 GRÜNDE,
UM DIE WELT
ZU REISEN

VON DER LUST, SICH AUF DEN WEG ZU MACHEN

SCHWARZKOPF & SCHWARZKOPF

INHALT

VORWORT 9

1. PLANUNG IST DER HALBE SPASS 11
Weil eine Bucket List die wichtigste Liste ist – Weil man die Grand Tour nachreisen sollte – Weil man sich im Packen üben kann – Weil man in den Fußstapfen von Bruce Chatwin wandelt – Weil Reisen nicht teuer sein muss – Weil man seine schönen Sommerkleider tragen sollte – Weil Fliegen Spaß macht – Weil man seinen eigenen Roadtrip-Soundtrack zusammenstellen kann – Weil Filme zum Reisen inspirieren

2. ESSEN, DER BESTE GRUND ZU REISEN 33
Weil man im Ramadan ausprobieren kann, wie lang ein Tag ohne Nahrung ist – Weil es in Paris die leckersten Konditoreien gibt – Weil im Osten kulinarische Entdeckungen warten – Weil das billigste Michelin-Restaurant der Welt sich in Hongkong befindet – Weil es in Rom das leckerste Eis gibt – Weil in Südtirol noch mittelalterliches Brot gebacken wird – Weil die Olive ein Geschenk der griechischen Götter ist – Weil Meerschweinchen in Peru nicht nur Haustiere sind – Weil man sich in Berlin günstig um die Welt schlemmen kann – Weil es noch traditionelle Almhütten gibt – Weil Barcelona fotogen und lecker ist – Weil die südafrikanische Fusionsküche süchtig macht

3. PEINLICHE PANNEN + LEHRREICHE LEKTIONEN 59
Weil man lernen kann zu campen – oder auch nicht – Weil man aus Anfängerfehlern lernt – Weil Lehrgeld zahlen zum Reisen dazugehört – Weil Kakerlaken ein würdiger Gegner sind – Weil auch Reiseprofis dumme Fehler machen – Weil man dem Wunsch vom Fliegen beim Paragliden nahe kommt – Weil peinliche Geschichten die lustigsten sind – Weil auch Angsthasen Abenteuer erleben können – Weil kleine Krisen im Ausland das Selbstbewusstsein stärken – Weil man lernen muss, seinem Bauchgefühl zu vertrauen

4. TIERE, MENSCHEN, ABENTEUER 81

Weil man noch Nashörner in freier Wildbahn beobachten kann – Weil man in Hebron den Nahost-Konflikt besser verstehen kann – Weil man in Schweden die Kunst des Fischens lernen kann – Weil mit einem Kulturschock in Old-Delhi Indien perfekt startet – Weil man sich in Geisterstädten gruseln kann – Weil man sich in Indien von Wunderheilern kurieren lassen kann – Weil man lernt, sich durchzuschummeln – Weil man einmal im Leben auf ein Gewinnerpferd setzen muss – Weil man in Bangladesch auf Tigersafari gehen kann – Weil es in der Sahara den schönsten Sternenhimmel gibt

5. IN DIE FERNE SCHWEIFEN 105

Weil man von Berlin bis nach Peking mit dem Zug fahren kann – Weil das Paradies einen Namen hat: Malediven – Weil man sich in Tausendundeiner Nacht wähnen kann – Weil es auf Boracay die schönsten Sonnenuntergänge gibt – Weil Dubais Superlative beeindrucken – Weil der Blick vom Tafelberg auf Kapstadt spektakulär ist – Weil in Hongkong Hochhäuser wirklich Sinn machen – Weil man im Krüger-Nationalpark die Big Five auf einen Schlag sehen kann – Weil man den Sonnenaufgang über Angkor Wat gesehen haben muss – Weil es Orte gibt, die erst auf den zweiten Blick faszinieren – Weil der Iran anders ist als erwartet – Weil es die Kulissen von »James Bond« und »Forrest Gump« wirklich gibt – Weil man in ägyptischen Oasen keine Papyrusrollen kaufen muss – Weil man auf Jesu Spuren Jerusalem entdecken kann – Weil die koreanische Kirschblüte daran erinnert, in der Gegenwart zu leben – Weil man den Berg der Götter in Mesopotamien besteigen sollte – Weil Karaoke-Singen in der Mongolei Spaß macht

6. EUROPA, SO VIEL ZU SEHEN! 145

Weil Hamburg die schönste Stadt der Welt ist – Weil es sich lohnt, sich in Paris die Füße wund zu laufen – Weil Zagreb durch seine reiche Geschichte überrascht – Weil man in Thessaloniki die Vorweihnachtszeit genießen kann – Weil Moskau ein wahres Architektur Mekka ist – Weil diese Insel jedes Jahr die lesbische Liebe feiert – Weil Porto die eigentliche Hauptstadt Portugals ist – Weil Athen die Antike mit der Moderne verbindet – Weil St. Petersburg im Winter romantisch und einsam ist – Weil ein Sommer in Wales perfekt ist, um Englisch zu lernen – Weil man das Oktoberfest erlebt haben muss – Weil es in Griechenland noch unentdeckte Ziele gibt – Weil Belgrad nicht umsonst »die weiße Stadt« heißt – Weil man das neue Jahr am besten in Amsterdam startet – Weil kein Land sich so schön selbst feiert wie die Schweiz in Zürich – Weil der Eisbach nicht nur für Surfer ist – Weil der schönste Campingplatz Europas entdeckt werden will – Weil Heimaturlaub ein völlig unterschätztes Reiseziel ist

7. BEGEGNUNGEN, DAS SALZ IN DER SUPPE 183

Weil Albaner die gastfreundlichsten Menschen sind – Weil man die russische Seele nur in Russland verstehen kann – Weil man Gast beim König von Marokko sein kann – Weil der Walschreier von Hermanus eine einzigartige Figur ist – Weil der Nikolaus in den Niederlanden anlegt – Weil man fremde Kulturen kennenlernt – Weil man auf Reisen mit anderen Sichtweisen konfrontiert wird – Weil andere Völker sich andere Geschichten erzählen – Weil Stars und Sternchen sich an der Costa Smeralda tummeln – Weil man sich auf Reisen verlieben kann – Weil Beirut ein geheimes Stadtmotto hat – Weil Odysseus die Königstochter Nausikaa auf Korfu traf – Weil es sich lohnt, in unbekanntere Länder zu reisen

8. KURIOSES UND GANZ UND GAR UNGLAUBLICHES 209

Weil man in den Niederlanden mit Engeln telefonieren kann – Weil allein das Klo eine Reise nach Japan wert ist – Weil man an sogenannten Kraftorten den Weg zur inneren Mitte finden kann – Weil es auf den Philippinen die verrückten Jeepneys gibt – Weil die Pyramiden von Aliens erbaut wurden – Weil die Wahrheit der Mona Lisa noch unentdeckt ist – Weil Asien jede Menge Kuriositäten zu bieten hat – Weil es ungewöhnliche

Einreisebestimmungen gibt – Weil es auf Island Sommerschnee gibt – Weil man in die Zukunft reisen kann – Weil es einen Schleichweg in den Vatikan gibt – Weil nicht jede Hauptstadt sehenswert ist – Weil man sich in Südkorea einen ganz besonderen urbanen Mythos erzählt – Weil man auf der Galapagos-Insel Floreana ein düsteres Geheimnis lüften kann

9. ERINNERUNGEN, NOCH BESSER ALS DIE WIRKLICHKEIT .. 239

Weil man eigene Fotobücher als Erinnerung gestalten kann – Weil Postkartenverschicken Tradition hat – Weil Reisen bildet und mit Klischees aufräumt – Weil man neue Rezepte aus dem Urlaub mitbringt – Weil man auf Reisen den perfekten Reisepartner findet – Weil man sich selbst unterwegs besser kennenlernt – Weil man in Museen die Welt mit anderen Augen sieht – Weil Souvenirs kaufen Freude bereitet

VORWORT

»Reisen macht glücklich und darüber lesen auch«, lautet der Untertitel meines Reiseblogs *Weltenbummler Mag*. Warum? Weil ich mit jeder Reise meine unersättliche Neugier auf andere Kulturen, Orte und Menschen ausleben kann. Weil ich es genieße, neue Länder zu erkunden, herauszufinden, wie die Menschen dort leben, aber auch zu erfahren, wie ich selber in einer neuen Umgebung funktioniere. Weil ich es spannend finde, an bekannte Orte zurückzukehren, sie noch intensiver zu erkunden, Veränderungen und Gewohntes zu bemerken.

Ich möchte euch mitnehmen! Folgt mir in 111 kleinen Geschichten zu bekannten Zielen dieser Welt, nach Paris, Rom, Athen, aber gemeinsam werden wir auch die unbekannteren Flecken dieser Erde entdecken. Dabei gehen wir auf Tigersuche in Bangladesch, benutzen verrückte Verkehrsmittel auf den Philippinen oder haben Spaß beim Karaoke-Singen in der Mongolei. Ich verrate euch meine persönlichen Insidertipps, angefangen bei Reisevorbereitungen, den wirklich interessanten Sehenswürdigkeiten bis hin zu kulinarischen Höhepunkten (meinem Lieblingsthema).

Und keine Sorge: Sollte mal was schiefgehen, verspreche ich euch, dass gerade die kleinen Pannen eine Reise zu einem einzigartigen und unvergesslichen Erlebnis machen. Schließlich sind peinliche Geschichten meist die witzigsten.

In diesem Sinne: Viel Freude an diesem Buch und bei euren eigenen Abenteuern. Seid offen, redet mit jedem und hört nie auf eure Füße. Sie können euch wesentlich weiter tragen, als es euch der einsetzende Schmerz nach den ersten Kilometern zu sagen versucht.

Gute Reise,
Marianna

KAPITEL I

PLANUNG IST DER HALBE SPASS

1. GRUND

WEIL EINE BUCKET LIST DIE WICHTIGSTE LISTE IST

Meine Bucket List ist eine persönliche Liste an Dingen, die ich gerne erleben möchte. Es ist keine To-do-Liste, die ich systematisch abarbeite und von der ich mir jedes Mal ein Stück Glück erhoffe. Anstatt kürzer zu werden, wird sie immer nur länger, inspiriert von Literatur, Filmen und der Weltgeschichte, gemischt mit einer Portion romantischer Fantasterei.

- *Segelfliegen*. Seit ich *Die Thomas Crown Affäre* gesehen hab, bekomm ich die Idee und die Bilder vom Segelfliegen, der scheinbar perfekten Form des Fliegens (außer man wäre ein Vogel), nicht mehr aus meinem Kopf.
- *Vorne beim Fahrer in der U-Bahn mitfahren*. Ich will wissen, wie das Tunnelsystem aus Fahrersicht ausschaut.
- *Einen Sommer auf der Alm arbeiten*. Ich hab von Almen eine absolut romantisch verklärte Idee, vielleicht weil ich ein Stadtkind bin. Würde mir nicht schaden, das mal zu ändern.
- *Volontariat in einer Gepardenaufzuchtstation*. Einmal diese eleganten Großkatzen aus der Nähe beobachten, mit ihnen arbeiten und sie vielleicht sogar anfassen. Soll ja angeblich sehr rau und gar nicht flauschig sein, das Fell eines Geparden.
- *Nach Ithaka reisen*. Odysseus ist ein Grund, meine Eltern sind ein zweiter, die haben dort nämlich ihren ersten gemeinsamen Urlaub verbracht.
- *Nach Usbekistan reisen*, um die alten Städte der Seidenstraße zu erkunden.
- *Grönland*, das Land mit der geringsten Bevölkerungsdichte der Welt, erkunden.
- *Gorillas* in freier Wildbahn beobachten.

- *Den Stationen des Odysseus nachreisen.* Sirenen, Charybdis und Skylla und die Rinder des Helios ausfindig machen.
- *Polarlichter*, wenn der Himmel sich bunt färbt.
- *Mit dem Moped durch Rom cruisen* ist bestimmt die schönste Art, die Stadt zu erkunden; bilde ich mir ein.
- *»Writer in Residence«* einer unbekannten chinesischen Millionenstadt sein. Schon mal was von Harbin, Chongqing oder Tianjin gehört? Ich nicht. Und das will ich ändern. Am liebsten würde ich für ein paar Wochen hin und meine täglichen Beobachtungen festhalten.
- *Das Meeresleuchten sehen.* Bis ich es nicht mit eigenen Augen gesehen hab, bleibt es für mich unvorstellbar.
- *Antarktis.* Die größte Eiswüste der Welt betreten.
- *In der Bucht von Navarino, Griechenland, tauchen.* 1829 fand dort eine spektakuläre Schlacht der Marine des Osmanischen Reiches im Kampf gegen die Alliierten Frankreich, Russland und Großbritannien für die Unabhängigkeit Griechenlands statt. Über 60 Schiffe sind in dieser Schlacht in der Bucht versunken. Ich stelle mir den größten Schiffsfriedhof der Welt dort vor. Problem: Ich kann noch nicht tauchen.
- *Ein Ashram in Indien besuchen und für eine Woche ein Schweigegelübde ablegen.* Wenn ich ehrlich bin, wage ich zu bezweifeln, dass ich das durchhalten würde. Aber genau das reizt mich daran.
- *Zu Fuß durch den Krüger-Nationalpark wandern.* Ich stand einmal für ein paar Minuten durch einen riesigen Zufall im Krüger-Nationalpark vor Elefanten, diese Faszination erfüllt mich bis heute, und ich würde das gerne wiederholen.
- *Auf einem Containerschiff anheuern* und einen großen Ozean überqueren.
- *Mit einem Esel den Nil entlangreisen.*
- *Einmal ohne Gepäck am Flughafen ankommen* und den Koffer samt Inhalt direkt vor Abflug in den Flughafenboutiquen shoppen.

- *An einem Karawanenhandel in der Wüste teilnehmen*, wie dem Salztransport durch die Sahara.
- *Einen Monat nur lesen.* Eingeschlossen in einer gemütlichen alten Villa mit meiner Bücher-Bucket-List.
- *Ein Tuk Tuk* (Motorrikscha) selber fahren und damit durch ein südostasiatisches Land reisen.
- *Auf einem Pferd neben einer Horde Zebras galoppieren.* Das zumindest ist meine Vorstellung von einer Pferdesafari in Tansania.
- *Die argentinische wiederaufgetauchte Geisterstadt Epecuén besuchen*, bevor sie wieder untergeht.
- *Einen Motorbootführerschein machen*, um an einsame, schwer erreichbare Strände zu kommen.
- *Nachts allein im Kaufhaus toben.* Das war mein größter Kinderwunsch, ich konnte mir wirklich nichts Besseres vorstellen. Leider ist der Wunsch nie Erfüllung gegangen und wird heute ergänzt durch das Verlangen, nachts mal allein im Museum zu sein und alle Gemälde für sich zu haben.

2. GRUND

WEIL MAN DIE GRAND TOUR NACHREISEN SOLLTE

Seit der Renaissance bis zu Beginn des 19. Jahrhunderts war es vor allem in England üblich, seine Söhne auf eine sogenannte Kavalierstour, die Grand Tour (dt. große Reise), zu schicken. Es war eine Bildungsreise durch Mitteleuropa, Italien, Spanien, aber auch ins Heilige Land, die dem jungen Erwachsenen einen letzten Schliff geben sollte. Fremde Sitten und Kulturen sollten kennengelernt, hilfreiche zukunftsfördernde Kontakte geknüpft, aber auch die Sprachkenntnisse und Manieren sollten dabei erprobt und verbessert werden. Verkappt erhoffte sich der ein oder andere junge Reisende auch eine gewisse Erfahrung in erotischen Belangen.

Vorrangig wurden damals wichtige europäische Kulturstädte und Baudenkmäler besucht, die dem großen kunsthistorischen Vorbild der Antike huldigten. Italien war wegen seines reichen und gut erhaltenen Erbes aus römischer Zeit und als bedeutender Wirkungsort der Renaissance in der Regel das angestrebte Highlight der Grand Tour.

Italien hatte jedoch nicht nur für die Kavalierstour einen solch hohen Stellenwert, über Jahrhunderte schrieben berühmte Besucher wie Montesquieu, Johann J. Winckelmann, Johann Wolfgang von Goethe, Nikolai Gogol, Émile Zola und Sigmund Freud ihre Erinnerungen über Italien und die ewige Stadt Rom in Tagebüchern und Briefen nieder.

Die Grand Tour dauerte Monate und war wesentlich beschwerlicher, als wir uns das heute vorstellen können. Das einzige Fortbewegungsmittel war die Kutsche, die Straßen waren schlecht und die Grenzübergänge nicht immer problemlos. Bestimmte Abschnitte waren bekannt für ihre Raubüberfälle.

Zum Glück ist das heute anders, und eine Tour durch Mitteleuropa auf den Wegen der klassischen Grand Tour ist ein guter Grund, die Standardwerke der europäischen Kulturschätze zu entdecken und auf den Spuren der bekannten Grand Tours von John Milton, der Italienreise von Johann Wolfgang von Goethe, Johann Gottfried Herder oder Lord Byron zu reisen.

Die klassische Route startete damals im Norden Frankreichs, in Calais, wo die jungen Adligen aus England mit dem Schiff ankamen, um nach Paris zu reisen. Das Burgund und die Provence wurden auf dem Weg nach Italien passiert. Danach war Florenz mit seinen Kunstschätzen ein obligatorischer Stopp während der Grand Tour, bevor man mehrere Monate in Rom residierte.

Einige reisten über Neapel bis nach Sizilien weiter, andere traten den Weg in den Norden über Padua und Venedig an, um die Villen des bekannten Architekten Andrea Palladio zu besichtigen. Über den Brennerpass passierte man die Alpen, wonach man unter anderem bedeutende deutsche Städte wie München, Heidelberg, Mannheim, Jena, Weimar und Berlin bereiste. Den Abschluss bildeten die Niederlande, um sich schlussendlich für die Einschiffung Richtung Heimat bereit zu machen.

Sicher wäre es möglich, diese klassische Route der Grand Tour zu variieren und ein Dutzend weiterer sehenswerter Städte einzubauen, aber der Reiz, die Grand Tour nachzureisen, besteht ja gerade darin, sich an die Originalroute zu halten und die damals typischen Orte anzusteuern. Die Grand Tour heute zu reisen bedeutet auch wieder, auf Entdeckungsreise zu gehen, um herauszufinden, warum einige Städte wie Paris und Rom zu zeitlosen Klassikern der Reisenden geworden sind und andere Städte wie Mannheim und Jena offensichtlich an Bedeutung eingebüßt haben.

3. GRUND

WEIL MAN SICH IM PACKEN ÜBEN KANN

Reisen ohne Packen? Packen und Reisen gehören zusammen wie Huhn und Ei. Und irgendwie gehört Packen als Teil der Vorbereitung auch schon zum Reisen dazu. Hand aufs Herz: Wer fängt vor lauter Aufregung und Vorfreude nicht teilweise schon ein paar Tage oder gar Wochen vor dem Reisebeginn an mit dem Packen?

Als Erstes muss die Frage nach Rucksack oder Koffer beantwortet werden. Beide Gepäckstücke stehen gleichermaßen fürs Reisen, und doch symbolisieren sie ganz unterschiedliche Formen.

Der Rucksack steht für spontane Abenteurer, die mit schmalem Budget und immer abseits der Touristenpfade unterwegs sind.

Der Koffer hingegen vermittelt einen organisierten, gepflegten und vorgebildeten Eindruck von einem Reisenden, der mit genug Kleingeld unterwegs ist und die touristische Gesellschaft nicht scheut. Schubladendenken par excellence!

Das Einzige, was die Form des Reisegepäcks für mich wirklich aussagt, ist, ob man ein gutes Lastentier ist oder nicht. Ich bin keins. Ich hasse große Rucksäcke, ich liebe Koffer. Ich rolle leidenschaftlich gern über Stock und über Stein. Mein Koffer ist ein Funktionsgegenstand und kein Dekoobjekt, der muss das abkönnen. Und er kann.

Trotzdem reise ich individuell und nicht in organisierten Gruppen. Ich setze mich mit Koffer in den indischen Zug, *unreserved class*, stopfe mich mit Koffer in den Minibus zu den bereits 100 Insassen in der ägyptischen Wüste und rolle ihn auch gemächlich – natürlich fluchend – durch den Sand der Küste Goas.

Für alle, die sich nicht sicher sind, ob sie den Koffer beim nächsten Mal vielleicht auch auf die *Backpackerreise* mitnehmen wollen: Es gibt den perfekten Zwitter. Trommelwirbel für den: Rucksackkoffer. Ein Koffer in sportlicher Form mit Rollen, der sich im Notfall auch auf den Rücken schnallen lässt. Ich hatte so ein Ding und die Rucksackfunktion in fünf Jahren nicht einmal genutzt. Aber Ungeübten verleiht es die nötige Sicherheit.

Nächster Schritt: die Packmenge regulieren. Auch hier gilt der Spruch »Übung macht den Meister«. Mein Leitmotto beim Packen ist der einprägsame Werbespruch: »Es gibt Dinge, die kann man nicht kaufen, für alles andere gibt es Mastercard.« Zahnbürste vergessen, die Reiseapotheke ist zu wenig bestückt, oder ihr habt Angst, die nächste Eiszeit könnte während eurer Reise über euch hereinbrechen? Solltet ihr nicht gerade eine Expedition an den Südpol unternehmen, dann seid euch sicher, dass ihr alles Wichtige woanders auch bekommt.

Über die Zeit hab ich mir ein paar Pack-Tipps zusammengestellt, die sogar dazu führen, dass ich für vier Wochen Asien nur mit Handgepäck, einem Trolley versteht sich, unterwegs sein kann.

☞ *Grundbedingung:* Das Reiseziel muss eine warme konstante Temperatur von mindestens 25 Grad Celsius haben. Denn Sommersachen nehmen nicht so viel Platz weg wie dicke Winterpullis.

- ☞ *Outfits zusammenstellen.* Beim Packen stelle ich direkt passende Outfits zusammen, um sicherzugehen, dass ich keine überflüssigen Teile dabeihab, die ich später eh nicht tragen kann, weil die passende Kombi fehlt. Außerdem ist das praktisch, weil Teile, die nur einen Kombinationspartner hätten, gleich zu Hause bleiben.
- ☞ *Allrounder einpacken:* Für mich ist das ein riesiger Schal. Ich habe mich in Indien mit mehreren solcher übergroßen Tücher aus Baumwolle eingedeckt. Die Teile sind universell nutzbar: als provisorischer Regenschutz, gegen Kälte, als Decke, als Kopfbedeckung, selbst als Handtuch und als Lichtschutz im Flieger für den Langstreckenflug.
- ☞ *Unterwegs waschen,* kann man einfach direkt unter der Dusche mit erledigen.

Und ja, am Ende kann ich es euch ja auch gestehen. Optische Gründe gegen den typischen Backpacker-Rucksack spielen bei meiner Entscheidung auch eine Rolle. Denn ich bin definitiv nicht praktisch, sondern visuell veranlagt. Zu meiner Rucksack-Abneigung gesellt sich noch die ganze Riege an Funktionsbekleidung, die besitze ich gar nicht erst, und das erleichtert das Packen auch um einiges.

4. GRUND

WEIL MAN IN DEN FUSSSTAPFEN VON BRUCE CHATWIN WANDELT

Für vier Monate fort nach Patagonien. So soll das mysteriöse Telegramm gelautet haben, mit dem Bruce Chatwin seine Stelle als Journalist bei der *Sunday Times* im Dezember 1974 kündigte. Die irische Designerin Eileen Gray inspirierte ihn zu dieser Reise nach Südamerika, um dort die Überreste eines Brontosaurus zu suchen.

Der Brontosaurus faszinierte ihn bereits seit seiner Kindheit. Seine Großmutter hatte angeblich ein Stück Haut eines Brontosaurus mit der Post aus Patagonien nach Hause geschickt. Die Enttäuschung war riesig, als sich herausstellte, dass es sich lediglich um ein Stück Haut von einem Mylodon, einem prähistorischen Riesenfaultier, handelte. Dafür wuchs aber der Antrieb in Chatwin umso mehr, selbst einen Brontosaurus zu finden. Mehrere Monate reiste er durch Patagonien. Seine Eindrücke, Geschichten und Begegnungen vor Ort erschienen ein paar Jahre später als Reiseroman unter dem Titel *In Patagonien*. Die Resonanz war überwältigend, die Kombination aus historischer Recherche, lebendigen Erzählungen und Anekdoten ließ ihn zum Bestseller werden. Obwohl auch Kritik nicht ausblieb, die Chatwin Sensationshascherei, Fantasterei und eine herablassende Haltung vorwirft.

Charles Bruce Chatwin wurde 1940 in Sheffield in England während des Zweiten Weltkrieges geboren. Eigentlich hätte er Architektur studieren sollen, fing aber als Botenjunge bei dem berühmten Kunstauktionshaus Sotheby's an und legte in kurzer Zeit eine steile Karriere bis zum Direktor der Abteilung für impressionistische Kunst hin. Enttäuschte Erwartungen führten dazu, dass er kündigte und wenig später als Journalist bei der *Sunday Times* anfing, bevor er das Reisen und Darüber-Schreiben endgültig als seine Berufung entdeckte. Obwohl er mit der Amerikanerin Elizabeth Chanler glücklich verheiratet war, war er der Sesshaftigkeit überdrüssig geworden und prägte das Bild des modernen reisenden Nomaden wie kein anderer. Neben Patagonien bereiste er China, Afghanistan, die endlosen Wüsten Afrikas, die Gipfel des Himalayas, aber auch Australien und setzte sich intensiv mit der Kultur der Aborigines auseinander. In einer Zeit, wo der Massentourismus durch die aufsteigende Weltwirtschaft der Industrienationen immer stärker wurde, führte er der Welt vor Augen, dass man trotzdem noch Abenteuer erleben kann. Er inspirierte Schwärme von jungen Menschen zu den heute so üblichen Rucksackreisen, die seinen Spuren nach Patagonien oder Indien folgten. Er war bisexuell und erkrankte 1986 an Aids, drei Jahre später verstarb Chatwin in Südfrankreich.

Indes waren sein größtes Abenteuer wohl definitiv seine unkonventionelle Lebensweise, seine Unstetigkeit, sein Drang, immer wieder Neues zu entdecken. Sein Buch *Traumpfade* prägte die Stimmung einer ganzen Generation, die nach einer anderen, alternativen Lebensform und einer größeren inneren Freiheit suchte. Chatwin suchte diese Freiheit im Reisen.

5. GRUND

WEIL REISEN NICHT TEUER SEIN MUSS

Raue Felseninseln ragen aus türkisblauem Wasser heraus, ein paar verstreute Holzboote zieren die idyllische Landschaft, ein Drink im Sonnenuntergang am anderen Ende der Welt. Wow, wo Ben wohl wieder unterwegs ist, schießt es uns anerkennend (und ein wenig neidvoll) durch den Kopf, wenn wir diesen fotografischen Ausschnitt in unseren sozialen Netzwerken aufpoppen sehen. Wie viel das mal wieder gekostet haben mag, wie kann er sich das eigentlich ständig leisten?

Sicher kostet Reisen Geld, das sei gar nicht infrage gestellt. Aber Reisen muss nicht per se teurer als das neue Smartphone sein. Die Ausgaben beim Reisen hängen stark von den persönlichen Komfortansprüchen und dem gewählten Ziel ab. Es gibt mittlerweile dank des Internets zahlreiche Möglichkeiten, seine Reisekosten in einem überschaubaren Rahmen zu halten. Diverse Flugsuchmaschinen erleichtern den Preisvergleich, Couchsurfing, Campen und Trampen schonen die Reisekasse erheblich.

Doch selbst wer nicht ganz so Low Budget reisen möchte, muss deswegen nicht zu Hause bleiben. Es gibt eine Reihe an erschwinglichen, faszinierenden Ländern, in denen man sich sogar problemlos ein Doppelzimmer im Guesthouse oder Hostel leisten kann. Wo essen gehen für zwei Personen weniger als fünf Euro am Tag kostet und öffentliche Verkehrsmittel innerstädtisch in Cent-Beträgen gerechnet werden.

Folgende Länder kann man mit weniger als 20 Euro am Tag pro Person bereisen (Flugkosten exklusive).

Thailand
Ist zwar angeblich total überlaufen, aber das gilt nur für die Touristenzentren. Das Land bietet zahlreiche Sehenswürdigkeiten, Kultur, schmackhaftes Essen und faszinierende abwechslungsreiche Landschaften, wovon das Wildschutzgebiet Huai Kha Khaeng im Norden die größte Population des gefährdeten Indochinesischen Tigers beheimatet. Die Städte Chiang Mai, Chiang Rai locken mit zahlreichen historischen Tempelanlagen, und Südthailand ist spätestens seit *The Beach* für traumhafte Inseln und Strände bekannt.

Indien
Wird dich umhauen. Entweder im positiven oder negativen Sinne, aber wie auch immer, du wirst es nie wieder vergessen. Der Subkontinent bietet eine atemberaubende Vielfalt an historischen Stätten wie dem berühmten Taj Mahal, exotische Landschaften und eine Milliarde Menschen. Indien ist vor allem ein Land, das die Sinne beansprucht. Überwältigender Lärm in den Mega-Metropolen Mumbai und Delhi stehen im totalen Kontrast zu der Ruhe in friedlichen Tempelanlagen, dem Himalaya oder den idyllischen Backwaters im Süden des Landes.

Rumänien
Europa ist nicht wirklich das preiswerteste Pflaster, um Urlaub zu machen, auch wenn man sich hier natürlich die höheren Flugkosten für den Langstreckenflug spart. Doch im Osten finden sich noch einige günstige Länder, wie zum Beispiel Rumänien, das auch tou-

ristisch noch nicht gänzlich überlaufen ist. Vor allem, wenn man sich von der erschlossenen Schwarzmeerküste abwendet und sich der unberührten Natur der Karpaten hinwendet. In Transsilvanien kann man Draculas Spuren nachgehen oder einfach durch verträumte Bauerndörfer schlendern und die Gastfreundlichkeit der Einheimischen kennenlernen.

Argentinien

Allein Patagonien und Buenos Aires sind zwei große Highlights des Landes, aber auch die Seenlandschaft um Bariloche oder die Anden bieten ebenso wundervolle Natur.

Eigentlich übersteigt Argentinien die 20-Euro-pro-Tag-Grenze ein wenig, aber die Währung ist wahnsinnig instabil und kollabiert häufig. Wenn du so einen Moment abpasst, ist das Land erstaunlich günstig zu bereisen.

Äthiopien

Äthiopien gilt als Wiege der Menschheit und des Kaffees, es weist eine jahrtausendealte christliche Kultur auf, die man in den Felsenkirchen von Lalibela besichtigen kann, und hat einzigartige Naturspektakel zu bieten. Die Danakil-Wüste wird geprägt durch aktive Vulkane und bunte Salzseen, und im Semien-Gebirge kann man Trekking-Touren unterschiedlicher Länge machen. Zugleich ist Äthiopien eines der ärmsten Länder der Welt, und westlichen Standard wird man hier vergebens suchen.

6. GRUND

WEIL MAN SEINE SCHÖNEN SOMMERKLEIDER TRAGEN SOLLTE

Der Sommer und Deutschland – ein Thema für sich! Ich behaupte, die Nation ist da ein wenig paradox. Entweder der Sommer beschränkt sich auf ein Wochenende, dann nörgeln alle über das schlechte Wetter und warten sehnsüchtig auf wärmere Tage. Oder wenn es gut läuft und die Temperaturen auch mal für zwei Wochen am Stück die 30 Grad Celsius knacken, redet keiner mehr vom Sommer, sondern von der unerträglichen Hitzewelle.

Wie dem auch sei, Fakt ist: Auf den deutschen Sommer kann man sich nicht verlassen. Wann aber trägt man denn endlich mal die ganzen hübschen Sommerkleidchen, die sich im Kleiderschrank häufen? Zwei Wochen Hitzewelle reichen da ja nicht aus, um die Palette an luftig seidenen Kleidern wirkungsvoll auszuführen. Also sollte man den Urlaub entsprechend wählen, um seine Sommerkleidung in Szene zu setzen.

Doch die Wahl ist nicht einfach. Verschiedene Kulturen, verschiedene Sitten: Nicht jedes Land bietet sich für freizügige Sommerkleidung an.

Deshalb kommt hier eine kleine klischeegespickte Typologie mit passenden Modestilen – und dem richtigen Urlaubsort.

Der Campingtyp

Kurze Latzhosen, Gummistiefel und lässig karierte Baumwollhemden.

In Skandinavien kann man traumhaft (und in Norwegen sogar wild) campen. Unberührte Wälder und Seen warten darauf, entdeckt zu werden.

Wen das Wetterrisiko im Norden zu hoch ist, der plant stattdessen im Winter einen Campingtrip in Südafrika, Namibia oder Botswana und kann den kolonialen Safari-Look einpacken. Naturtöne wie Beige und Olive beherrschen diesen Look, bei dem Leinenhosen oder Shorts zu lässigen Blusen aus Baumwolle kombiniert werden.

Die Strandnixe
Braucht nichts anderes als einen Bikini und Flip-Flops. Für die Strandparty abends wirft sie sich in eine lässige grob gemusterte Tunika mit Gladiatorensandalen.

Das Mittelmeer mit Spanien, Italien, Frankreich, Kroatien und Griechenland bietet garantierten Sommer, wunderschöne Strände und köstliche Sommerküche. Für die perfekte Kulisse aus weiß getünchten Häusern, malerischen Gassen, traumhaften Stränden und angesagten Partys ist Mykonos wohl die Wahl Nummer eins.

Die Geschichtsinteressierte
Boho-Tunika, verzierte Espadrilles, gemusterte Shorts mit Blusen zum Knoten. Der sexy Ethnolook ist perfekt für die Straßen von Tel Aviv in Israel geeignet. Im Gegenzug zu vielen anderen Ländern im arabischen Raum ist in Tel Aviv keine Einschränkung im Kleidungs- oder Lebensstil nötig. In Tel Aviv trifft Geschichte auf Moderne und Kultur auf Nightlife. Das Gute: Auch Strandfans kommen hier voll auf ihre Kosten. Die Stadt schlängelt sich an einem riesigen Sandstrand die Küste hinunter.

Die Exotiksuchende
Es gibt eine Reihe von exotischen Reisezielen wie Indien, Oman, Marokko, aber nur wenige, wo man sich modetechnisch auch voll ausleben kann. Denn in vielen nicht westlichen Ländern herrscht eine andere Kulturvorstellung vom Kleidungsstil einer Frau, vor allem in islamisch geprägten Ländern ist lange, weite Kleidung aus Respekt vor den Einheimischen angesagt.

Doch Brasilien bietet mit Rio de Janeiro den richtigen Mix aus Exotik, Kultur und offenherzigem Kleidungsstil. Einpacken: Seidentunika, Sandalen, extravaganten Badeanzug mit Cut-Outs und einen Sonnenhut.

7. GRUND

WEIL FLIEGEN SPASS MACHT

Zumindest wenn man es nicht zu oft macht. Wie alles, was zur Routine wird, kann auch das Fliegen irgendwann nervig werden. Wenn der Reiz verloren gegangen ist und die Gehaltserhöhung, die endlich den Businessclass-Flug decken würde, noch nicht in Aussicht ist, können ein paar Tipps nicht schaden, um wieder mehr Freude an der Flugreise aufkommen zu lassen.

Über die letzten Jahre und abertausend Flugmeilen hab ich mir ein paar Tipps & Tricks zugelegt, um den langen Flug so angenehm wie möglich zu machen.

Meine 13 praktischen Langstrecken-Flugtipps

1. Bequeme Kleidung Am liebsten flieg ich in Jogginghose. Ich vermute, dass ich meine Chancen auf ein kostenloses Business Class Upgrade damit noch weiter minimiere, aber wenn die Alternative zehn Stunden mit unbequemen Klamotten in der Economy lautet, verzichte ich lieber auf ein Upgrade.

2. Kaschmir-Strümpfe Mir ist im Flieger immer zu kalt, und deswegen pack ich meine Füße in ein paar extraflauschige Kaschmirsocken. Bissl Luxus muss sein!

3. Riesiges Tuch Und weil mir trotz der nett gemeinten Decken im Flieger immer noch zu kalt ist, hab ich immer ein riesiges Tuch dabei, das ich mir zum »Schlafen« über den Kopf ziehe. Das schottet wunderbar ab und ersetzt mir auch die Schlafmaske, mit der ich gar nicht umgehen kann.

4. Kopfhörer Jahrelang hab ich immer neidisch auf Passagiere mit rauschreduzierten Kopfhörern gestarrt und mir eingeredet, dass Fliegen viel angenehmer wäre, wenn ich auch solche Kopfhörer hätte. Und ich hatte recht! Seit einiger Zeit reise ich nicht nur im Flieger, sondern auch in der Bahn mit solchen tollen Kopfhörern –

und wir sind ein unzertrennliches Paar geworden. Die Kopfhörer isolieren von sich aus schon wahnsinnig gut, mit der zusätzlichen Rauschreduzierungsfunktion hab ich aber immerhin schon mal eines der nervigsten Elemente beim Fliegen eliminiert. Der iPod gehört natürlich dazu.

5. Lieblingsessen Ich mag das Essen im Flieger nicht, ich denke, ich bin damit nicht allein. Hunger hab ich natürlich trotzdem. Ich nehme deswegen mein Lieblingsessen selber mit. Sushi zum Beispiel, macht übrigens auch keine Probleme bei der Sicherheitskontrolle, die abgepackte Sojasauce enthält ja keine 100 Milliliter. Und als Nachtisch gibts den Double Chocolate Muffin von Starbucks, der mit dem weißen Creme Topping oben drauf. Love it!

6. Leere Wasserflasche Vor der Sicherheitskontrolle trink ich mein Wasser aus und nehme die leere Flasche mit rüber (das ist nämlich erlaubt), auf der Toilette füll ich das Ganze wieder auf. Spart die überteuerten Getränkepreise bei den Gates. Ist leider in einigen Ländern nicht praktikabel, weil das Leitungswasser natürlich eine gute Qualität haben muss.

7. Nackenkissen Ich hab ein aufblasbares Nackenkissen. Nimmt keinen Platz im Handgepäck weg und rettet mich vor schrecklichen Nackenschmerzen nach dem Flug.

8. Zitronensaft Ihr kennt alle sicherlich diese kleine gelbe Plastikzitrone mit Zitronensaftkonzentrat aus dem Supermarkt. Die hab ich bei Langstreckenflügen im Handgepäck. Warum? Ich trink das Zeug regelmäßig während des Fluges als Vitamin-C-Shot. Vor allem im Winter, wenn über 50 Prozent der Passagiere als Virenschleudern fungieren. Muss aber die kleine maximal 100-ml-Packung sein, damit sie mit ins Handgepäck darf. Das Sicherheitspersonal schaut megairritiert, aber erlaubt ist es trotzdem.

9. Vaseline Vor Jahren bin ich auf Vaseline für die Lippenpflege umgestiegen, weil die parfümierten Lippenpflegestifte nur austrocknen und süchtig machen.

10. Körperspray (Body Mist) Mein absoluter nicht zu ersetzender Favorit: Body Mist Spray mit Jasmin-Duft von Korres. Zur Erfrischung am Ende des Fluges und zwischendurch.

11. Weiterbildung Wenn ich nicht mal dösen kann, nutze ich die Zeit zur Weiterbildung – so nenn ich das, wenn ich fernsehe. Am liebsten such ich mir lokale Filmproduktionen aus dem Bordprogramm meines Destinationsziels heraus, zur passenden Einstimmung.

12. Lesen Es ist mir noch nie gelungen, ohne Bücher zu verreisen. Ich hab immer mindestens zwei dabei. Auch hier nutze ich die Zeit zur Einstimmung, etwa mit einem Reiseführer oder lokaler Literatur.

13. Yoga Es gibt eine Reihe an entspannenden Übungen im Sitzen. Wird schwierig, wenn man eingeengt zwischen zwei völlig Fremden sitzt, aber sonst sind sie machbar. Und nicht vergessen, hin und wieder aufzustehen und die Beine zu bewegen. Einfach mal Google bemühen mit der Suche nach: Yoga im Sitzen / im Flugzeug / im Büro.

Guten Flug!

8. GRUND

WEIL MAN SEINEN EIGENEN ROADTRIP-SOUNDTRACK ZUSAMMENSTELLEN KANN

Endlose Straßen, atemberaubende Landschaften, Wind in den Haaren und die Möglichkeit, anzuhalten, wann immer man möchte – das sind Roadtrips. Für mich eine der schönsten Möglichkeiten, unterwegs zu sein. Sein eigenes Fortbewegungstempo und die Routen nach Lust und Laune bestimmen zu können bietet abgesehen von entspannten Reisen auch die Möglichkeit, viel mehr vom Land zu sehen. Vor allem auch unbekanntere Ecken eines Landes zu erkunden, die in einer Pauschalreise nicht angesteuert werden oder mit öffentlichen Verkehrsmitteln nur mühselig zu erreichen wären.

Es gibt zahlreiche Länder, die sich für einen Roadtrip anbieten. Meine bisherigen Favoriten aber sind Namibia, Südafrika, Kroatien und Frankreich.

Vor allem die Nationen im südlichen Afrika bieten die typischen Bilder endloser, schnurgerader am Horizont endender Straßen. Rechts und links flankiert von Antilopen, über Hunderte von Kilometern kein einziger Mensch, vielfältige Landschaften, aber auch faszinierende geografische Monotonie.

Aber machen wir uns trotz der romantischen Bilder nichts vor, so ein Roadtrip kann anstrengend sein, und die Stimmung an Bord kann auch mal kippen. Deswegen bedarf es drei guter obligatorischer Zutaten, damit der Spaß nicht im Stimmungsdesaster endet: gutes Kartenmaterial oder ein zuverlässiges Navigationsprogramm, zahlreiche und abwechslungsreiche Verpflegung und Musik, solche, die entspannt, aber auch dazu einlädt, aus vollem Halse mitzukrakeelen.

Hier nun mein persönlicher, mehrfach erprobter Lieblings-Roadtrip-Soundtrack:

🎧 1. Donna Summer – *I Feel Love*
🎧 2. Bob Brozman – *Down The Road*
🎧 3. Guy Davis – *Natural Born Eas'Man*
🎧 4. Helge Schneider – *Sommer, Sonne, Kaktus*
🎧 5. Erlend Øye – *La Prima Estate*
🎧 6. Roger Miller – *King Of The Road*
🎧 7. Kza – *Le Troublant Acid*
🎧 8. Simian – *La Breeze*
🎧 9. Dragonette – *Get Lucky*
🎧 10. Britney Spears – *… Baby One More Time*
🎧 11. Chris Rea – *The Road To Hell* (Part 2)
🎧 12. Revolver – *Balulalow* (LP-Version)
🎧 13. Vampire Weekend – *Holiday*

🎧 14. Psalms – *Rolling Stone*
🎧 15. Frank Sinatra – *That's Life*
🎧 16. Eagles – *Hotel California*
🎧 17. Billy Fury – *Wondrous Place*
🎧 18. J.J. Cale – *Call Me The Breeze*
🎧 19. Van Morrison – *Brown Eyed Girl*
🎧 20. Bibi Johns – *Wo, Wo, Wo Liegt Dixieland*

9. GRUND

WEIL FILME ZUM REISEN INSPIRIEREN

In einem Interview wurde ich mal gefragt: Wie und wann begann bei dir das Interesse, fremde Länder und Kulturen kennenzulernen? Ich hab was von multikulturellem Hintergrund geantwortet. Kann ja auch sein. Ich hab aber auch eine mögliche zweite Antwort gefunden: durchs Fernsehen bzw. Filme. Als Kind liebte ich Fernsehen und wollte da auch hin; in die Niederlande zu Alfred J. Kwak, in den Dschungel zu Mogli und Kimba. Mit Sindbad und Willy Fog unterwegs sein und mit Gargamel Schlümpfe jagen.

Mit dem Heranwachsen lösten Filme dann die Kindersendungen als Fernwehquelle ab. Vorhang auf für die zehn besten Reisefilme, bei denen man am liebsten direkt nach dem Abspann den nächsten Flug buchen möchte.

🎬 1. *Das erstaunliche Leben des Walter Mitty* (2013)
Als er Gefahr läuft, seinen Arbeitsplatz zu verlieren, begibt sich Walter Mitty auf Weltreise. Eine Reise, die sich als außergewöhnliches und extraordinäres Abenteuer entwickelt und sein Vorstellungsvermögen um Weiten sprengt.

🎬 2. *Die Reise des jungen Che* (2004)
Dieser beeindruckende Film basiert auf den Memoiren von Che Guevara, zu einer Zeit, als er noch keine lateinamerikanische Re-

volutionsikone war. Gemeinsam mit seinem Freund und Cousin Alberto durchquert er für acht Monate den südamerikanischen Kontinent und legt über 14.000 Kilometer zurück. Eine Reise, die Che Guevaras Leben nachhaltig beeinflusst hat und einen dazu inspiriert, mehr über diesen wunderschönen Kontinent erfahren zu wollen.

🎬 **3. *The Endless Summer* (1966)**
Der Film gilt als Höhepunkt von Bruce Browns Surffilm-Dokumentationen. Er folgt zwei jungen Surfern auf der Suche nach der perfekten Welle um die Welt und findet so einige perfekte Wellen und charaktervolle Begegnungen mit Einheimischen.

🎬 **4. *Into the Wild* (2007)**
Der Film basiert auf der wahren Geschichte von McCandless, der nach seinem College-Abschluss seine Ersparnisse verschenkt und per Anhalter nach Alaska reist. Auf seinem Weg trifft er die verschiedensten Leute, jeder mit seiner eigenen interessanten Lebensgeschichte. Angekommen in Alaska, begibt er sich in die Wildnis, um völlig auf sich allein gestellt zu leben. Seine Abenteuer sind geprägt durch schlechte wie gute Erlebnisse. Aber genau das macht das Reisen eben aus, die Fülle an neuen Erfahrungen.

🎬 **5. *Die fabelhafte Welt der Amélie* (2001)**
Wenn du noch nicht in Paris warst, wirst du spätestens nach dem Eintauchen in Amélies Welt deine Reise buchen. Der Film beschreibt das Leben einer fantasievollen Kellnerin in Montmartre, wie sie sich auf kleine Abenteuer um und durch Paris begibt, um für sich den Sinn des Lebens zu suchen. Ein wunderschöner Film, der nicht nur gute Laune, sondern auch Lust auf Paris macht.

🎬 **6. *Brügge sehen ... und sterben?* (2008)**
Zwei Profikiller erwarten nach einem missglücktem Auftrag neue Befehle von ihrem erbarmungslosen Chef in Brügge. Der letzte Platz auf der Welt, wo die beiden jetzt sein wollen. Der Film führt den Zuschauer durch die eindrucksvolle und historische Kulisse der belgischen Stadt. Die Szenerie dieser Märchenbuchstadt steht

im spannenden Gegensatz zu der kriminellen Handlung der Akteure.

🐭 **7. *Before Sunrise – Zwischenstopp in Wien* (1995)**
Ein junger Mann und eine Frau treffen sich in einem Zug in Europa und verbringen spontan einen Abend und die Nacht schlendernd durch die österreichische Hauptstadt Wien, wohlwissend, dass das die einzige gemeinsame Nacht ihres Lebens sein wird.

🐭 **8. *Darjeeling Limited* (2007)**
Ein Jahr nach dem Tod ihres Vaters begeben sich drei reiche, verwöhnte Brüder auf eine gemeinsame Zugreise durch Indien. Seit dem Tod ihres Vaters hatten sie keinen Kontakt mehr zueinander, und die Reise ist nun dazu gedacht, sie wieder zusammenzuführen. Eine witzige Geschichte von menschlichen Hindernissen und überwältigenden indischen Szenerien.

🐭 **9. *Priscilla – Königin der Wüste* (1994)**
Zwei Dragqueens in einem lavendelfarbigen Schulbus, den sie »Priscilla« taufen, auf einer Reise durch die Wüste. Eine Rundreise durch das australische Outback dient als Kulisse für persönliche Offenbarungen und zauberhafte Momente.

🐭 **10. *Midnight in Paris* (2011)**
Inhaltlich mit Sicherheit nicht Woody Allens größtes Meisterwerk, aber dafür wieder ein Film, nach dem man, egal wie oft man schon in Paris war, dringend wieder hin möchte. Ein nostalgischer Schriftsteller ist mit seiner Verlobten und ihrer Familie in Paris unterwegs und findet sich zu seinem Entzücken plötzlich auf mysteriöse Art und Weise jede Nacht um Mitternacht in das Paris der Zwanzigerjahre zurückversetzt.

KAPITEL II

ESSEN, DER BESTE GRUND ZU REISEN

10. GRUND

WEIL MAN IM RAMADAN AUSPROBIEREN KANN, WIE LANG EIN TAG OHNE NAHRUNG IST

Ich hatte mir fest vorgenommen, im Ramadan in Beirut mit zu fasten. Zwei Tage, sollte ja zu schaffen sein.

Dann klingelt der Wecker, draußen ist es noch finster. Ich kann die Brandung hören, das Meer fängt quasi direkt vor meinem Balkon an, aber noch bleibt es in Dunkelheit gehüllt. Es ist kurz vor fünf Uhr. Was für eine Schnapsidee, jetzt was essen zu wollen, du bekommst eh vor 13 Uhr keinen Hunger, dauert dann bis Sonnenuntergang nicht mehr so lang, denk ich mir. Knurr den Wecker an und schlaf weiter.

Als ich die Augen wieder öffne, ist auf einmal alles blau. Die Sonne scheint. Direkt von meinem Bett aus schau ich auf das Meer, ein paar Palmen ragen hoch in den Himmel auf. Meine Gedanken sind sofort beim Kaffee. Den Morgenkaffee mit Blick auf das Meer, wer kann da schon widerstehen. Als ich die Tageszeitung vor meiner Zimmertür entdecke, ist mein Wille gebrochen. Zeitung + Kaffee + Blick aufs Meer, besser kann der Tag nicht beginnen.

Morgen ist auch noch ein Tag, an dem du solidarisch mitfasten kannst, sagt die kleine Gestalt mit Heiligenschein und rotem Gewand auf meiner Schulter.

Ich darf direkt am riesigen Panoramafenster mit Meerblick im Méditerranée des Mövenpick Hotels Platz nehmen, dem hauseigenen Restaurant, wo auch das Frühstück serviert wird.

Beim Vorbeigehen schaut mich ein riesiges Buffet mit wundervoll drapierten Kleinigkeiten an. *Pain au chocolat*, Schweizer Käsespezialitäten, Bircher Müsli lass ich mit eisernem Willen links liegen. Ich bin auf der Suche nach lokalen Spezialitäten, wobei ich zugeben muss mit wenig Hoffnung. Im Normalfall gibt es in internationalen Hotels so gut wie nie lokale Küche zum Frühstück. Der

Gast möchte morgens nicht mit exotischen Gewürzen und unbekannten Kombinationen überrascht werden, und wo keine Nachfrage, da kein Angebot.

Nicht so im Mövenpick Beirut. Neben libanesischen Käsespezialitäten wie *Labneh* und hauchdünnem arabischen Fladenbrot gibt es auch eine *Ful*-Ecke, wo man sich die Saubohnenspeise noch mit frischen Tomaten, Oliven und Kräutern verfeinern kann.

Mein Augenmerk fiel aber sofort auf den Ofen, der in einer Nische separat platziert steht. Direkt vor meinen Augen wird der Teig für das ganz frisch gebackene *Man'Oushe* ausgerollt. Und dann mach ich die Entdeckung, die jegliche Ramadan-Fastenpläne für meinen gesamten Beirutaufenthalt komplett über den Haufen wirft: *Kunafeh*. Ein Süßspeise aus besonderem Käse mit Grieß überbacken, wahlweise mit Pistazien- und / oder Sesamhonig überträufelt. Natürlich ist sie ofenfrisch, und die Käsefüllung zergeht cremig beim Anschneiden. Endlich ein Käsekuchen, nach dem ich auch süchtig bin.

Das Engelchen auf meiner Schulter spricht mir auch wieder gut zu: Faste eben zu Hause, wo du morgens nicht mit so einem überwältigenden Frühstücksbuffet und Ausblick verwöhnt wirst. Jetzt genieße!

11. GRUND

WEIL ES IN PARIS DIE LECKERSTEN KONDITOREIEN GIBT

Ich mag Paris. Ich finde, es ist eine der schönsten Städte der Welt, damit bin ich nicht allein, aber das stört mich auch nicht. Einer der Gründe dafür sind die Konditoreien dieser Stadt.

Ich hab mich ordentlich durchgefuttert und präsentiere euch nun die meiner Meinung nach sechs besten Konditoreien der Stadt – und ihre Must-Eat-Spezialitäten.

Jacques Genin

Nehmt das Millefeuille. Es ist genial. Mehrere Schichten fluffige Vanillecreme werden zwischen Blätterteig geschichtet, natürlich wird es ganz frisch zubereitet. Preislich liegt es in etwa bei stolzen sieben Euro pro Stück. Da die Konditorei aber wie ein Nobeljuwelier daherkommt, hat man das Gefühl, ein wahres Schnäppchen gemacht zu haben. Kein schlechtes Verkaufsmarketing. Auch die Pralinen (etwa mit Grapefruit) sind köstlich!

Adresse: Jacques Genin, 133 Rue de Turenne, 3. Arrondissement, Paris

Pain de Sucre

Pain de Sucre im 3. Arrondissement ist berühmt für seinen Tea-Time-Cake. Rein optisch schauten mir die verschiedenen Geschmacksrichtungen etwas zu poppig aus. Ich entschied mich aber trotzdem für Grün-Pink und war auf ganzer Linie überrascht. Der Tea-Time-Cake in Herzform entpuppte sich als geschmackvoller saftiger Leckerbissen mit Pistazie-Himbeer-Geschmack.

Adresse: Pain de Sucre, 14 Rue Rambuteau, 3. Arrondissement, Paris

Stohrer

Die ungeschlagene Nummer eins ist das Puits d'amour bei Stohrer. Ich hab mir geschworen: nie wieder ein Paris-Besuch ohne Puits d'amour. Dieses Puits d'amour (zu deutsch: Quelle der Liebe) besteht aus dünnem Blätterteig, mit einer unbeschreiblich intensiven Vanillecreme gefüllt, und einem crunchy Karamelltopping. Man muss vor zwölf Uhr mittags kommen, ansonsten sind alle ausverkauft.

Adresse: Stohrer, 51 Rue Montorgueil, 2. Arrondissement, Paris

Fauchon

Eine der wohl bekanntesten Konditoreien der Stadt. Japaner stehen hier Schlange. Ihr geht aber in die kleine Bäckerei von Fauchon und deckt euch mit Madeleines ein. Ich hab alle Sorten probiert! Das

besondere an den Madeleines von Fauchon: Sie sind gefüllt. Mein absoluter Favorit: Karamell. Ich bin sogar ein zweites Mal nur deswegen hingefahren. Auch sehr lecker ist der mit Confiture de lait. Die fruchtigen Varianten schmecken entweder nach nichts oder sehr künstlich – my2cents.
Adresse: Fauchon, 26 Place de la Madeleine, 8. Arrondissement, Paris

Poilâne

Banal gesagt: Ihr kommt hier wegen Apfeltaschen – Tarte aux pommes – her. Aber wirklich leckere! Leicht und fruchtig, nicht zu süß. Perfekt als kleine Stärkung zwischendurch.
Adresse: Poilâne, 8 Rue du Cherche-Midi, 6. Arrondissement, Paris

Sadaharu Aoki

Auf dieses Stück hatte ich mich am meisten gefreut. Ich liebe japanische Süßigkeiten und erwartete ein Meisterwerk. Es besteht aus schwarzer Sesampaste, weißer Sesamcreme, einem Matcha-Macaron und weißer Schokoladencreme mit Cognac aromatisiert. Leider wurden wir enttäuscht, eigentlich sogar sehr enttäuscht. Die verschiedenen Komponenten kamen überhaupt gar nicht zur Geltung, und nach dem zweiten Bissen wars bereits zu süß, und nach dem dritten hatte man es über.
Adresse: Sadaharu Aoki, 35 Rue de Vaugirard, 6. Arrondissement, Paris

Wer jetzt noch nicht genug hat, der sollte sich die »Paris Pastry Guide«-App von David Lebovitz besorgen. Dort sind 370 Bäckereien und Konditoreien gelistet, mit Beschreibungen der Spezialitäten und wo sie zu finden sind. Öffnungszeiten, ein Glossar der französischen Naschkunst, Links zu den Webseiten, Kontaktinformationen, mehrere wirklich lecker ausschauende Fotos und Straßenkarten, die einem via GPS den Weg weisen.

12. GRUND

WEIL IM OSTEN KULINARISCHE ENTDECKUNGEN WARTEN

Ich bin ein sogenannter Foodie. Jemand mit starker Leidenschaft zum Essen und einer ungeheuren Wissbegierde, mehr über die kulturellen Hintergründe von Essen zu erfahren. Stets auf der Suche nach neuen Geschmackserlebnissen und den leckersten Zutaten und der besten Zubereitung.

Einige Reiseziele bieten sich dafür ganz besonders gut an, weil ich gar nicht lange suchen muss, um die authentische Küche des Landes zu finden. Andere Ziele wiederum können meine Essensleidenschaft in mehrerer Hinsicht stark herausfordern, weil es aufgrund mangelnder kulinarischer Kultur entweder nichts zu entdecken gibt oder die authentische Küche ganz weit von unseren Geschmacksgewohnheiten entfernt liegt.

Um das zu verdeutlichen, erzähl ich euch von zwei kulinarischen Erlebnisreisen mit gänzlich anderem Fazit.

Mit der Transsibirischen Eisenbahn durch Russland bis in die Mongolei

Die russische Küche ist vor allem deftig, hat eine Vielzahl an Variationen von kalten Salaten, mit Mayonnaise angerührt, und Suppen zu bieten. Zum Frühstück gibt es unter anderem Kascha, einen warmen klebrigen Buchweizenbrei, und zum Abendbrot steht der Schichtsalat mit dem spannenden Namen »Hering im Pelzmantel« auf meinem Tisch, begleitet vom russischen Brotgetränk Kwass. Alles neu und ungewöhnlich, das find ich schon mal gut, nur als lecker würde ich dann doch leider nichts davon bezeichnen.

Die Klassiker wie *Pelmeni* (russische Tortellini), frische *Piroggen* mit verschiedenen Füllungen und *Blini* (Pfannkuchen) mit Kaviar begeistern mich mehr.

Angekommen in der Mongolei, wird es kulinarisch nicht langweiliger. Traditionell werden dem Gast dort Milchtee und die berühmte vergorene Stutenmilch gereicht. Ich hatte schon so allerlei über diese Stutenmilch gehört und zum erstem Mal tatsächlich ein bisschen Bammel. Eklig klingt das ja schon. Aber probieren wollte ich sie trotzdem. Zum Glück! Denn erstens ist das ja auch eine Frage der Höflichkeit, wenn Gastgeber einem Essen anbieten, und zweitens schmeckt sie sogar erfrischend, ein wenig wie *Kefir*.

Auf Foodie-Tour im ältesten Chinatown der Welt
Ich hab mich durch ganz Chinatown gefuttert. Kugelrund und glücklich kehre ich in mein Hotel zurück.

Ich hab an einem halben Tag mindestens elf verschiedene Gerichte probiert und diverse interessante Geschmacksrichtungen und neue Kombinationen erprobt.

In Metro Manila gibt es das älteste Chinatown der Welt. 1594 wurde es bereits im Zuge der spanischen Kolonialisierung gegründet.

Ivan Man Dy bietet eine sagenhafte Food-Tour durch Chinatown an, Old Manila Walks. Und ich übertreibe nicht, wenn ich sage, dass das wohl die beste Food-Tour überhaupt war, an der ich bisher teilgenommen hab.

Es ging los mit frischen Frühlingsrollen, dabei erklärt Ivan einem, wie man sie richtig isst, d.h. welche Sauce dazu passt und wozu eigentlich noch Zucker und gehackte Erdnüsse auf dem Tisch mit rumstehen. Man träufelt erst ein wenig Chili-Sauce auf die Frühlingsrolle und tunkt sie dann in das Erdnuss-Zucker-Gemisch. Abbeißen. Wahnsinns-Geschmackskombination! Es geht weiter mit diversen Knödeln, frittiertem Tofu in süßer Sojasauce und in eine chinesische Konditorei. Für jedes Gericht steuern wir einen anderen Laden an. Versteckt und unscheinbar. Das macht die Tour so einzigartig. Es handelt sich nicht um abgesprochene Touristendeals, sondern um Ivans persönliche Favoriten.

Nebenbei lernt man allerlei interessante Details über die chinesische Community in Manila. Wir begehen versteckte Tempel in normalen Wohnhäusern und probieren auf Nachfrage auch außer Plan mäßig mir unbekannte Früchte auf Märkten. Mangosteen ist dabei eine paradiesische Offenbarung.

13. GRUND

WEIL DAS BILLIGSTE MICHELIN-RESTAURANT DER WELT SICH IN HONGKONG BEFINDET

Wir beginnen den Tag mit einem Abstecher ins Grüne zum Tian Tan Buddha. In der komplett verglasten Gondel schweben wir über das Meer und den sattgrünen asiatischen Wäldern zum größten sitzenden Buddha der Welt dahin. 268 Stufen muss man zu ihm hinaufsteigen.

Auf dem Weg zum bronzenen Buddha liegt das Linong Tea House, das für seine Teerosen bekannt ist. Die Teerosen werden in aufwendiger Handarbeit zu kleinen Paketen gebunden und anschließend getrocknet. Diese kleinen graubraunen Pakete machen keinen besonders interessanten Eindruck, bis das heiße Wasser aufgegossen wird. In der Mitte befindet sich eine getrocknete Blume, die sich nun im Zeitraffertempo zu neuem Leben entfaltet. Ein wunderschöner Anblick und ein optischer Totalgegensatz zu unserem Mittagessen.

Auf unserem Tisch landen Hühnerfüße. Abgehackt, gemäß der Redewendung mit Haut und Haaren, werden sie in brauner Sauce puristisch dargeboten. Das kleine Mädchen am Nebentisch knabbert ganz genüsslich dran. So schlimm kann es nicht sein, versuch ich mir den ungewohnten Anblick schönzureden.

Wir sind bei Tim Ho Wan, dem bezahlbarsten Michelin Restaurant der Welt. Hier gibt es ausschließlich chinesische *Dim Sums*.

Der renommierte, bereits mit drei Michelin-Sternen ausgezeichnete Koch Mak Kwai-pui eröffnete im Jahre 2009 ein kleines Dim-Sum-Restaurant, das Tim Ho Wan, in Hongkong. Bereits im darauf folgenden Jahr wurde es direkt mit dem begehrten Michelin Stern ausgezeichnet.

Wobei die Auszeichnung teils als Antwort auf die Kritik dem Michelin-Guide gegenüber verstanden wurde, der sich stets mit dem Vorwurf von ausschließlich elitärer Küche, die weitab der regionalen Geschmacksrichtungen liegt, konfrontiert sieht.

Neben den Hühnerfüßen bekommen wir noch zehn weitere köstliche Speisen. Jede Menge unterschiedlich gefüllte Dumplings (Knödel) und viel Unbekanntes, wie *Steamed Egg Cake* (gedämpfter Eierkuchen) und *Pan-fried Turnip Cake* (gebratener Rübenkuchen). Interessant ist aber auch die Zubereitung von uns gängigen Speisen wie Eisbergsalat. Der wird dort nämlich leicht gedämpft und mit Sojasauce serviert. Am Ende kommt mein absolutes Highlight: die *Baked Buns* mit BBQ-Füllung. Das sind fluffige Hefeteigklöße gefüllt mit geröstetem Schweinefleisch und einer süßen Teigkruste.

Auch wenn der Michelin nur einen Stern vergibt, der übersetzt so viel bedeutet wie »eine sehr gute Küche, welche die Beachtung des Lesers verdient« – drei Sterne heißen »eine der besten Küchen – eine Reise wert«, bin ich der Ansicht, dass sich allein wegen der *Baked Buns* mit BBQ-Füllung eine Reise nach Hongkong lohnt, ehrlich!

PS: Die Endrechnung für das obige Gelage betrug weniger als 50 Euro.

14. GRUND

WEIL ES IN ROM DAS LECKERSTE EIS GIBT

Alle Wege führen nach Rom – und das nicht nur, weil Rom als italienische Hauptstadt und Sitz der katholischen Kirche für weltliche und geistliche Belange von Bedeutung ist. Rom ist seit Jahrhunderten Sehnsuchtsort der Europäer, hier, wo sich die Spuren der Antike und moderner Pracht einzigartig vermischten. Und trotzdem kennt Rom auch andere Seiten, denen man sich widmen kann: buntes Leben und Genuss!

Während man die unzähligen Sehenswürdigkeiten wie den Petersplatz, das Kolosseum, das Forum Romanum, die Spanische Treppe oder den wohl berühmtesten Brunnen der Welt, den Fontana di Trevi, je nach Saison gemeinsam mit Tausenden von anderen Rom-Besuchern auf sich wirken lässt, muss man sich selbstverständlich regelmäßig mit einer der köstlichsten Süßspeisen, die die Menschheit je erfunden hat, stärken: Eis!

Auch wenn die Italiener es nicht erfunden haben, so gelten sie heute doch als absolute Experten in Sachen Speiseeisherstellung. Interessanterweise gab es das erste Speiseeis bereits im antiken China. Auch den Europäern war ein Sorbet-ähnliches Speiseeis bereits vor der Geburt Christi bekannt. Der Dichter Simonides von Keos beschreibt es als Gletscherschnee mit Früchten und Honig.

Mit dem Untergang des Römischen Reiches ging tragischerweise auch das Wissen um die Zubereitung gekühlter Speisen verloren – vielleicht nennt man das Mittelalter deswegen das dunkle Zeitalter. Es waren die Kreuzfahrer, die das Wissen der Eisherstellung aus dem arabischen Raum wieder nach Europa brachten, und die Italiener, die es perfektionierten.

In Paris wurde 1686 das erste Mal Speiseeis im Café Procope von dem Italiener Francesco Procopio dei Cultelli angeboten. Im 18. Jahrhundert erschien in Neapel das erste Buch über die Kunst der Eiszubereitung mit dem Titel *De' sorbetti* von Filippo Baldini. Ende des 19. Jahrhunderts verkauften italienische Immigranten in britischen Großstädten das erste Eis zum Mitnehmen.

Heute gibt es in Rom – zumindest gefühlt – genauso viele Gelaterien wie Kirchen, und jeder Rom-Besucher (der Römer sowieso) weiß, wo es bei all der Auswahl das beste Eis der Stadt gibt. Vor meinem Rom-Besuch hab ich insgesamt drei Eisläden empfohlen bekommen, wo es mit Abstand und ausschließlich das beste Eis Roms geben soll; Kompromisse kennt bei diesem Thema keiner.

Für mich war klar: Ich teste sie alle drei, um mir selber ein Bild zu machen. Angesteuert hab ich *Giolitti* in der Via degli Uffici del Vicario 40 im Centro Storico zwischen Trevi-Brunnen und Pantheon. *Giolitti* ist der berühmteste Eisladen Roms, existiert seit 1900 und überfordert heute seine Kunden mit einer Auswahl von über 60 Sorten. Überboten wird das noch durch die *Gelateria della Palma* in der nicht weit entfernten Via della Maddalena 20, wo es sage und schreibe 150 verschiedene Geschmacksrichtungen der beliebten Kaltspeise gibt.

An dritter Stelle suchte ich *I Caruso* in der Via Collina 13/15 auf dem Weg zur Villa Borghese auf. Um zwischen den drei Eisdielen auch wirklich die beste bestimmen zu können, hab ich natürlich immer die gleichen Sorten Schokolade und Pistazie genommen.

Von daher vergebe ich feierlich den ersten Platz für das beste Eis in Rom in der Kategorie »Schokolade & Pistazie« an *I Caruso*. Platz zwei geht an das Traditionshaus *Giolitti,* und die *Gelateria della Palma* landet zwangsläufig auf Platz drei.

Buon appetito!

15. GRUND

WEIL IN SÜDTIROL NOCH MITTELALTERLICHES BROT GEBACKEN WIRD

Vor etwa 1.000 Jahren wanderten Schweizer Benediktinermönche aus dem Ort Einsiedeln nach Südtirol herüber und gründeten das Kloster Marienberg im Vinschgau, einem fruchtbaren Tal in den heute italienischen Alpen. Anfangs kam es zu Auseinandersetzungen mit den Grafen des Nachbartales von Matsch, die in den

Bischöfen eine Konkurrenz erblickten. Doch die Bischöfe setzten sich durch, errangen viel Grundbesitz und waren fortan in der Lage, eine größere Getreidewirtschaft zu betreiben. Durch das raue Bergklima und die Abgeschiedenheit insbesondere in den langen Wintermonaten war es für die Alpenbewohner überlebenswichtig, lange haltbare Lebensmittelvorräte anzulegen. In Südtirol entwickelte sich deswegen bereits im Mittelalter eine Vorratswirtschaft. Besonders haltbare Brotsorten wie das *Vinschgauer Urpaarl* waren beliebt und begehrt.

Die *Vinschgauer Urpaarln* sind typischerweiser handtellergroße, zwei bis drei Zentimeter flache Brötchen aus einem Roggen-Weizen-Sauerteig, die traditionell paarweise aneinandergelegt gebacken werden. Typisch ist neben der flachen Form, die einen hohen Krustenanteil bewirkt, die Würzung mit Schabzigerklee, auch Brotklee genannt. Dieses für Südtirol typische Gewürz mit herb-aromatischem Aroma wirkt appetit- und verdauungsanregend und erinnert im Geschmack leicht an Curry.

Da Roggen bereits bei den Römern als widerstandsfähiges Korn galt, wurde es die Basis für das klösterliche Brot, das *Vinschgauer Urpaarl*. Es gibt aber auch eine symbolhafte Erklärung für die Verwendung von Roggen. Das dunkle Mehl ist das landestypische Getreide des Südtiroler Brots und symbolisiert die männliche Welt. Der Weizen hingegen wird mit dem Weiblichen assoziiert. Es hieß: »Der Rogge isch firs Proat, der Woaze fir die Kuch.« Für den Bergbauern war das Weizenbrot früher etwas Besonderes, etwas für die Festtage; Weizen wurde für feierliches Festgebäck genutzt.

Brotbacken ist langwierig und anstrengend, daher buk man nur zwei-, dreimal im Jahr. Das *Vinschgauer* wurde gut geschützt vor Mäusen in Brotrahmen (einem Holzgestell aus mehreren Abteilungen) gehängt und auf dem Dachboden getrocknet. Das getrocknete Brot wurde für den Verzehr mit der Brotgrammel zerkleinert. »Die Frauen haben's in die Milch getunkt, die Männer in den Wein. Ja, manche Frauen haben's auch in den Wein getunkt«, ergänzt der

Bäcker Andreas Pilsner grinsend, als er mir die Geschichte des mittelalterlichen Brotes erzählt. Andreas Pilsner ist hiesiger Bäcker im Vinschgau und backt das *Vinschgauer Urpaarl* noch heute nach dem traditionellen klösterlichen Rezept: Roggen- und Dinkelmehl, Hefe, Salz und Brotklee. Das Besondere an seinem *Vinschgauer Urpaarl* ist, dass es ausschließlich aus regionalem Mehl und mit natürlicher Hefegärung hergestellt werden darf.

Heute sind die *Paarlen* eine wichtige Zutat der traditionellen Marende, der Südtiroler Brotzeit. Sie werden mit würzigem Almkäse, Kaminwurzen und Speck verzehrt. Ein Glas *Vernatsch* oder selbst gemachter Holundersaft passen bestens dazu.

Die großporige Krume des *Urpaarl* und der hohe Roggenanteil halten das Brot für mehrere Tage frisch. Daher eignet es sich besonders gut als Proviant für längere Wanderungen.

16. GRUND

WEIL DIE OLIVE EIN GESCHENK DER GRIECHISCHEN GÖTTER IST

Vor langer, langer Zeit, als im südlichen Europa noch die olympischen Götter herrschten, begab es sich, dass die beiden Gottheiten Athene und Poseidon um die Gunst der größten und einflussreichsten Stadt der damaligen Zeit, des antiken bis dahin namenlosen Athen, wetteiferten. Zeus, der Herrscher des Olymps, wollte denjenigen zum Namenspatron der Stadt küren, der den Einwohnern das beste und nützlichste Geschenk machte.

Poseidon, der Gott der Meere, schenkte den Einwohnern der trockenen attischen Halbinsel einen Brunnen. Doch aus ihm konnte man nur Salzwasser schöpfen.

Athene, die Göttin der Weisheit, schenkte der Stadt einen Olivenbaum. Der Olivenbaum spendete Nahrung, Öl und Holz. Sie gewann den Wettstreit, und die Stadt Athen wurde nach ihr benannt. Dieser Olivenbaum, der dem Mythos nach auf der Akropolis steht, gilt als der älteste Olivenbaum der Welt, alle anderen sollen von ihm abstammen.

Der Olivenbaum, seine Früchte und das Öl gewannen über die Zeit immer mehr Symbolkraft für Reichtum und Fruchtbarkeit. Die griechische Mythologie kennt Sagen, in denen selbst unter den olympischen Göttern Olivenöl als Geschenk genutzt wurde. Der Gewinner der Olympischen Spiele wurde mit einem Kranz aus Olivenzweigen geehrt, und Homer nannte das Olivenöl *flüssiges Gold*. Durch Hippokrates, den berühmten antiken Arzt aus dem 5. Jahrhundert vor Christus, fand das Öl Eingang in die Medizin, bei über 60 Krankheitsbildern wandte er Olivenöl als Heilmittel an. Solon, der Herrscher Athens, verankerte bereits im 7. Jahrhundert vor Christus, dass der Olivenbaum Symbol des Lebens, der Weisheit und des Wohlstands ist. Auf das Fällen konnte sogar die Todesstrafe stehen. Die drakonisch anmutende Maßnahme wird ein wenig verständnisvoller, wenn man weiß, dass der Olivenbaum erst nach circa 20 Jahren am ertragreichsten ist und mehrere Hundert Jahre alt werden kann.

Noch heute gilt der Olivenbaum als Quelle für Reichtum und Fruchtbarkeit.

Doch die berühmteste und schmackhafteste Olivensorte gedeiht nicht in Athen, sondern in der Gegend um Kalamata. Kalamata hat eine wundervoll idyllische Lage in der südlichen Peloponnes. Die Stadt liegt an der Spitze der kristallblauen messenischen Bucht und am Fuße des imposanten Taygetos-Gebirges. Mit rund 70.000 Einwohnern und einem großen Hafen ist sie das wirtschaftliche Zentrum der Südpeloponnes. Die Stadt hat durch ihre engen Gassen, die vielen Geschäfte, Tavernen und den langen Sandstrand einen unwiderstehlichen Charme. Berühmt ist die Stadt Kalamata aber wegen ihrer Oliven. Die Sorte Kalamon, der die Stadt auch ihren Namen verdankt, ist ein weltweiter Exportschlager. Die schwarze, mandelförmige Olive hat eine glatte, fleischige Textur und muss vor dem Verzehr eingelegt werden. Ich warne euch davor, Oliven direkt vom Baum zu probieren. Die reichhaltig vorhandenen Bitterstoffe in der kleinen Frucht machen ihren Verzehr frisch gepflückt zu einem desaströsen Erlebnis. Erst durch das wochenlange Einlegen in gesalzenes Wasser, Essig und Öl ist die Olive servierfertig. Von der höher gelegenen Burg aus dem 13. Jahrhundert, die von den fränkischen Kreuzfahrern unter Wilhelm II. von Villehardouin errichtet wurde, hat man eine wundervolle Aussicht auf die Stadt und die umliegenden Olivenbaumplantagen. Geheimtipp: Von der Spitze der Burg lässt sich ein traumhafter Sonnenuntergang genießen.

17. GRUND

WEIL MEERSCHWEINCHEN IN PERU NICHT NUR HAUSTIERE SIND

Das Meerschweinchen ist ein Nagetier, kompakt gebaut mit kleinen Ohren, kurzen Gliedmaßen und stammt ursprünglich aus Südamerika. Eine Theorie besagt, dass der deutsche Name der Tiere von den Seefahrern, die die Tiere im 16. Jahrhundert übers Meer nach Europa brachten, stammt, und die Quiekgeräusche wie der kompakte Körperbau an das in Deutschland gängige Hausschwein erinnerten. Eine andere Erklärung leitet die Bezeichnung »Meerschweinchen« von dem spätmittelhochdeutschen Ausdruck *merswin* ab, was ursprünglich »Delfin« bedeutete; einige fanden, dass die Grunzlaute des kleinen Nagetieres denen des Delfins ähneln.

Bei uns ist das Meerschweinchen als kinderliebes Haustier bekannt. In seinem Ursprungskontinent Südamerika hingegen wird es für die Fleischzucht gehalten. Was? Das kleine niedliche Streicheltier landet dort im Kopftopf. Das kann hierzulande zu hitzigen Auseinandersetzungen führen, wenn Südamerika-Reisende von der neu entdeckten Delikatesse gegrilltes Meerschweinchen berichten. Die eine Seite, die Streicheltier-Fans, hält es für moralisch verwerflich, ein so niedliches Haustier zu essen. Selbst den Gedanken daran, es auf der anderen Seite der Welt zu probieren, kann sie nur mit verständnislosem Kopfschütteln kommentieren, das meint: Schlimm genug, dass die unkultivierten Südamerikaner so eine barbarische Sitte haben, aber als moralisch integrer Europäer ist es selbstverständlich, dass man so etwas nicht tut. Und dann gibt es die zweite Seite, wie mich, die sich daran stört, dass man Sitten anderer Länder gedankenlos pauschal verurteilt. Warum ist ein Meerschweinchen weniger essbar als ein Kalb, ein Lamm oder ein Schwein? In unseren Kulturkreisen ist es eben völlig normal, Rinder und Schweine zu essen, in den Andenländern landen seit 4.000 Jahren Meerschweinchen im Kopftopf. In Peru sind sie sogar Bestandteil des traditionellen Hochzeitsmahls, der Verzehr soll dem Brautpaar Glück bringen. Die Bedeutung des Meerschweinchens als Nahrungsmittel zeigt sich auch in der Darstellung des Letzten Abendmahls in der Kathedrale von Cusco in Peru, wo Jesus im Kreis seiner Jünger ein Meerschweinchen isst. Was hierzulande mittlerweile gar nicht mehr bekannt ist: dass das Meerschweinchen auch bei uns in Europa bis zum Zweiten Weltkrieg durchaus auch zu kulinarischen Zwecken gehalten wurde. Es konnte sich bloß gegen die anderen traditionellen Schlachttiere hier nicht durchsetzen.

Nur weil wir seit Anfang des 20. Jahrhunderts das Meerschweinchen als Zeitvertreib zu unserer eigenen Bespaßung in einen Käfig sperren, verurteilen wir andere Menschen, die es als Nahrungsmittel zu sich nehmen? Eine völlig paradoxe Haltung in meinen Augen. Andere Sitten und Kulturen auf Reisen kennenzulernen, ihnen möglichst vorurteilsfrei zu begegnen, sich ein eigenes Bild der Umstände zu machen, gehört für mich zum Reisen dazu. Das heißt nicht, dass man dieses gedrungene flauschige Wesen in Südamerika gegrillt auf seinem Teller willkommen heißen muss. Aber man sollte sich auch Teilen der Kultur, die man nicht kennt oder nicht vertritt, als Gast respektvoll nähern. Schließlich erwarten auch wir das von unseren Gästen. Oder wie wäre es umgekehrt mal mit der Diskussion wie anstößig unsere Essenskultur in den Augen eines Hindus erscheinen mag?

18. GRUND

WEIL MAN SICH IN BERLIN GÜNSTIG UM DIE WELT SCHLEMMEN KANN

Berlin ist wie Ratatouille, ein großer Mix aus lauter verschiedenen bunten Sachen. Und genauso steht es auch um Berlins Restaurantlandschaft. Lust auf Vietnamesisch? Doch lieber Französisch? Oder wie wär es mit Persisch? Alles kein Problem und alles gut finanzierbar. Das ist das Schöne an der deutschen Hauptstadt: Sie hat für jeden Geldbeutel eine Menge zu bieten.

Türkisch

Hier geht es nicht um Döner, sondern um richtige türkische Küche; Auberginen mit Zwiebeln gefüllt, Kalbsfleischgulasch, eine Vielzahl an warmen und kalten authentischen Vorspeisen. Denn das *Istanbul* existiert seit 1960 schon länger als der Döner in Berlin und wird bis heute als Familienbetrieb geführt.

Unbedingt den runden Tisch hinten rechts reservieren, ein wenig abseits vom Rest des Geschehens genießt man das Essen in gemütlicher Atmosphäre und bequem in Kissen gebettet.

Adresse: Istanbul, Pestalozzistr. 84, 10627 Berlin

Indisch

Obacht! Cocktails sind keine indische Spezialität, auch wenn jedes indische Restaurant durch offensive Werbung einem dies weismachen will. Im Gegenteil, in Indien selbst ist Alkohol in einigen

Bundesstaaten sogar gänzlich verboten. Dafür ist das Essen in Indien selbst aber um einiges besser, als es die ansässigen Restaurants hier zubereiten. Woran aber nicht die Köche, sondern die deutschen Konsumenten schuld sind, weil sie die scharfen und gewürzträchtigen authentischen Speisen der Inder gar nicht vertragen.

Ein paar Restaurants versuchen aber, ihrer Heimattradition treu zu bleiben. Eines davon ist *Satyam* in Charlottenburg. Hier gibt es nur vegetarisch und keinen Alkohol auf der Karte. Im Hinterhof gibt es auch den einzigen Shiva-Tempel Berlins zu bestaunen.

Adresse: Satyam, Goethestr. 5, 10623 Berlin

Burger – die Invasion

An jeder Ecke gibt es einen Burgerladen in der Hauptstadt, nur die Dönerbude kann an Dichte da noch mithalten. Die besten Burger der Stadt gibt es *meiner Meinung nach* bei *Kumpel & Keule* in der Markthalle 9 in Kreuzberg.

Adresse: Kumpel & Keule, Eisenbahnstraße 42, 10997 Berlin

Österreichisch

Jeden Dienstag ist im *Schweighofer's* Brat- und Backhendel-Schmaus. Für rund elf Euro inklusive Beilagen kann man in der nostalgischen Gaststube mit alten Lampen und Kachelofen so viel essen, wie man will. Aber nicht vergessen Platz zu lassen für den Nachtisch: das »Besoffene Liesl«.

Adresse: Schweighofer's, Weimarer Str. 12, 10625 Berlin

Japanisch

Sushi-Läden gibt es wie Sand am Meer, und alle haben unglaubliche 50 Prozent Rabatt. Die japanische Küche hat aber mehr zu bieten, und das kann man auch in Berlin ausprobieren. Im *Cocolo Ramen X-berg* gibt es klassische japanische Nudelsuppen mit Ramen-Nudeln im gemütlichen Restaurant an großen Holztischen.

Adresse: Cocolo Ramen X-berg, Paul-Linke-Ufer 39/40, 10999 Berlin

Französisch

Das *Nord-Sud* ist unfassbar günstig, und das immer noch, obwohl es schon längst kein Geheimtipp mehr ist. Für weniger als acht Euro bekommt man drei Gänge und reichlich Baguette. Das Lokal kommt völlig ohne Dekoration aus und wird ganz allein von Jean-Claude gemanagt, was zu kleineren Wartezeiten führen kann, aber durch seinen Charme wieder völlig wettgemacht wird. Feste Menükarten gibt es keine, Jean-Claude erklärt die drei Menüs des Tages persönlich.

Adresse: Nord-Sud, Auguststr. 87, 10117 Berlin

Vietnamesisch

Nachdem Sushi schon zur normalen Kost in Berlin geworden ist, musste was Neues her. Die Vietnamesen haben sich in den 2000ern zur Freude aller asiatisch liebenden Foodies in der Stadt ausgebreitet. Mit der Masse kommt meist aber auch der Einheitsbrei.

Wer wirklich authentisches vietnamesisches Essen probieren will geht ins *Dong Xuan Center*, Berlins größten Asia-Markt.

Zentraler liegt das kleine feine Deli *Cô Cô bánh mì* in Mitte, das sich auf original vietnamesisch belegte Baguettes spezialisiert hat.

Adressen: Dong Xuan Center, Herzbergstraße 128–139, 10365 Berlin. Cô Cô bánh mì deli, Rosenthaler Str. 2, 10119 Berlin

Schlaraffenland

Sugafari ist ein Süßigkeitenshop der ganz besonderen Art, eine kuriose Zuckerreise in die unterschiedlichsten Länder und Kulturen. Je schräger und ausgefallener das Produkt, desto größer die Chancen, dass es bei *Sugafari* zu finden ist. Das Süßwaren-Sortiment reicht von Japan über Südafrika, Australien, Brasilien, Mexiko, Finnland bis in die USA.

Adresse: Sugafari, Kopenhagener Str. 69, 10437 Berlin

19. GRUND

WEIL ES NOCH TRADITIONELLE ALMHÜTTEN GIBT

Ich weiß nicht recht warum, aber das Wort »Alm« übt eine ganz verzaubernde Wirkung auf mich aus. Verzückt folge ich jedem Schild, das mir verspricht, auf dieser meiner Traumwiese zu landen, um mich im sattgrünem bauschig weichen Blumenmeer zwischen Kühen den Hang hinabzurollen. Jetzt mal ehrlich, so eine Bergweide sieht doch so aus, als wäre sie genau dafür gemacht worden, oder etwa nicht? In Zürich, als ich die saftig grünen Hänge auf den umliegenden Hausbergen sah, überkam mich dieser bislang unerfüllte Wunsch zum ersten Mal.

Ich bin ein Nordlicht; im flachen Hamburg aufgewachsen, kannte ich Berge nur von *Heidi* aus dem Fernsehen; vielleicht geriet ich deshalb beim ersten realen Anblick in so kindliche Euphorie. Dass es auch im Süden Deutschlands diese traumhafte Bergkulisse zu bestaunen gibt, war mir über lange Zeit völlig verborgen geblieben.

Und dann ist da ja noch das Highlight – die Almhütte. Nach meiner Vorstellung – und auch früher üblich – bekommt man dort frische, selbst produzierte lokale Hausmannskost.

Durch meinen Umzug nach München konnte ich zeitweilig meiner bisher unerfüllten Almleidenschaft frönen.

Ich hab es mir zur Mission gemacht, wirklich jedem Schild im Münchner Voralpenland, das das Wort »Alm« birgt, zu folgen. Nicht ohne des Öfteren stark enttäuscht zu werden. Wo ich nach einigen Serpentinen eine idyllische Almhütte erwartete, vor der ein paar Kühe weiden und im Idealfall ein sagenhaftes Bergpanorama die Kulisse bilderbuchreif macht, stand hinter der ersten Kurve eine große, überfüllte Wirtschaft mit grantiger bayerischer Bedienung, einem mehrsprachigen Menü, das deutlich erkennen ließ, dass man hier keinen Almbetrieb, sondern ein erfolgsorientiertes Restaurant laufen hatte.

Ich hab bisher in Deutschland nur eine einzige Alm gefunden, die meinen verträumten Ansprüchen gerecht wird: die Hefteralm im oberbayerischen Landkreis Traunstein südlich vom Chiemsee.

Die Hefteralm liegt auf gut 1.000 Metern Höhe, und man gelangt nur zu Fuß oder mit dem Rad nach oben. Beim Aufstieg erhascht man durch das dichte Nadelgehölz immer mal wieder einen Blick auf den tiefer liegenden Chiemsee. In erster Linie betreuen und versorgen die Besitzer die Almviecher, wie das auf einer Alm eigentlich üblich ist. In der übrigen Zeit bewirten sie Wanderer mit Alm-üblichen Speisen und Getränken. Täglich wird Milch verarbeitet; alle Käsesorten sowie Brot, Buttermilch, Joghurt, Holunderlimonade sowie Schnäpse werden dort oben frisch hergestellt.

Doch die Hefteralm ist nicht die letzte ihrer Art, es gibt noch einige traditionelle Almbetriebe in den Alpen, die mit ihren selbst erzeugten Produkten auch Wanderer bewirten. Empfohlen wurden mir folgende: Im Ultental bei Meran in Südtirol gibt es die Hütte Sankt Moritz.

Ebenfalls in Südtirol zwischen Stein und Pfunders liegt die Obere Engbergalm, die mit Südtiroler Schüttelbrot und selbst gemachtem Ziegenfrischkäse den leeren Wandererbauch stärkt und für das perfekte Almglück auch noch frische Kuhmilch serviert. Im bayerischen Chiemgau ist die Altkaser Alm und im Allgäu bei Immenstadt die Mittelberg Alm vielversprechend.

Wer sich in den Tegernseer Bergen tummelt, sollte eine Wanderung zum Schildenstein mit einer Rast in der Königsalm verbinden. Frische Kuhmilch, selbst gemachte Butter und Käse warten auf einen. Sie wurde unter anderem von König Max I. erbaut und soll die größte Alm im Miesbacher Land sein.

20. GRUND

WEIL BARCELONA FOTOGEN UND LECKER IST

Barcelona ist so ein Allrounder unter den Städtetrips, ganzjährig das perfekte Ziel – immer pittoresk und fotogen durch seine faszinierende Jugendstilarchitektur. Diese entstand in der Zeit zwischen 1878 bis etwa 1910 und prägte neben der Gotik (14./15. Jahrhundert) das Stadtbild Barcelonas. Ich persönlich würde die Winterzeit für einen Trip nach Barcelona empfehlen: weniger Touristen, weniger Anstehen und die perfekte Entschuldigung, sich ständig bei einer heißen Tasse dickflüssiger Schokolade mit *Churros* (einer Art länglicher Krapfen) in den unzähligen gemütlichen Cafés aufzuwärmen.

By the way, Croissants und *Ensaimadas* (ein Gebäck, das aus einem gezuckerten, fermentierten Teig besteht und im Ofen ausgebacken wird) lassen sich auch hervorragend zu der spanischen heißen Schokolade genießen. Am besten, man mietet sich ein eigenes Appartement, damit man die wunderschönen spanischen Märkte nicht nur auf Fotos festhält, sondern auch die regionalen Köstlichkeiten in der eigenen Küche zubereiten kann.

Es versteht sich von selbst, dass man in Barcelona auf jeden Fall der Sagrada Família einen Besuch abstattet. Die von Antoni Gaudí (1852–1926) entworfene Kirche ist bis heute unvollendet, aber unbedingt einen Besuch wert. Ihr Bau wurde 1882 gestartet und soll nach aktuellen Plänen 2026 zum 100. Todestag von Gaudí fertiggestellt werden. Durch die lange Bauzeit sind verschiedene Architekturstile in die Kirche eingeflossen. Entworfen wurde sie in neukatalanischer Neugotik, aber Gaudí hat sie im Stil des Modernisme weiterentwickelt. Von Weitem gleichen die Türme denen einer Sandburg. Im Inneren überrascht die Kirche mit einem atemberaubenden Lichteinfall durch die farbenprächtigen Fenster – wunderschöne Fotografien garantiert! Ich finde, sie ist eine der schönsten zeitgenössischen Kirchen weltweit.

Insidertipp: Wer Geld sparen will, kann auf den Turmaufstieg verzichten. Eine ebenso schöne und kostenlose Möglichkeit, Panoramaaufnahmen von der Stadt zu machen, hat man vom höher gelegenen Park Güell. Dort braucht ihr auch nicht zwingend ein Ticket zu kaufen, außer ihr wollt das Museum besichtigen. Der Park selbst ist nämlich frei zugänglich, und die Gebäude kann man von außen auch sehen. Der Park Güell wurde ebenfalls von Antoni Gaudí entworfen, es sollte eine Gartenstadt mit rund 60 Villen werden. Die Finanzierung scheiterte, und es wurden nur drei Häuser gebaut. In einem davon lebte Gaudí selber von 1906 bis 1925. Heute ist sein Wohnhaus ein Museum für seine entworfenen Möbelstücke sowie Zeichnungen.

Für einen imposanten Kontrast zur Sagrada Família sollte man unbedingt in die La Catedral de la Santa Creu gehen. Während die erste Kirche durch eine immense Lichtflut, Offenheit und Leichtigkeit beeindruckt, herrscht in der gotischen Kathedrale, die zwischen dem 13. und 15. Jahrhundert erbaut wurde, eine ehrwürdige, schwere Atmosphäre, die einen in die frühe Neuzeit zurückkatapultiert.

Danach ist Schlendern im fotogensten Viertel der Stadt angesagt: Gràcia. Auf dem Weg dorthin kommt man automatisch an der Casa Milà vorbei, einem ebenfalls von Gaudí entworfenen Gebäude.

Gràcia liegt leicht erhöht auf einem Berg und hat durch seine schmalen und kleinen Straßen, die immer wieder durch kleine Plätze unterbrochen werden, eher das Feeling eines spanischen Dorfes als einer pulsierenden Metropole. Doch genau dieser Mix macht die Jugendstil-Stadt am Mittelmeer so interessant.

Den schönsten Blick auf das Meer und den Hafen hat man von der Burg auf dem Montjuïc. Und nachdem man auch diesen Abschnitt zu Fuß bewältigt hat, wird es Zeit, die Energiereserven wieder aufzufüllen. Süßmäuler werden im touristisch noch unberührten Viertel El Poble Sec den wohl leckersten Karottenkuchen der Stadt im *Spice Café* (Carrer de Margarit, 13) finden, und wenn man schon am Meer ist, dann sollte man das auch nutzen und den fangfrischen Fisch im *La Paradeta* (www.laparadeta.com) probieren.

Ein Fischrestaurant, wo man sich wie von der Markttheke den Fisch aussucht und direkt nach Wunsch zubereiten lässt. Ganz ehrlich, ich hab noch nie so leckere Gambas gegessen!

21. GRUND

WEIL DIE SÜDAFRIKANISCHE FUSIONSKÜCHE SÜCHTIG MACHT

Ich liebe es zu essen. Ich recherchiere Wochen vor einer Reise die einheimischen Spezialitäten, wähle stets das mir mit Abstand unbekannteste Gericht und laufe ganz gerne auch mal zwei Stunden hungrig durch die Gegend, um das Lokal zu finden, das die interessanteste Speisekarte hat.

In Südafrika war das ein Kinderspiel, ich musste nicht lange suchen, um fündig zu werden. Die unglaubliche Kombination europäischer Küche mit exotischen Gewürzen, regionalem Gemüse und Früchten und der dreiste Mix aus süß und salzig haben mich sofort überzeugt. Diese Fusionsküche ist durch die vielfältigen Bevölkerungsgruppen der Republik Südafrika entstanden: Durch die europäischen Siedler, Niederländer, Deutsche und Franzosen, die im 17. Jahrhundert ihre ersten Stützpunkte im südlichen Afrika errichteten, gelangte der europäische Einfluss in die hiesige Küche. Außerdem führte die niederländische Vorherrschaft dazu, dass man zahlreiche Sklaven und Arbeitskräfte aus den asiatischen Kolonien wie Indonesien, Indien und Malaysia nach Südafrika mitbrachte, deren Einfluss sich ebenfalls in der Kap-Küche wiederfindet.

Nicht zuletzt die britische Kolonialzeit ab Beginn des 19. Jahrhunderts sorgte für einen weiteren dominanten Niederschlag. Das berühmte *English Breakfast* zum Beispiel ist auf jeder südafrikanischen Frühstückskarte zu finden. Die lokale Variante wird aber mit *Boerewors*, einer mit Koriander gewürzten Bratwurst, und Tomaten-Chakalaka-Sauce, basierend auf einer afrikanischen Würzmischung, serviert.

Der French Toast wird mit Bacon, Ahornsirup und gerne auch Bananen gereicht, selbst beim Schreiben fließt mir da gleich wieder das Wasser im Munde zusammen.

Praktisch ist, wenn man mindestens zu zweit unterwegs ist und die anderen Reisebegleiter ebenfalls bereitwillig ihr Essen teilen. Dann kann man noch mehr probieren, wie Mais-Fritters mit Rauke, Kräuterfrischkäse, Bacon, gebratenen Tomaten und Pesto.

Mittags dann die nächste Qual der Wahl für Genussfreudige: ein typisches kapmalaiisches *Bobotie* oder lieber ein Avocado-Bohnen-Salat mit gegrilltem Hühnchen, Pfirsich und gerösteten Mandeln? Dazu ein erfrischender Rooibos-Apfel-Eistee.

Sogar die Pizzavarianten sind mit lokalen Einflüssen versehen wie die Biltong-Feta-Paprika-Option oder die einfach klingende Mozzarella-karamellisierte-Zwiebeln-Variante, die mit einer Kreuzkümmelwürzung überraschte.

Normalerweise stürze ich mich auf Straßenessen. Das gibt es in Südafrika aber nicht besonders ausgeprägt und ist leider auch nicht besonders interessant. Meistens handelt es sich um Variationen der *Boerewors* als Kebab oder Hotdog. Das in Durban gehypte *Bunny Chow*, ein mit Curry gefüllter Brotlaib, das aus der indischen Community aus Durban stammt, ist auch nicht der Rede wert.

Für Fleischliebhaber ist Südafrika ein wahres Paradies. Überall gibt es köstliche Burger, Rumpsteak, T-Bone-Steak, traditionelles Braai (südafrikanischer Ausdruck für BBQ), Straußensteak – und stets wird man bei der Bestellung gefragt, wie man sein Fleisch gerne hätte. In einem Lokal in Kapstadt, dem Nelson's Eye, gab es für Laien folgende Guideline:

»rare« means you think you're tough
»medium« means you can't make up your mind
»well-done« is what you should say to our chef.

Und das alles kann man mit sagenhaftem südafrikanischen Wein vom Westkap genießen.

KAPITEL III

PEINLICHE PANNEN + LEHRREICHE LEKTIONEN

22. GRUND

WEIL MAN LERNEN KANN ZU CAMPEN – ODER AUCH NICHT

Sommer in Deutschland ist gefühlt gleichbedeutend mit Unwettersaison und jeder Menge Regen anstelle des erwarteten Sonnenscheins. Manchmal kommt es sogar deutschlandweit zu Unwettern, die mit heftigen Gewittern einhergehen, bei denen sogar Vieh auf der Weide ums Leben kommt.

Genau an so einem Wochenende war ich zelten in Hessen. Es war mein erstes Mal. Ich wurde überredet, Camping ist eigentlich kein Wort, mit dem man mich locken kann, ohne jegliche Erfahrungswerte hatte ich bereits starke Vorbehalte dagegen. Aber ich bin stets bereit, mich vom Gegenteil überzeugen zu lassen.

Wir waren auf Paddeltour auf der Lahn unterwegs und hatten eigentlich sogar Glück mit dem Wetter. Der Regen brach erst am Nachmittag über uns herein. Dafür aber heftig und während wir noch im Boot saßen.

Ich war nass, total, genoss den letzten Kilometer paddelnd bei Starkregen aber trotzdem, weil ich mich ein wenig wie auf dem Amazonas bei heftigem Regenfall fühlte (nein, ich war noch nie auf dem Amazonas, aber ich hab eine blühende Fantasie). Hinterher musste ich sogar meine Unterhose auswringen.

Cut.

Während ich gedanklich auf dem Amazonas unterwegs war, wandelte sich unser Campingplatz von einer sattgrünen Wiese, die zum Grillen einlud, in eine Baggermatschfläche. Zum Spielen toll, zum Campen weniger. Egal. Die ersten Sonnenstrahlen kämpften sich optimistisch wieder durch. Und solange es beim Zeltaufbauen selbst nicht regnet, passt es ja schon.

Das Aufbauen ist außerdem kinderleicht, vorausgesetzt man hat eine gewisse Ahnung, was man mit diesen ganzen »Knick-Stangen«

tun soll, und dass die Bodenbefestigungen »Heringe« als Spezialnamen tragen. So weit ist die Sache mit dem Campen noch gar nicht richtig schlimm.

Aber dann ...

Ergriff mich die Clostridium-difficile-assoziierte Diarrhö. Auf einem Campingplatz, wie passend. Es regnete in der Zwischenzeit wieder und war dunkel. Der Boden war also herrlich matschig und die Toiletten nicht wirklich appetitlich, aber immerhin frei, das war fürs Erste das Wesentliche.

Ich hab das sogar alles hingenommen, nicht mehr richtig gut gelaunt, aber noch ansprechbar. Wenig später die Katastrophe: Es regnete in unser Zelt, völlig unverhohlen einfach durch die Mitte. Platsch, platsch, platsch ... dann sogar an den Seiten.

Dabei war ich doch einfach nur wirklich müde und mittlerweile auch noch krank und sowieso völlig erschöpft und überfordert mit dem Regen. Ich dachte nur noch an MEIN Bett und MEINE Toilette und dass ich Campen richtig scheiße finde.

Irgendwann versank ich dennoch in Dämmerschlaf und erkannte dann, was mich noch stundenlang beschäftigen sollte: Ohropax ist das wichtigste Accessoire auf einem Campingplatz. Na ja, und nun ratet mal, wer keine hatte! Also hab ich die Nacht durchgemacht, war passive Teilnehmerin mehrerer geilster Partys und des abschließenden Rülpswettbewerbs, lauschte den ersten ausgeschlafen klingenden Familien bei ihren Abreisevorbereitungen und war mir sicher, so ausgeschlafen munter die klangen, hatten sie alle Ohropax dabeigehabt.

Hab ich es wieder getan? Ja, weil ich überzeugt davon war, dass man so viel Pech nicht immer haben kann – und ich hatte recht.

23. GRUND
WEIL MAN AUS ANFÄNGERFEHLERN LERNT

Zum Beispiel das *Menu touristico* (Touristenmenü) in Italien wählen. Insbesondere in Rom gibt es zahlreiche Restaurants, die dieses Angebot offerieren. Es wirkt verführerisch – muss man sich doch keine Gedanken um die Wahl seines Essens inklusive der Übersetzung der Speisen machen. Eine nett gemeinte Geste der Restaurantbesitzer, die nur das leibliche Wohl des Touristen im Sinn haben und ihm mit dem besonderen Menü die Spezialitäten der Region nahebringen wollen? Pustekuchen. Restaurants mit einem Touristenmenü (Menünamen à la *Menu Pantheon* oder *Menu Colosseo* zählen ebenso dazu) geht es nicht um die Kulinarik, sondern rein um den Kommerz. Das Essen ist weder regional, definitiv aus billigen Zutaten hergestellt und im Preis-Leistungs-Verhältnis zu teuer. Meistens steht da auch noch ein aufdringlicher Bequatscher vor der Tür.

Vor Bequatschern, die einem mit der Frage »May I help you« in Indien, Ägypten, Marokko beziehungsweise egal wo im Orient aufwarten, sollte man sich auch in Acht nehmen. Schwerer Fehler in diesem Fall: gutgläubig mit »Ja« zu antworten. Natürlich kann dir die Person helfen, vor allem darin, dein Geld bei einem seiner Verwandten zu lassen, wofür er auch noch eine gute Provision kassiert. Wo wir schon im Orient sind ... Dass Frauen sich bedeckt kleiden sollten dürfte bekannt sein, doch Männer sollten ebenfalls auf kurze Hosen verzichten. Für Einheimische schaut das nämlich nach Unterwäsche aus. (Wie ernst wird man wohl beim Feilschen genommen, wenn man sich dem Händler in Unterwäsche präsentiert?) Doch auch ein ernst zu nehmender Auftritt wird dem Reisenden nur ein paar Cent ersparen. Denn es ist purer Größenwahn, zu glauben, man könne es mit einem orientalischen Händler in Sachen Preisverhandlung aufnehmen. Selbst wenn man es geschafft hat und die vermeintlichen 50 Prozent seines maßlos überhöhten Preisvorschlags wegargumentiert hat, kann man sich sicher sein, dass seine Gewinnmarge noch immer das Zehnfache beträgt.

Doch Geben ist seliger als Nehmen. Angesichts der globalen Armut, die einem auf Reisen begegnet, wird einem stetig bewusst, wie gut man es selbst hat, dass ein paar Dollar hier und da einem selbst nicht wehtun, der bettelnden Inderin aber die nächsten Tage ein paar warme Gerichte sichern. Leider ist auch hier ein wenig Vorsicht geboten. Generell gebe ich nie Geld, weil ich nicht weiß, ob die betroffene Person es nicht doch irgendwo abgeben muss, sondern kaufe direkt Lebensmittel. Aber Achtung! Niemals wenn es sich um mehr als eine Person handelt. Mir passierte Folgendes: Die Nachricht, ein Tourist kaufe gerade Kaltgetränke für Bedürftige, verbreitet sich wie ein Strohfeuer, und ehe ich mich versah, rannten aus allen Ecken Menschen auf mich zu, die auch was wollten. Meine Situation geriet völlig außer Kontrolle, ich musste mich vor dem Menschenandrang im Laden verstecken, und der Shop-Besitzer verjagte die Meute mit drohenden Stockgebärden. So hatte ich mir meine nett gemeinte Geste nicht vorgestellt, und letztendlich fühlte ich mich noch schlechter, als wenn ich gar nichts gegeben hätte.

24. GRUND

WEIL LEHRGELD ZAHLEN ZUM REISEN DAZUGEHÖRT

In Kairo haben wir es tatsächlich geschafft, einen Laden mit vermeintlich echten Papyrusrollen zu verlassen, die wir zu Wucherpreisen bezahlten und nicht mal haben wollten. Dabei war von Anfang an klar: Das ist eine Falle.

Ein freundlich-euphorischer Ägypter hielt es für seine Mission, als Beweis der ägyptischen Hilfsbereitschaft, uns auf dem Weg vom Tahrir-Platz zum Nilufer persönlich zu begleiten. »Damit ihr euch nicht verlauft oder gar in die Fänge von dubiosen Gestalten geratet!«, erklärte er, denn diese würden gerade hier im Zentrum überall auf ortsunkundige Touristen lauern.

Wie der Zufall so wollte, kamen wir an dem Laden seines Bruders vorbei, der uns vor Begeisterung, deutsche Touristen willkommen zu heißen, direkt und ohne ein Nein abzuwarten in sein Geschäft zerrte. Plötzlich saßen wir in einem dunklen Raum, bekamen heißen, übersüßten schwarzen Tee vorgesetzt, und der dickliche Mann erzählte uns von seinen Verwandten in Deutschland. Zum Beweis holte er Fotografien von seinem Cousin in Stuttgart und seinem Bruder in München hervor. Eine interessante Methode, um unser Vertrauen zu gewinnen. Apropos Bruder, wo war der eigentlich geblieben, fragte ich mich nun und stellte fest, dass er verschwunden war, ohne sich mit einem Abschiedswort aufzuhalten.

Ich schaute mich um, der ganze Laden war tapeziert mit Papyrusrollen, auf denen klassisch abgedroschene Motive wie Tutanchamun, Kleopatra, die Pyramiden oder die Sphinx zu sehen waren.

Mir schwante langsam, dass die Gastfreundschaft durch mögliche Verkaufsabsichten geleitet war. Ich trank meinen Tee mit einem Schluck aus, wies meinen Reisepartner an, es mir gleichzutun, und erhob mich zum Abschied.

»Nein, ihr könnt noch nicht gehen«, versuchte er uns aufzuhalten. »Einen zweiten Tee müssen wir noch zusammen trinken, das könnt ihr mir nicht ausschlagen. Zur Feier des Tages, ich heirate morgen!« Er zeigte auf die Dame, die schon die ganze Zeit stumm hinter uns gesessen hatte, und gab uns zu verstehen, das sei seine Verlobte und morgen der schönste Tag ihres Lebens. Schachmatt. Wir saßen wieder und schlürften an unserem zweiten Glas Tee, während er uns nun sogar zu seiner Hochzeit morgen einlud. Es wäre ihm eine Ehre, deutsche Gäste begrüßen zu dürfen. Und zur Feier des morgigen Tages möchte er uns etwas schenken. In Sekundenschnelle waren unsere Namen in Hieroglyphen-Schrift auf zwei Papyrusrollen verewigt und unser Nein-Chor gekonnt ignoriert.

Beim Abschied kam es dann. Wir sollen doch bitte seiner Braut ein Geldgeschenk für die Hochzeit überreichen, das sei so Sitte in Ägypten.

Innerlich bereits stark angesäuert, überreichen wir einen kleinen Geldbetrag in Höhe von umgerechnet 20 Euro, was in meinen Augen nicht nur für ägyptische Verhältnisse, sondern auch als Geschenk für eine mir völlig unbekannte Person enorm viel darstellte. Nicht so für unseren Freund, den Bräutigam. Mit einer verächtlichen Mimik gab er uns unmissverständlich zu verstehen, dass das ja wohl ein lächerlicher Betrag sei, und wies uns schroff auf die abwegigen Preise seiner gefakten Papyrusrollen hin.

Ich wurde nun richtig sauer und verneinte. Er wurde ebenfalls wütend. Unser Wortaustausch wurde zunehmend lauter, und die Stimmung war richtig im Arsch.

Dabei ärgerte ich mich nicht über den Geldbetrag, sondern über das bleibende Gefühl, gehörig verarscht worden zu sein, und die Unsicherheit, ob nicht vielleicht jede Tee-Einladung zu solchem Ende führen würde.

Ich schloss aber trotz dieser ärgerlichen Erfahrung das Fazit: Vergessen und weiter! Wenn man sich zu lang mit dem Gedanken aufhält, dass jeder einen abzocken will, verpasst man die tollen Momente mit den Menschen vor Ort, die das Reisen so besonders machen.

25. GRUND

WEIL KAKERLAKEN EIN WÜRDIGER GEGNER SIND

Ich hasse Kakerlaken, sie sind für mich die widerlichsten Geschöpfe auf der Welt. Meine Beziehungsprobleme mit Kakerlaken reichen zurück bis in die Tage meiner Kindheit. Wir verbrachten aufgrund meiner griechischen Herkunft häufiger die Sommerferien in Griechenland und besuchten dabei auch immer für ein paar Tage unsere Familie in Athen.

Trocken, heiß und schmuddelig mögen es diese Viecher, und so wachsen sie besonders in Athen zu einer ansehnlichen Größe heran. So sehr meine Familie es versuchte, gänzlich konnte sie mir und meiner Schwester nicht weismachen, dass da nicht doch grade wieder eine verdammt große Kakerlake vor unseren Füßen über den Hof rannte.

Ich habe deswegen seit meiner Kindheit diesen panischen Ekel vor Kakerlaken. Als Alf dann auch noch gegen eine mutierte außerirdische Riesenschabe kämpfen musste, war für mich klar: Ich hab eine Kakerlaken-Phobie. Alles Mögliche kann ich erdulden, aber bei Kakerlaken flipp ich aus.

Die schlimmste Nacht meines Lebens war ein real gewordener Albtraum mit dieser ekligsten aller Schaben als Hauptakteur.

Ich hab keine Schwierigkeiten mit Ameisen, Eidechsen, Fröschen in meinem Zimmer – alles in rationalen Mengen und Größen versteht sich –, aber Kakerlaken sind nicht akzeptabel.

Ort des Geschehens: Kharga, die größte, aber touristisch unerschlossenste der ägyptischen Oasen in der Libyschen Wüste. Wir hatten uns laut *Lonely Planet* die beste Hoteloption vor Ort ausgesucht. Was nicht wirklich für das Hotel unserer Wahl sprach, aber die anderen Optionen klangen eher danach, als wäre es schöner, auf der Straße zu nächtigen.

Über die offenen Löcher in den Wänden und im Boden haben wir anfangs nur geschmunzelt. Dass wir die Zimmertür nicht abschließen konnten, bewerteten wir zwar nicht als Pluspunkt, aber immerhin hatten wir einen Balkon.

Gerade als wir den nutzen wollten und den Vorhang beiseite schoben, passierte es: Eine circa zehn Zentimeter riesige braun glänzende Kakerlake – ich übertreibe nicht im Geringsten – kam unter dem Vorhang hervorgeschossen und rannte zielstrebig Richtung Bad.

Es ist wahnsinnig schwierig, diese Tiere im Lauf zu erwischen, die haben so einen schlingernden Gangstil, das man immer danebenhaut. Und doof sind die auch nicht, da versteckt sie sich doch tatsächlich unter dem Abflussrohr der Toilette. Es gibt keinen Ort, an den man schwieriger herankommt, um gescheit mit dem Schuh auszuholen.

Ihre Hinrichtung hat uns über zwei Stunden gekostet, mein Seelenfrieden war hinüber, und das Resultat war eine Ameisenherde, die über die Reste herfiel. Auch unschön.

Doch das richtige Horrorszenario sollte erst noch kommen!

Mitten in der Nacht wachten wir von einem lauten Knall auf. Unsere Koffer, die wir auf den Fernseher gestapelt hatten – wir wollten vermeiden, bestimmte Vielbeiner nach Hause zu importieren –, waren heruntergefallen.

Wir knipsten das Licht an und erstarrten: Auf dem Bett rechts von uns läuft mitten drauf eine neue riesige Kakerlake! Noch größer als die erste! Mitten auf dem weißen Laken. Als wollte uns das Ungetüm durch die symbolhafte Unschuld eines weißes Lakens noch deutlicher seine Widerlichkeit entgegenschreien. Bis dato hatte ich gedacht, die bleiben auf dem Boden.

Und dann: ein eigenartiges Geräusch ... Eine Mischung aus Quieken und Zirpen mit einer raschelnden Note; eindeutig aus Richtung des Badezimmers.

Es war zwei Uhr nachts, die Anreise nach Kharga war sehr anstrengend gewesen, zu essen gab es bei unserer Ankunft nur noch Leber-Kebab, und die erste Kakerlaken-Episode hatte nicht zur Stärkung meines Nervenkostüms beigetragen.

Ich bildete mir ein, dieses Geräusch käme von Ratten, von denen jetzt mehrere im Bad seien, weil sie das offene Abflussrohr der Dusche raufgekommen waren.

Als unter unserem Bett auch noch ein paar Heuschrecken hervorlugten, brach ich psychisch erschöpft in Tränen aus.

Dass im Bad keine Ratten waren, sondern die Geräusche von Grillen kamen, die es sich in einem der Löcher in der Wand gemütlich gemacht hatten, half mir auch nicht mehr.

Die Kakerlake versteckte sich hinter dem Kopfteil des Bettes. Wo wir nicht wagten nachzuschauen, da wir befürchteten die Büchse der Pandora zu öffnen.

Mit dem Licht als einzige Waffe taten wir erschöpft für ein paar Stunden wieder die Augen zu, um direkt bei Sonnenaufgang das Hotel und auch Kharga zu verlassen.

Meine Beziehung zu Insekten ist seitdem nachhaltig geschädigt.

26. GRUND

WEIL AUCH REISEPROFIS DUMME FEHLER MACHEN

Der schönste Strand der Welt, das schönste Reiseerlebnis oder Tipps und Tricks zum Geldsparen auf Reisen, das alles sind wunderschöne Themen, über die Reisende gerne reden. Doch es gibt auch die dunkle Seite, die peinlichen Geschichten, die mit ein wenig Abstand humorvoll nacherzählt werden – und die richtig peinlichen Geschichten, die man lieber vergessen beziehungsweise am besten ungeschehen machen will.

Ich hab so eine Geschichte, eine richtig peinliche, bei der einige böse Zungen meinen, so was dürfte einem Reiseprofi niemals passieren!

Vor einigen Jahren buchte ich also einen Flug zu meiner Familie nach Athen für das bevorstehende Weihnachtsfest. Damit die Preise nicht ins Unermessliche schossen, beschloss ich, das im Oktober schon zu erledigen. Der Hinflug war am 23. Dezember, und den Rückflug hatte ich auf den 27. Dezember gelegt. Das hatte ich natürlich blitzschnell online über das Internet erledigt und gedanklich damit abgehakt. In meinem Kalender hatte ich Flugnummer und Zeiten notiert, bei Vorlage des Personalausweises braucht man heute ja nicht weiter einzuchecken, dachte ich.

Am 23. Dezember kam ich pünktlich zum Check-in am Flughafen an, reihte mich geduldig in die Schlange ein. Und versuchte, mich von dem vorweihnachtlichen Trubel, der Unruhe und der latenten Aggressivität des gestressten Flughafenpersonals nicht weiter anstecken zu lassen.

Endlich an der Reihe, zückte ich noch gut gelaunt meinen Personalausweis, stellte mein Gepäck auf das Band und wartete. Und wartete. Zunehmend genervter tippte die Dame am Schalter hastig in die Tasten, schaute mich an und meinte trocken: »Wir haben Sie nicht im System. Sie können nicht mitfliegen.«

»Doch, doch. Ich hab einen Flug für heute 14:15 Uhr nach Athen gebucht. Leider hab ich die Buchungsbestätigung nicht ausgedruckt, aber ich kann in meinen Mails nachschauen«, erwiderte ich irritiert, aber bestimmt.

Die Frau ließ nicht locker: »Sie sind nicht im System. Ich kann Sie nicht einchecken.« Meine Laune trübte sich schlagartig, ich wurde wütend und fing an, ungehalten über das miserable Buchungssystem der Airline zu schimpfen. »Ich hab eine Buchung und bestehe darauf mitzufliegen, ich hab das ja schließlich nicht umsonst bezahlt«, raunte ich die Frau immer wieder an. Routiniert empfahl sie mir, zum Airline-Schalter zu gehen und ein neues Ticket für den Flug zu kaufen. Ich solle dann einfach meine Buchungsbestätigung, die ich per Mail erhalten hatte, gemeinsam mit der Rechnung für das neue Ticket einreichen und würde meine Mehrkosten natürlich erstattet bekommen.

»Bodenlose Frechheit«, schnaubte ich und kaufte erbost ein übertuertes Ticket, gute zwei Stunden vor Abflug. Aber immerhin war überhaupt noch ein Platz im Flieger frei.

Über die Feiertage vergaß ich diese Szene völlig – bis mir am 26. Dezember dann einfiel, diesmal meine Buchungsbestätigung ausgedruckt zum Flughafen mitzunehmen, um nicht wieder so dumm dazustehen. Für den Fall der Fälle.

Plötzlich verschlug es mir die Sprache, ich wusste nicht, ob ich laut loslachen, weinen oder es schweigend für mich behalten sollte: Da stand 23. November!

Ich konnte es nicht fassen, ich hatte doch tatsächlich Flüge für den November und nicht für den Dezember gebucht. Wie peinlich wäre das gewesen, hätte ich die Buchungsbestätigung auch noch am Schalter vorgezeigt! Lautstark hätte man mich völlig zu Recht vor allen ausgelacht.

Für mein rumpelstilzchenartiges Verhalten am Check-in Schalter schäme ich mich bis heute in Grund und Boden.

Ich brauche nicht wirklich zu erwähnen, dass diese Novemberflüge ungenutzt verfallen sind und ich natürlich nicht einen Cent für meine Dummheit von der Airline zurückbekam, oder?

Aber auch Profis sind Menschen. Schon Cicero und Hieronymus wussten: »Errare humanum est, sed in errare perseverare diabolicum. (Irren ist menschlich, aber auf Irrtümern zu bestehen ist teuflisch.)«

27. GRUND

WEIL MAN DEM WUNSCH VOM FLIEGEN BEIM PARAGLIDEN NAHE KOMMT

Wir alle bewundern doch Vögel (und Superman) für ihre Fähigkeit, fliegen zu können. Wer will nicht über Berg und Tal hinweggleiten, alles mal aus einer anderen Perspektive betrachten, mit einer erholsamen Distanz zum Geschehen auf der Erde. So klein und bedeutungslos, wie ein sorgfältig kreiertes Miniaturwunderland schaut die Erde von oben aus. Fliegen, ein visionäres Spa-Treatment für die gestresste Alltagsseele?

Ich rede dabei nicht vom Adrenalin-getriebenen Hinabstürzen aus einem Flugzeug wie bei einem Fallschirmsprung, sondern vom Gleitschirmfliegen (engl. Paragliding).

Beim Gleitschirmfliegen sitzt man in einem Gurtzeug unter einem Gleitschirm, mit dem man durch Leinen verbunden ist. Das

Paragliden begann 1965 durch David Barish, hat sich aber erst Jahrzehnte später als eine eigene Sportart durchgesetzt.

Heute werden auch Tandem-Sprünge mit erfahrenen Gleitschirmfluglehrern angeboten, sodass man auch ohne jegliche Vorkenntnisse mal in den Genuss des Segelfliegens kommen kann. Die Alpen sind ein sehr beliebtes Gebiet dafür.

Die nicht ganz so Todesmutigen unter euch – wie ich – fragen sich jetzt: Kann da eigentlich was schiefgehen?

Eigentlich nicht. Aber eben nur eigentlich. Ich hab das im Salzburger Land in den österreichischen Alpen mal getestet.

In der Gondel ging es erst mal den Berg hinauf. Ein wenig mulmig wurde mir bei dem Gedanken ja schon, da fliegend wieder runterzukommen. Aufregung machte sich breit bei mir, ich hab ja eigentlich Höhenangst. Vielleicht war das doch keine so gute Idee mit dem Paragliden? Mal schauen, wie die Lage oben so ist, dachte ich still bei mir.

Da wir uns in den Bergen befinden, werden wir einen sogenannten Alpinstart, Vorwärtsstart, machen. Die Startwiese ist steil abfallend, aber kein Abhang. Das beruhigt mich schon mal ein wenig. Ich schau den anderen gebannt zu. Geradeaus laufen sie schnell die Wiese hinunter, der Schirm öffnet sich hinter ihnen und schwups heben sie ab, sie fliegen und steigen auf. Eigentlich ganz einfach.

Mein Lehrer für den Tandemsprung bereitet indes schon mal alles vor: Er checkt mögliche Unebenheiten im Boden, die meteorologischen Bedingungen, legt den Gleitschirm startfertig auf die Wiese und macht die Leinen und das Gurtzeug entsprechend fest.

Dann bekomme ich mein Gurtzeugs angezogen, er clipt uns zusammen, ich vor ihn geschnallt, und erklärt mir kurz und knapp, was ich zu tun hab: »Lauf so schnell du kannst geradeaus die Wiese nach unten. Bist du bereit?«, fragt er noch abschließend. Ich gebe ein zögerliches »Joa« von mir, meine eigentlich: »Nein, ich bin echt aufgeregt.« Und schon rennen wir los.

Plötzlich höre ich eine Stimme eindeutig »links« schreien, schlage einen perfekten linken Haken und rutsche die Wiese einmal bäuchlings runter. Uns ist nichts passiert, außer dass ich diesen Moment als eines der peinlichsten Erlebnisse meines Lebens verbuche.

Durch mein linkes Abdriften konnte sich der Schirm zum Abheben nicht öffnen.

Mein Lehrer macht mir noch mal klar, wie wichtig der Teil *geradeaus* bei meinem Laufpart ist, und wir starten ein zweites Mal.

Wow, plötzlich hab ich keinen Boden mehr unter den Füßen und schwebe ganz seicht über die Wälder hinweg. Die Aussicht ist atemberaubend. Fliegend schaut man über die schneebedeckten Gipfel der Alpen, unter einem das Tal mit dem pittoresken Dorf, begleitet von unserem Schatten auf den Wipfeln der Nadelbäume unter uns.

Nach viel zu kurzen 20 Minuten sind wir wieder heil am Boden angekommen. Die thermischen Bedingungen haben keinen längeren Flug zugelassen. Theoretisch kann man durch das Ausnutzen von Aufwinden bis zu einer Stunde in der Luft verbringen.

Alle anderen hatten natürlich überhaupt keine Startschwierigkeiten. Aber nach ein paar Monaten Distanz zum Geschehen find ich meinen Bauchrutscher zwar immer noch peinlich, kann aber herzig drüber lachen. Und nun wisst ihr, dass bei einem Tandemflug eigentlich nichts schiefgehen kann. Also fast nichts – Ausnahmen bestätigen die Regel.

28. GRUND

WEIL PEINLICHE GESCHICHTEN DIE LUSTIGSTEN SIND

Peinliche Geschichten müssen keine großen Fauxpas sein. Schamgefühl ist eine ganz individuelle Sache, die Schwelle und auch die Situationen können da völlig variieren. Im Allgemeinen würde ich sagen, mir ist nicht besonders viel peinlich, Fehler und Missgeschicke sind menschlich.

Nicht so die folgende Episode im Luxushotel Peninsula in der philippinischen Hauptstadt Manila:

Marianna möchte zu ihrem Zimmer im neunten Stock fahren. Sie steigt gemeinsam mit ein paar anderen Gästen in den Fahrstuhl. Die drücken auf die 5, Marianna drückt die 9. Marianna verlässt den Fahrstuhl, geht den langen Gang entlang zu ihrem Zimmer, will die Tür öffnen, aber kommt nicht rein.

Nach ein paar weiteren vergeblichen Versuchen blinkt die Tür immer noch rot. Marianna klingelt, weil sie glaubt, man müsse das vielleicht zuerst tun, um die Karte freizuschalten. [WTF – so ein beklopptes System kann man ja unmöglich erfinden, denkt sie sich im gleichen Zuge, als sie es ausprobiert.]

Es blinkt weiter rot. Marianna schaut auf die Zimmernummer und steht vor der 531. Sie steht im 5., nicht im 9. Stock.

Peinlich berührt flüchtet sie Richtung Fahrstuhl. Sie drückt auf die 9. Textet auf ihrem Handy rum. Plötzlich geht das Licht im Fahrstuhl aus. Die Türen gehen nicht mehr auf, und zum 9. Stock bewegt sich der Fahrstuhl auch nicht.

Keine Panik, versucht sich die klaustrophobisch veranlagte Marianna zu beruhigen. Das Handy funktioniert noch, sie wird nicht lebendig begraben.

Licht geht immer noch nicht.

Also betätigt Marianna den Alarm (zum ersten Mal in ihrem Leben) und teilt der Dame, die sich am andere Ende meldet, panisch mit, dass das Licht ausgegangen ist und der Fahrstuhl steht.

Ob Marianna ihre Zimmerkarte dabeihat, wird sie freundlich gefragt. Klar! Die Zimmerkarte solle sie doch bitte in den dafür vorgesehenen Schlitz stecken, dann geht auch das Licht wieder an und der Fahrstuhl bewegt sich.

Marianna ist das durchaus ein wenig mehr als nur unangenehm. Allerdings fragt sie sich auch, ob das nicht zu radikal ist,

Menschen ohne Zimmerkarte im Fahrstuhl bei Dunkelheit einzusperren.

Marianna bedankt sich aber beim Peninsula Manila, dass sie dieses Fauxpas diskret behandelt haben. Sie kann das Haus durchaus empfehlen.

29. GRUND

WEIL AUCH ANGSTHASEN ABENTEUER ERLEBEN KÖNNEN

»Fuck!« Ich kann gar nicht aufhören zu fluchen. »Shit, ist das kalt! Und überhaupt: Was mache ich eigentlich hier?«

Immer und immer wieder stelle ich mir diese Frage, während das eisige Wasser der Irischen See zuerst in meine Schuhe sickert, dann über meine Knöchel und hoch über Knie und Hüfte schwappt. »Los, rein da! Ganz abtauchen, auch mit dem Kopf!« Jordan lacht. Lacht er uns etwa aus? Verübeln könnte ich es ihm nicht – wir sehen bestimmt jämmerlich aus, wie wir mit angespannten Muskeln und leidendem Gesichtsausdruck in Zeitlupe ins Meer waten.

Jordan, ein cooler Typ mit Charme und Witz, ist heute unser Guide, und er macht das, wovon wir zuvor noch nie etwas gehört haben, bereits seit neun Jahren: Coasteering. Während wir auf Holy Island, dem nördlichsten Zipfel von Wales, in voller Montur mit Neoprenanzug, Schwimmweste und Helm zu Fuß zur Küste laufen, erklärt er uns, was auf uns zukommt:

»Macht euch auf ein Abenteuer gefasst! Wir werden gleich an den Felsen quer entlangklettern, manchmal nur wenige Meter über dem Wasser, manchmal etwas höher. Geht der Weg einmal nicht weiter, springen wir von der Klippe ins tosende Meer, schwimmen zum nächsten Felsen und klettern weiter.«

Mir schlottern die Knie, nicht nur wegen der Kälte …

Schon der Gedanke an die bevorstehende Herausforderung verursacht bei mir akute Fluchtgedanken. Soll ich Menstruationsschmerzen vortäuschen? Einen Migräneanfall simulieren? Oder so tun, als ob mir schwarz vor Augen wird? Alles viel zu offensichtlich, und schauspielern kann ich sowieso nicht ... Ich komm hier nicht weg. Meine Laune ist im Keller. Der wolkenverhangene Himmel passt gut zu meiner Gemütslage.

Jetzt hilft nur noch eins: Mitmachen!

Inzwischen steht uns allen das Wasser bis zum Hals (im wahrsten Sinne des Wortes), und so beginnen wir zu schwimmen. Jordan krault lässig an uns vorbei und steigt als Erster auf die nahe liegenden Felsen. Wir tun es ihm nach, klammern uns fest und ziehen uns hoch. Dann hüpfen, springen und klettern wir von einem Fels zum nächsten.

Während die anderen elegant, ja schon fast anmutig von Stein zu Stein schweben, kraxle ich unbeholfen auf allen vieren vorwärts und versuche schwankend auf der rutschigen Oberfläche mein Gleichgewicht zu halten.

Spätestens bei meinem jetzigen Anblick begrabe ich jede Hoffnung auf einen Flirt mit Jordan. Was solls, mir ist sowieso nicht nach Flirten zumute, denn ich habe Angst! Angst vor dem, was gleich auf mich zukommt. Angst vor der Höhe, aus der ich runterspringen werde. Angst vor den Felsen, an deren spitzen Kanten ich mir den Kopf aufschlagen und stürzen könnte und an Ort und Stelle verbluten würde. Ich bin ein Schisser. Ein Hosenscheißer. Ein richtiger Angsthase.

Diese abenteuerlustigen Adrenalin-Junkies konnte ich noch nie verstehen. Viel lieber würde ich mit der alten Eisenbahn auf den Mount Snowdon tuckern und durch die wunderschöne Landschaft wandern. Oder die vielen Schlösser und Burgen der Umgebung bestaunen. Oder gemütlich am Strand entlangspazieren. Oder aber den Schafen beim Grasen zusehen. Für wenige Sekunden träume ich mich weg.

»Vertraust du mir?« Mein Blick schweift zu Jordan und dann an ihm vorbei den Abgrund hinunter, acht Meter in die Tiefe. »Dort musst du hinspringen!« Er deutet mit seinem Zeigefinger auf eine bestimmte Stelle im Wasser. Überall ragen Felsbrocken aus dem Meer, Wellen schlagen dagegen, schäumen, die Gischt spritz hoch. Er scheint die Zweifel in meinen Augen lesen zu können. »Keine Angst, ich kenne diese Gegend wie meine Westentasche.«

Es ist zu spät für einen Rückzieher. Nicht nachdenken, machen! »Ja, ich vertraue dir«, flüstere ich noch mit zittriger Stimme, und schon befinde ich mich im freien Fall.

Dann die Überraschung: Es macht Spaß! Ja, sogar großen Spaß! Vom Herzrasen vor dem ersten Sprung ist nichts mehr zu spüren. (Okay, fast nichts. Okay, manchmal kreische ich noch. Okay, nicht nur manchmal.)

Es gelingt mir, den Kopf auszuschalten, die Ängste zu vertreiben und mich auf das Abenteuer einzulassen. Ich fühle mich frei und lebendig. Und tatsächlich sehe ich die Natur aus einer ganz anderen Perspektive, bin Teil von ihr.

Ich blicke ein letztes Mal aufs Meer hinaus, spüre den frischen Wind, der mir ins Gesicht weht, schmecke das Salz auf meinen Lippen und bin glücklich.

Klitschnass stapfen wir erst über die Wiese und dann auf der Quartierstraße zurück zum Anglesey Adventure Centre, wo wir uns eine heiße Dusche gönnen – was für eine Wohltat! Während ich mich unter fließendem Wasser aus dem Wetsuit quäle, frage ich mich, weshalb ich es geschafft habe, meine Angst zu überwinden.

War es die wunderschöne Kulisse der walisischen Landschaft? Der gute Teamgeist unserer Gruppe? Oder doch das kecke Lächeln Jordans und seine herausfordernden Sprüche? Was auch immer der Grund war, der heutige Tag hat mich auf jeden Fall große Überwindung gekostet. Ein Meilenstein in meiner Abenteuerkarriere.

Angsthase war einmal, Wonder Woman ist geboren – oder so.

30. GRUND

WEIL KLEINE KRISEN IM AUSLAND DAS SELBSTBEWUSSTSEIN STÄRKEN

Pai. Ein verschlafenes Hippie-Dorf drei Fahrtstunden nördlich von Chiang Mai. Eingebettet in die malerische Bergwelt Thailands, umgeben von sattgrünen Wiesen, Wasserfällen und heißen Quellen, am Ufer eines ruhigen Flusses. Ein idyllischer Ort – eigentlich.

Die Sonne wagt sich gerade erst zaghaft hinter den Baumwipfeln hervor, als ich bereits erwache. Alles befindet sich noch im Tiefschlaf. Die Hunde vor dem Hostel liegen regungslos auf der Straße, die durchzechte Nacht lässt die übrigen Reisenden laut schnarchen, ja sogar der Hahn vom Garten des Nachbarn hat sich noch zurückgehalten. Nur einige Dorfbewohner sind bereits auf den Beinen. Und ich. Denn ich habe Schmerzen.

Eine harmlos wirkende Wunde am Fuß hat sich infiziert und sich dann in Windeseile auf meine Handflächen und meine Finger ausgebreitet. Meinen Plan, einen Motorroller zu mieten und die Umgebung zu erkunden, muss ich traurig abhaken. Stattdessen mache ich mich auf den Weg ins örtliche Krankenhaus.

Nachdem mich die formell gekleidete Empfangsdame registriert hat, zeigt sie um die Ecke. Ich folge der Richtung, welche sie mir weist, und suche mir einen freien Platz auf einer der Holzbänke. Im Wartezimmer tummeln sich Frauen und Männer jeder Altersklasse: Ein Mädchen, dessen Haut mit roten Punkten bedeckt ist. Ein junger Mann im Rollstuhl. Mehrere hustende Greise an Gehstöcken. Eine Mutter mit ihrem wenige Wochen alten weinenden Säugling.

Ich bin die einzige Ausländerin. Für die verletzten Touristen, welche meist aufgrund eines Motorradunfalls hier landen, ist es noch zu früh.

Es scheint alles reibungslos zu funktionieren. Nur eben auf Thailändisch.

In der Hand halte ich eine Nummer, die 89. Vorne im Raum steht ein Klapptisch, dahinter zwei Krankenschwestern. Obwohl ich die Sprache, die sie sprechen, nicht verstehe, erkenne ich ein System. Die eine ruft die Nummern auf und verteilt die wartenden Menschen auf den jeweils richtigen Arzt. Die andere notiert der Reihe nach das Gewicht, die Größe und den Blutdruck der Patienten.

Geduldig wird gewartet, bis man an der Reihe ist. Ich zeige meine Nummer der Mutter mit dem schreienden Baby. Drei lange Stunden dauert es, bis sie mir schließlich zunickt und mir so zu verstehen gibt, dass soeben die 89 aufgerufen wurde. Dann betrete ich endlich das Zimmer des Arztes.

»Friend waiting for you outside?«
»No, there is no friend.«
»Friend waiting for you in the hotel?«
»No, I'm alone.« Der thailändische Arzt schaut mich irritiert an.
»You alone? Really?«
»Yes.«
»Friend back in the hotel?«
»No, I'm alone«, wiederhole ich noch einmal.

Jetzt kann ich mich nicht mehr zurückhalten.

Die Tränen kullern unkontrolliert über meine Wangen.

Ja, ein Freund. Das wäre jetzt schön. Es ist die erste Situation auf meiner Reise, in der ich mir wünsche, nicht alleine aufgebrochen zu sein.

Doch obwohl ich keinen Freund bei mir habe, obwohl ich körperlich angeschlagen bin und obwohl ich bis auf wenige Worte die Landessprache nicht beherrsche, hat schlussendlich doch alles funktioniert. Ja, ich habe geweint, doch einen schlechten Tag hat man nicht nur auf Reisen. Kein Grund, um von vornherein zu Hause zu bleiben. Ich weiß jetzt, dass ich es auch alleine schaffe!

31. GRUND

WEIL MAN LERNEN MUSS, SEINEM BAUCHGEFÜHL ZU VERTRAUEN

Südafrika ist ein wunderschönes Land mit unzähligen Sehenswürdigkeiten. Südafrika hat aber auch desaströse Statistiken zur Arbeitslosigkeit, Aids-Rate und Kriminalität.

»Don't go there, they steal and they rob.« Diese Warnung erhielten wir von einem Einheimischen, als wir gerade drauf und dran waren, über die Schwelle der Innenstadt in Port Elizabeth zu treten. Das Thema Kriminalität ist im südafrikanischen Kontext notwendig: Schließlich bestimmt es für einen Großteil der Touristen die Route ihrer Reise und die Dauer des Aufenthaltes in den Städten.

Die meisten Touristen meiden die südafrikanischen Städte, und bleiben sie mal eine Nacht in Kapstadt, Johannesburg, Durban oder Port Elizabeth, verlassen sie ihre Unterkunft nach Einbruch der Dunkelheit nicht mehr – oder zumindest nicht zu Fuß.

Einheimische, die es sich leisten können, bewegen sich nur im eigenen Auto und meiden jeden Meter Fußweg auf offener Straße. Selbst für 50 Meter! Man fährt von Tiefgarage zu Tiefgarage, um dort mit der Security begleitet im Fahrstuhl sicher zum Büro zu gelangen.

Innenstädte sind in Südafrika größere Problemviertel als die Vororte – umgekehrt zu den üblichen Verhältnissen in Europa, wo wir generell von sicheren Innenstädten und gefährlichen Vororten ausgehen. Die Stadtzentren werden in Südafrika als die Viertel mit Geldfluss gesehen und deswegen als Ziel für Überfälle angesteuert.

Sollte ich die Innenstädte deshalb kategorisch meiden, um jedes Risiko zu umgehen? Mir wollte dieser Gedanke einfach nicht behagen. Irgendwie fühlte ich mich bereits vor der Reise unwohl, in ein Land zu fahren, wo ich kategorisch jeden Einheimischen misstrauisch beäuge, weil er gleich den nächsten Überfall starten könnte – auch rassistisch fand ich diese Herangehensweise. Denn wenn man von Kriminalität spricht, ist stets unausgesprochen die schwarze Bevölkerung als Täter gemeint, nie die weiße.

Ich wollte mir also unbedingt auch die Innenstädte anschauen bzw. mich nicht selbst aufgrund von panischem Kopfkino dieser Möglichkeit berauben. Ich recherchierte Erfahrungsberichte anderer Reisender. Der Satz, der dabei am meisten auftauchte, war: Wenn man mit gesundem Menschenverstand an die Sache rangeht, sei das schon okay. Was aber ist gesunder Menschenverstand? Der meisten Reiseliteratur zufolge eine zumindest leichte Paranoia. Ich entschied mich für einen Kompromiss mit mir selbst: Höre gnadenlos auf dein Bauchgefühl vor Ort, das hat dich bisher nie betrogen, lasse Wertgegenstände bis auf die Kamera gleich zu Hause und zücke die Kamera nicht in den Innenstädten, um den viel genannten Spruch »Gelegenheit macht Diebe« nicht wahr werden zu lassen.

Das Ergebnis: Ich bin durch die Stadtzentren der großen südafrikanischen Städte spaziert, habe das lokale Minibus-System genutzt (das nutzen eigentlich keine Weißen), wurde von den Menschen sehr freundlich empfangen, und mir wurde auch kein Eigentum entwendet. Glück? Eventuell. Aber auch eine Portion eigenes, selbstbestimmtes Bauchgefühl.

KAPITEL IV

TIERE, MENSCHEN, ABENTEUER

32. GRUND

WEIL MAN NOCH NASHÖRNER IN FREIER WILDBAHN BEOBACHTEN KANN

»If Jay-Jay says run, run! If Jay-Jay says stand, stand.« Das sind die Worte unseres Rangers, als wir unsere Nashorn Walking Safari am Fuße des Waterberg-Plateaus im Norden von Namibia starten.

Eine Walking Safari ist in der einfachen Form, wie wir sie bestreiten, eine kurze Wanderung zu Fuß durch den Busch. Der große Unterschied zu einer »normalen« Safari ist: Man ist nicht mit dem Fahrzeug unterwegs und kann deswegen die Pflanzenwelt und ihre Gerüche direkter wahrnehmen, erreicht für das Auto unzugängliche Gebiete und beginnt, Fährten zu lesen.

Der Fußabdruck eines Nashorns ist in etwa so groß wie ein Speiseteller und hat durch seine drei Zehen die Form eines riesigen Kleeblatts. Zwei Stunden folgen wir Jay-Jay über Stock und über Stein durch die Busch- und Baumsavanne. Ständig bemüht, nicht einen von diesen fiesen Kameldornästen, die paarweise mit bis zu fünf Zentimeter langen Dornen bestückt sind, ins Gesicht geschleudert zu bekommen. Die Landschaft bietet keine auffälligen Orientierungspunkte, durch die Dürre ist alles in einem dezenten Ocker gehalten, es kommt uns vor, als würden wir stundenlang im Kreis laufen.

So richtig hab ich eh nie daran geglaubt, dass wir auf einer Walking Safari Nashörner sehen könnten. In dieser Gegend leben insgesamt drei Breitmaulnashörner, und wir sollen jetzt eines davon zu Fuß finden. Sehr witzig, dachte ich. Und dafür stehen wir auch noch an unserem letzten Tag der Reise in aller Herrgottsfrühe auf.

Doch Jay-Jay lässt nicht locker.

»Here they are«, sagt Jay-Jay auf einmal. Und tatsächlich: Zwei riesige Breitmaulnashörner liegen im Schatten eines ausgetrockneten Baumes. Wenn man nicht genau hinschaut, könnten es auch organisch geformte große Felsen sein, wir sehen bisher nur die Hinterteile.

»Oh Shit!«, ist tatsächlich meine erste Reaktion.

Es ist dann doch ein ganz anderes Gefühl, wenn man einem zwei bis drei Tonnen schweren Geschöpf, ohne Zaun, zu Fuß gegenübersteht.

»You trust Jay-Jay?«, fragt unser Ranger, der meine Reaktion natürlich bemerkt hat.

»I trust Jay-Jay!«, antworte ich. Wir gehen um die Nashörner rum, nähern uns weiter und stehen ihnen zum Schluss nur ein paar Meter entfernt gegenüber.

Ich bin überwältigt. Das ist ein einzigartiges Erlebnis, etwas, was ich immer schon machen wollte: zu Fuß auf Safari gehen und Tiere von Angesicht zu Angesicht sehen, in ihrer natürlichen Umgebung. Und dann auch noch Breitmaulnashörner, die neben Elefanten und Nilpferden zu den größten Landsäugetierarten unserer Erde gehören und akut vom Aussterben bedroht sind.

In einigen asiatischen Regionen dieser Welt wird bis heute an eine legendenhafte Wirkung von gemahlenem Rhinozeroshorn als Potenzmittel geglaubt, sodass leider unglaubliche Summen für illegal importierte Hörner auf dem Schwarzmarkt dafür ausgegeben werden. Dabei trifft es vor allem die Nashornpopulationen in den äußerst wirtschaftsschwachen afrikanischen Ländern am härtesten, weil diese keinen ausreichenden Schutz gegen Wilderer bieten können.

Nashörner haben einen sehr guten Geruchssinn, aber so gut wie kein Sehvermögen. Das macht sie trotz ihrer Größe und Masse zu einem relativ einfachen Ziel.

Das ist auch der Grund, warum wir uns den Nashörnern so weit nähern können. Obwohl wir vor ihnen stehen, sehen sie uns nicht. Sie nehmen nur die Gerüche intensiv wahr – und riechen sie etwas Unbekanntes, ergreifen sie sofort die Flucht.

Jay-Jay aber arbeitet seit sieben Jahren mit den drei Nashörnern beim Waterberg-Plateau. Sie kennen ihn, seinen Geruch und seine Stimme. Die wichtigste Regel für uns lautet daher: Keine zwei Schritte von Jay-Jay entfernt stehen, sonst trennen sich die Gerüche, und die Nashörner würden entweder die Flucht ergreifen oder, im schlimmeren Fall, vielleicht sogar angreifen.

33. GRUND

WEIL MAN IN HEBRON DEN NAHOST-KONFLIKT BESSER VERSTEHEN KANN

»Und der König sprach zu ihm: Geh hin in Frieden!
Da machte er sich auf und ging nach Hebron.« 2. Sam 15,9

In Hebron sind ein paar Tausend Soldaten stationiert, um einige Hundert Einwohner zu schützen – das ist die erste Info, die wir bekommen. Auch in den Zeitungen wird Hebron regelmäßig das Hauptquartier der Hamas im Westjordanland genannt. Dann muss es ja wirklich gefährlich dort sein, denkt man sich.

Irgendeine Begründung braucht es ja auch für dieses Zahlenverhältnis – überhaupt für die Stationierung von israelischen Soldaten in einer Stadt, die nicht auf israelischem Staatsterrain liegt, sondern mitten im Westjordanland.

Die Soldaten schützen übrigens die jüdischen Siedler, die sich dort seit den 60er-Jahren niederlassen. Mittlerweile ist die wunderschöne Altstadt fast vollständig eine jüdische Enklave, stark bewacht von den Soldaten und zugangsbeschränktes Gebiet. Die palästinensischen Einwohner haben keinen Zutritt.

Die Situation vor Ort ist makaber. Wir dürfen zwar alle Bereiche der Stadt besuchen, fühlen uns aber nicht richtig wohl bei dem Gedanken, dass dies den Einheimischen verwehrt ist.

Wir spazieren durch die Gassen des Basars, unser Blick schweift nach oben. Ein Drahtgeflecht zieht sich über unseren Köpfen hinweg. Einige palästinensische Kaufmannshäuser sind von jüdischen Siedlern okkupiert worden, bei anderen haben sie ein zweites Haus oben drauf gebaut.

Der Maschendrahtzaun über uns dient dem Schutz der Passanten im Basar. Von oben wurden immer wieder größere Gegenstände geworfen; jetzt nur noch Fäkalien, die lässt der Zaun noch durch.

Ich bin schockiert. Schweigend gehen wir weiter.

Es folgen mehrere Militärposten. Ich werde nach meiner Religion gefragt, antworte »christlich«, darf passieren.

Wir nähern uns der Machpela, den Gräbern der Patriarchen, in denen Abraham, Jakob, Isaak und ihre Frauen begraben liegen. Für beide Religionen, Islam und Judentum, ist dies eine der wichtigsten religiösen Stätten und Ursache für den Konflikt in Hebron.

Der religiöse Komplex ist in zwei Teile getrennt, einen jüdischen, einen muslimischen. Durch das Gitterfenster am anderen Ende des Grabes kann ich Juden bei der Andacht zusehen.

Gemeinsam beten wäre ja auch zu schön.

Aber nach dem Attentat 1994 von Baruch Goldstein undenkbar. Baruch Kappel Goldstein war israelischer Offizier und Terrorist. Am 25. Februar 1994 betrat er die muslimische Seite der Machpela, wo gerade das Morgengebet während des Ramadan stattfand, und eröffnete auf die Betenden muslimischen Palästinenser das Feuer. Weit über 100 Menschen wurden dabei verletzt, und rund 30 kamen ums Leben. Er selbst kam dabei auch ums Leben, weil er von Überlebenden des Massakers überwältigt wurde, als ihm die Munition ausging.

Hinter der Machpela beginnt eine wahre Geisterstadt. Die Geschäfte sind geschlossen, die Straßen leer. Eine Kutsche wirbelt Staub auf, und ein gepanzertes Fahrzeug kommt vorbeigerollt. Die Straße ist in zwei Wege getrennt. Rechts für Palästinenser, links für Juden. Palästinenser dürfen jüdische Wege nicht benutzen.

Ein Desaster für die paar verbliebenen palästinensischen Familien auf der nun jüdischen Seite. Sie mussten ihren Betrieb schließen, es gibt keine Kunden mehr für sie. Jetzt bewirten sie die paar Touristen, die in Hebron vorbeischauen. Uns auch. Die Stimmung ist gedrückt.

Der jüngste Sohn versucht uns die Situation seiner Familie zu erklären. Mit dem Touristengeschäft kommt die Familie zwar über die Runden, aber jeden Tag fürchten sie, dass auch sie von jüdischen Siedlern vertrieben werden könnten.

Dafür gäbe es keine Vorwarnung und auch keine Kompensation.

34. GRUND

WEIL MAN IN SCHWEDEN DIE KUNST DES FISCHENS LERNEN KANN

Es geschah im beschaulichen Småland an Schwedens Ostküste. Dort, wo die typischen rostroten Holzhäuser stehen, eingerahmt von einer sattgrünen Landschaft und einer Flut von blühendem Giersch. Eben da, wo es einen nicht wundern würde, wenn Michel aus Lönneberga und Pippi Langstrumpf ums Eck spaziert kämen.

Der Tag sollte mit einer Fahrt auf hohe See beginnen, um von dem Fischer Tomas Liew das Fischen zu lernen – doch er endete als der Tag, an dem ich meinen ersten Fisch tötete.

Und wenn ich ehrlich bin, handelt es sich um einen Doppelmord. Lachs und Scholle verloren in einem Amateur-Blutbad ihr Leben.

Dabei begann alles ganz harmlos.

Wir waren auf der kleinen Insel Hasselö (die Inseln tragen da alle so klangvolle Namen: Mjödö, Krokö, Örskär, Hamnskär) im Schärengarten unweit von Västervik zu Besuch bei Tomas Liew.

Früher hat Thomas Liew beim Roten Kreuz gearbeitet, stets in Krisengebieten vor Ort. Seit er 65 ist und in Rente gegangen ist, lebt er in Sladö seinen Traum.

Seine Frau stammt von diesem Mini-Eiland, und nachdem sie tatsächlich die ganze Welt gesehen hatten, kehrten sie zurück.

Thomas erlernte das Handwerk des Fischens noch von seinem Schwiegervater und übernahm seinen Fischgrund. Heute fischt er mehr oder weniger für den Selbstbedarf und nimmt neugierige Reisende (für Kinder – aber nicht nur – ein Riesenhighlight) gerne mit auf seinen Kutter, wobei dann die Gäste Hand anlegen. Thomas übernimmt nur den narrativen Part und erklärt, wie man Netze einzieht, Aalreusen absucht und Fische ausnimmt.

Thomas' Bootshaus liegt direkt am Meer, heute ist sein Boot drinnen geparkt, es ist zu stürmisch, um rauszufahren. Allerdings hat Thomas trotzdem was für uns vorbereitet; wenn wir schon nicht lernen können, wie man auf hoher See fischt, dann sollen wir immerhin lernen, wie man mit dem Fang umgeht.

»Wer will mal Fische ausnehmen?«, fragt er in unsere Runde, die ja nicht rausfahren konnte. Meine Hand ist sofort oben. Hab ich schon mal gemacht, zugeschaut sowieso schon, alles kein Problem. Den riesigen Ölanzug, den ich mir dafür überziehen soll, empfinde ich als völlig übertrieben, schließlich bestätigt er mir, es würde sich um handtellergroße Fischchen handeln.

Pustekuchen!

Er zeigt auf ein Netz, das im Wasser schwimmt. Als ich es rausziehen will merk ich bereits, das sind nicht ein paar kleine Fischchen, sondern mindestens 15 Kilo wirklich großer Fische. Aale, Schollen, und etwas, was aussieht wie Lachs, schaut mich nach Luft schnappend aus dem Eimer an.

Was nun kommt, ist unschön.

Ich bekam einen Holzknüppel in die Hand, legte den Lachs (ca. 50 cm lang, 4 kg schwer) auf die Schlachtbank, entschuldigte mich bei dem Fisch und gab mein Bestes, mit dem ersten Schlag den Kopf zu treffen. Mein Mitleid für lebendes Essen hält sich eher in Grenzen, es war mein Ehrgeiz, auf Anhieb alles richtig machen zu wollen, weshalb ich diesem Lachs ein schnelles Ende ohne unnötige Qualen bereiten wollte. Leider bin ich nicht besonders treffsicher. Der erste Schlag ging daneben, der zweite sorgte dafür, dass der Fisch von der Schlachtbank auf den Boden fiel. Der Fisch und ich wurden panisch. Der Lachs zappelte um sein Leben in der Hoffnung, sich vor dem Knüppel ins Wasser zu retten, und ich schlug panisch zu, um der Qual nun endlich ein Ende zu machen und halbwegs erfolgreich aus der Aufgabe hervorzugehen.

Der zweite Fisch, eine Scholle, erfuhr den Tod im Übrigen durch direktes Abtrennen des Kopfes. Meine mitreisenden Kollegen waren schockiert, ich hatte in ihren Augen die Fische gnadenlos ermordet.

Dabei waren wir doch alle hergekommen, um fischen zu lernen. Und zum Fischen gehört eben auch das Töten und Fischausnehmen dazu.

Thomas immerhin war begeistert, dass sein Abendessen vorbereitet war, und ich hatte den Ölanzug doch nicht ganz umsonst angezogen.

35. GRUND

WEIL MIT EINEM KULTURSCHOCK IN OLD-DELHI INDIEN PERFEKT STARTET

Meine erste Begegnung mit Delhi war zugleich auch meine erste Erfahrung außerhalb Europas; *quite overwhelming* also.

Gelandet um 06.30 Uhr in der Früh, und definitiv zu früh, um zum ersten Mal in Indien zu landen – Entschädigung für diese Uhrzeit war der Sonnenaufgang über dem Himalaya –, hatte ich beim Verlassen des Flughafens nur folgenden Gedanken: Was für eine Schnapsidee, hier drei Monate bleiben zu wollen – ich war zwecks Praktikum angereist. Vor uns tat sich eine Männermenge auf, von denen einige in einer eigenartigen Hockposition auf dem Boden saßen und alle in unsere Richtung starrten; ein prüfender, unangenehm strenger Blick, der mitnichten *Welcome to India* meinte.

Die anschließende Fahrt zum Hotel war die packendste Autofahrt meines Lebens. Mit Tempo 80 düste unser Fahrer durch den indischen Stadtverkehr, der festen Überzeugung, Kühe, Fußgänger und andere Verkehrsteilnehmer würden ihm schon irgendwann weichen. Nach rund zehn Minuten hatte ich ein fatalistisches Vertrauen in seine Fahrweise gefasst, weil mir auch keine andere Möglichkeit blieb; Anschnallgurte gabs nicht.

Meine heimliche Befürchtung, Kühe auf Indiens Straßen seien ein Relikt aus alter Zeit, hatte sich aufgelöst, meine neue war: Hoffentlich überfahren wir keine. Irgendwann bog er links ab, und auf einmal veränderte sich das Erscheinungsbild der Stadt ganz beträchtlich. Die Dichte der Häuser, Menschen, Nutztiere und deren Unrat hatte schlagartig zugenommen, alles rückte näher. Ich war überzeugt, es handele sich hierbei um eine Abkürzung, die unser kundiger Fahrer nahm, um dem aufkommenden Berufsverkehr auszuweichen. Und im Schutze des Wagens war das auf die Straße kackende Kind neben der vom Müll fressenden Kuh auch durchaus irgendwie interessant. Verdutzt registrierten wir dann aber, dass wir gehalten hatten. Wir waren also angekommen an unserem Hotel und in Paharganj.

Obwohl erschöpft vom Flug und den nervlichen Strapazen unserer Ankunft, machten wir uns auf den Weg zu unserer Delhi-Erkundungstour, schließlich war die Zeit knapp und wir waren neugierig. Völlig Indien-unerfahren begaben wir uns auf die Straße und kannten die Hauptregel des Überlebens nicht: Niemals stehen bleiben und schauen. Da war es auch schon passiert, ein freundlicher junger Herr wollte uns unbedingt behilflich sein und uns zum Tourist Office geleiten.

Er sei Student.

Er brauche kein Geld. (Zum Beweis zückte er eine Hundertrupiennote.)

In Wirklichkeit war er Rikschafahrer. (Wir trafen ihn später wieder.)

Um Old-Delhi genießen zu können und sich vielleicht sogar darin zu verlieben, sollte man unbedingt die Fahrradrikscha als Fortbewegungsmittel wählen. Langsam gleitet das Chaos an einem vorbei, während man leicht erhöht einen guten Blick über das Gewimmel von Händlern, Priestern, Kühen und Schafen hat. Geradezu ekstatisierend kann so eine Fahrt sein.

Spätestens ab dem Roten Fort kann man sich vor Angeboten der Rikschafahrer, eine Basar-Tour zu machen, kaum noch retten. Mit ein bisschen Glück erwischt man aber einen Fahrer, der einen nicht in den nächsten Laden eines nahen Verwandten schleppt, sondern tatsächlich eine lohnenswerte Route vorschlägt. Unsere Tour ging etwa zwei Stunden: Start bei der Moschee Jama Masjid über den Gewürz- und Hochzeitsbasar hin zu einem der ältesten Jaintempel der Stadt; verborgen in einer Gasse mit wunderschönen traditionellen Havelis, die zu Zeiten der Mongulherrschaft einst ganz Old-Delhi zierten. Und einen kostenlosen Ausblick über die Stadt von einem der unzähligen Dächer Old-Delhis gab es auch.

In der prallen Mittagshitze und mit einem zu vollen Magen begaben wir uns zum Gate of India, um in den Grünanlagen ein wenig zu flanieren und zu entspannen. Nach kurzer Zeit waren wir scheinbar für einige die größere Attraktion als das Gate of India; eine Erfahrung, die wir auch schon im Roten Fort gemacht hatten. Eine kleine Menschentraube – Jungs gemischten Alters (7–16 Jahre alt) – setzte sich im Halbkreis auf die Wiese um uns herum; eine kleine Fangruppe sozusagen. Leider konnte ich meinen eingebildeten Ruhm nicht lange genießen. Meine Begleitung, sichtlich irritiert von dieser Belagerung, ergriff die Flucht. Doch so einfach lassen sich Fans nicht abwimmeln; hinterher! Bis der Mutigste hervortrat und endlich ihr Anliegen preisgab: »Photo, Madam, please.« Aus Angst, mit jedem Einzelnen ein Foto machen zu müssen, und auch ein wenig deshalb, weil ich fürchtete, die Kinder hinterher um eine Kamera mehr bereichert zu haben, verneinte ich freundlich und verabschiedete mich.

Als wir in unserem gelb-grünen Gefährt an ihnen vorbeifuhren, winkten und riefen sie zum Abschied: »Bye Madam, bye!« Ein gelungener Abschluss in Delhi.

36. GRUND

WEIL MAN SICH IN GEISTERSTÄDTEN GRUSELN KANN

»Herr Stauch, schauen Sie mal, was ich an den Gleisen gefunden habe.« Der Mann reicht August Stauch, dem Bahnmeister, einen kleinen glitzernden Stein.

Es ist ein Diamant.

Wir schreiben den 14. April 1908 in Deutsch-Südwestafrika (heute Namibia). Der Beginn eines großen Diamantenrausches. Wenige Jahre später ist das Diamantensucher-Camp Kolmannskuppe nach Pro-Kopf-Einkommen die reichste Stadt Afrikas: Die mehreren Hundert Einwohner verfügen mitten in der Wüste über diverse Annehmlichkeiten, wie eine Limonaden- und Eisfabrik, Grundschule, Polizeistation und Postamt, eine Kegelbahn und ein Casino, Turnhalle, Tanzsaal und Theater. Und ein Krankenhaus mit dem ersten Röntgengerät im Süden Afrikas! Im Gemischtwarenladen bezahlen die Einwohner mit Karat, nicht mit Mark.

Dann bricht der Erste Weltkrieg aus. Die Deutschen kapitulieren. Südafrikanische Unternehmen schürfen weiter, doch die Diamantenvorkommen sind bald ausgebeutet. Die letzten Einwohner verlassen in den 1960ern den Ort, der einmal so lebendig war.

Heute hat sich die Wüste diesen Ort zurückgenommen. Der Sand kriecht in die ausgeweideten wilhelminischen Villen, in die Arbeiterhäuser, er steht meterhoch im Wartesaal des Krankenhauses. Die Natur hat gewonnen.

Besonders bekommt man das nach zwölf Uhr mittags zu spüren, wenn urplötzlich, aber mit einer beängstigenden Zuverlässigkeit der Wind durch die Geisterstadt fegt und den Sand aufwirbelt, der einen empfindlich auf der nackten Haut sticht und unnachgiebig in jede Ritze schleicht.

Vormittags kann man durch die vollends verlassene Geisterstadt gegen eine geringe Eintrittsgebühr spazieren, auch die Häuser darf man erkunden.

Kolmannskuppe in Namibia ist nicht die einzige Geisterstadt dieser Welt. In zahlreichen Winkeln unserer Erde wurden an ehemals wirtschaftlich lukrativ erscheinenden Orten mit Rohstoffvorkommen ganze Städte hochgezogen, die, heute verlassen, von der Natur zurückerobert werden.

Geisterstädte regen die menschliche Fantasie an, sie führen uns das allseits gefürchtete Endzeitszenario vor Augen, wie die Welt aussehen würde, wenn die Menschheit ausgerottet ist.

Es gibt eine Reihe von solch gruselig verwaisten Orten, wie zum Beispiel Bodie östlich von San Francisco in den USA. Es entstand 1859 als Goldgräberstadt und wurde in den 1930er-Jahren wieder verlassen. Wie auch Kolmannskuppe in Namibia ist Bodie in Kalifornien aufgrund der geringen Luftfeuchtigkeit relativ gut erhalten. Ungefähr 170 Gebäude sind noch vorhanden, viele der Einrichtungsgegenstände stehen noch so da, als wären die Einwohner nur mal eben kurz auf das Feld gegangen; pures Wild-West-Feeling.

Ganz anders mutet die Geisterstadt Pyramiden im hohen Norden auf Spitzbergen an. In den 1920er-Jahren begann man hier unter russischer Flagge mit dem Kohleabbau, nach dem Zweiten Weltkrieg wurde Pyramiden zu der bedeutendsten und größten russischen Siedlung in der Arktis. Zeitweise lebten dort circa 1.000 Menschen. Doch im Verlauf der 90er-Jahre wurde der Kohleabbau immer unrentabler, und die russische Regierung beschloss 1998, den Kohleabbau in Pyramiden gänzlich zu beenden. Ein halbes Jahr später wurde die Stadt beinahe fluchtartig verlassen. Nur die obligatorische Lenin-Büste wacht über die teils nicht mal 20 Jahre alten Gebäude, die durch Vandalismus und Plünderei stark in Mitleidenschaft gezogen worden sind.

Einen besonders bizarren Anblick bietet der versunkene Kirchturm im Reschensee im westlichen Südtirol in Italien. Der Reschensee ist ein See, der 1950 gemeinsam mit dem Mittersee und Haidersee als stark umstrittenes Projekt zur Energiegewinnung gestaut worden ist. Dabei wurde das gesamte Dorf Braun und ein Großteil des Dorfes Reschen mit insgesamt über 150 Häusern geflutet. Der herausragende Kirchturm vom versunkenen Alt-Graun erinnert noch heute an die verlorenen Kulturgüter und Behausungen der unzähligen Familien jener Zeit, die nun in der versunkenen Geisterstadt am Boden des Sees auf abenteuerliche Taucher warten.

Weitere berühmte Geisterstädte sind Coloma und Calico in Kalifornien, Rhyolite in Nevada, Silverton in Australien und Sewell in Chile.

37. GRUND

WEIL MAN SICH IN INDIEN VON WUNDERHEILERN KURIEREN LASSEN KANN

Vier Tage schon habe ich nichts Richtiges mehr gegessen. Nichts Richtiges heißt: nichts außer Bananen und Ingwertee. Mir ist schlecht. Eine penetrante und nicht loszuwerdende Übelkeit begleitet mich schon meinen gesamten Aufenthalt in Udaipur, wo ich Diwali, das indische Lichterfest, mitfeiern möchte.

Nun gut, Übelkeit ist nervig und steigert nicht zwingend das Wohlbefinden, aber sie hält mich auch nicht ans Bett gefesselt. Was dazu führt, dass ich auf der westlichen Seite des Sees Pichola in Udaipur zu unverhofftem Ruhm gelange.

Wie das geht? Europäerin trifft auf eine Horde noch nicht gänzlich pubertierender indischer Jungs in einem nicht so touristischen indischen Stadtviertel: »What's your name, Madam? What's your name?«

Und was antworte ich? Die Wahrheit natürlich: »Marianna, nice to meet you.«

Das war ein Fehler, den ich im Übrigen auch nur dieses eine Mal begehe, merken! Denn diese netten, niedlichen Jungs haben nun einen ungeheuer großen Spaß dabei, ständig hinter mir herzulaufen, meinen Namen schreiend.

Am nächsten Tag grüßen mich also alle umliegenden Händler mit »Hey Marianna, how are you?«, »Marianna, we have very beautiful Pashminas here«, »Marianna, look at my shop and have a tea.«

Das ist nett – keine Frage. Und ein Problem. Denn ich kann ja schlecht Menschen, die mich mit meinem Namen ansprechen, ignorieren, auch wenn es weit über ein Dutzend sind. Ich verstehe jetzt, wie sich Brangelina fühlen und warum sie ständig unerkannt das Haus verlassen wollen; man hat halt nicht immer Lust, mit jedem zu reden.

Und außerdem ist mir ja auch noch schlecht. An Tag Nummer drei hab ich wieder so einen Ehrlichkeitsanfall und antworte dem ayurvedischen Masseur auf sein »Marianna, how are you?« mit einem »not good«.

Er kann mich heilen, ist seine prompte Reaktion. Er muss sich nur meine Füße anschauen. Kostenlos natürlich. Man kann alles an den Füßen erkennen.

Ich weiß nicht mehr, ob ich Widerstand leistete, aber ein paar Minuten später sitze ich da, und ein indischer Guru schaut sich meine Füße an und sagt, das sei ganz klar, dass es mir nicht gut geht, meine großen Zehen sind ungleich lang. Meine Organe sind nicht im Gleichgewicht. Wie therapiert man so was? Einfach kräftig an den beiden großen Zehen ziehen, bis sie wieder gleich lang sind. Schwups, sind die Organe wieder zurechtgerückt. Er will tatsächlich kein Geld dafür.

Ich geh weiter meiner Wege, durch diese Begegnung so abgelenkt, dass ich die Übelkeit ein paar Minuten nicht mehr zur Kenntnis nehme.

Auf dem Rückweg erkundigt er sich höflich nach meinem Wohlbefinden und ich sage ihm höflich die Wahrheit: Das Anden-Zehen-Ziehen hätte nur ein paar Minuten Wirkung gezeigt. Entsetzen in seinem Gesicht. Er muss sich das noch mal anschauen, das kann nicht sein, hab ich denn inzwischen was gegessen? »Nein.« Aha, deshalb. Ich hätte was essen müssen!

Also noch mal.

Ja, ich sehs auch, meine Zehen sind tatsächlich ungleich lang. Diesmal wickelt er nach dem wirklich sehr kräftig Dran-Ziehen – aua – noch ein rotes Wollband um jeden der beiden großen Zehen (soll unbedingt ein paar Tage dranbleiben) und zwingt mich, in seiner Anwesenheit noch was zu essen, um meine Heilung live mitzuerleben. Er will wieder kein Geld.

Ich nehme die Bänder nach einem Tag ab, irgendwie schnüren sie mir das Blut ab, und ich komme mir unglaublich albern vor, mit roten Wollbändern um die Zehen gewickelt umherzuwandern.

Ein paar Stunden später ist mir wieder schlecht.

38. GRUND

WEIL MAN LERNT, SICH DURCHZUSCHUMMELN

Ausgangspunkt ist der berühmte Tempel in Kom Ombo am Nil, wo wir mit der Feluke aus Assuan anlegen. Nächstes Ziel soll die Oase Kharga in der Libyschen Wüste sein, die Luftlinie beträgt nur 250 Kilometer. Die zu fahrende Strecke allerdings beträgt 700 Kilometer, weil es keine direkte Straßenverbindung gibt. Unser Plan lautet, erst Richtung Norden den Nil bis nach Asyut hochzufahren und von dort die einzige Verbindung mit öffentlichen Verkehrsmitteln nach Kharga zu erwischen. Ein wenig komplizierter sollte es aber doch werden. Die Tempelanlage in Kom Ombo liegt 3,5 Kilometer außerhalb der gleichnamigen Stadt, sie ist recht gut besucht, man sollte meinen, es gäbe dort Taxen oder die für Ägypten typischen Minibusse (in etwa wie VW-Busse), um zum Bahnhof in Kom Ombo zu kommen. Doch Ägyptens Tourismus spielt sich auf dem Wasser ab, nicht auf dem Land. Es stehen keine Taxis bereit. Vielleicht ist das der Revolution geschuldet, die noch in vollem Gange ist, als wir Ägypten bereisen, schließlich liegen auch grad mal zwei Nilkreuzer vor Anker. Mit Mühe können wir einen einheimischen Pick-up-Fahrer mit beträchtlich zu viel Geld überzeugen, uns dorthin zu fahren, wo wir in ein Fahrzeug Richtung Norden steigen können. Wir landen auf einem staubigen Platz mit allerlei Autos, Geschrei und Gewusel – einem Minibusbahnhof, immer noch weit von der Stadt entfernt.

Ein Sammeltaxi nach Luxor im Norden soll noch Platz haben. Im Pkw für acht Personen sitzen auch erst 15, aber der Beifahrersitz ist noch frei. Wir sind zu zweit. Für Ägypter kein Problem. Die Autotür wird einfach mit ordentlich Druck von außen geschlossen und schon passen auch zwei Leute auf diesen einen Sitz.

Und bei jedem Halt passiert wieder das Unmögliche: Es steigt noch jemand dazu, ohne dass jemand aussteigt.

Es ist Mittagszeit, um die 35 Grad Celsius, die Sonne steht senkrecht, mein rechter Arm liegt unbeweglich auf der Autotür, die Sonnencreme ist im Gepäck, von dem wir uns nicht vorstellen können, dass es auch ins Auto gepasst hat.

Nach drei Stunden Fahrt hat mein Ellbogen eine ungesunde Färbung, aber wir sind in Luxor – beziehungsweise in der Nähe. Um zum Bahnhof zu kommen, müssen wir noch einmal umsteigen.

Das waren die ersten 172 Kilometer.

Beim Ticketschalter am Zugbahnhof in Luxor dann: »No Tickets.« – »Why?« – »No Tickets.« Nächster Schalter selbes Spiel. Schalter Nummer 3 antwortet uns überhaupt nicht und fertigt einfach den Nächsten ab. Die Touristenpolizei will helfen, spricht aber kein Englisch.

Irgendwann erbarmt sich ein englisch sprechender Einheimischer und übersetzt zwischen der Touristenpolizei und uns. Dann eine uns verständliche Begründung: Streik! Es gibt für niemanden Tickets. Die Revolution ist im Gange, es ist April 2011 und das ägyptische Schienennetz durch Demonstranten lahmgelegt. »Bis wann?« – »Morgen, vielleicht übermorgen, Inschā'allāh.«

In Luxor zu bleiben und auf das Ende der Revolution zu warten ist keine Option für uns. Wir wollen unbedingt in die Sahara, und irgendwann müssen wir ja auch unseren Flieger von Kairo zurück nach Deutschland bekommen. Und nach Kairo kommen wir von Luxor, solange der Streik anhält, auch nicht.

Früher gab es mal eine Zugverbindung von Luxor quer durch die Wüste nach Kharga. Doch Teile des Zuges und der Gleise wurden immer wieder geklaut. Die Strecke wurde aus dem Betrieb genommen, und die Schienen sind mittlerweile komplett vom Sand bedeckt.

Wir sind ratlos.

Doch Ägypter sind geschäftstüchtig und lassen uns nicht im sprichwörtlichen Regen stehen. Der Bahnhofswärter hat unser Problem mitbekommen und weiß Rat. Er hätte da einen Freund, der hat einen Sohn, der hat ein Auto, mit dem könne er uns nach Kharga fahren. Er schlägt einen unverschämt hohen Preis vor, weiß aber um seine gute Position. Es ist für uns die einzige Möglichkeit, um trotz Streik in die Wüste zu kommen. Wir heuern den privaten Fahrer an, der für ägyptische Verhältnisse beinahe ein Monatsgehalt bekommt, wir zahlen umgerechnet 80 Euro für 350 Kilometer. Immerhin verkürzt sich die Strecke um gut die Hälfte, und wir haben Platz im Auto. Purer Luxus, so ein Taxi für nur zwei Personen!

39. GRUND

WEIL MAN EINMAL IM LEBEN
AUF EIN GEWINNERPFERD SETZEN MUSS

Umringt von Hochhäusern, mitten auf Hong Kong Island, liegt die Pferderennbahn mit dem zuversichtlichen Namen Happy Valley, benannt nach dem selbigen Ortsteil Happy Valley. Klingt vielversprechend für einen Ort, mit dem ich vom Hörensagen nur immensen Geldverlust verbinde. Seit 1841 sind Pferderennen in Hongkong ein beliebtes sportliches Ereignis, früher als Veranstaltung, die nur der Elite vorbehalten war. Heute ist der Pferdesport ganz offensichtlich beim Mainstream in Hongkong angekommen, denn jeden Mittwochabend ist in Happy Valley die Hölle los. Mit Sicherheit alle Expats der Stadt und noch mehr Hongkong-Chinesen treiben hier in ausgelassener Atmosphäre ihr Geld in Form eines rennenden Pferdes an.

Aus meiner guten Kinderstube hab ich nachhaltig eingebläut bekommen, dass Wetten und Glücksspiel absolut verpönt sind. Die ausgelassene Atmosphäre der Anwesenden und ihr überschwänglicher Eifer, mit dem sie sich diesem *Glücksspiel* hingeben, beäuge ich erst mal kritisch. Hunderte von Fans sind mit Renn-Guides-bewaffnet, lauschen gespannt auf den Radiokommentar, füllen mehrere Wettformulare aus und bejubeln ihren Favoriten, sobald er auf der Rennbahn erscheint.

Doch irgendwann kommt immer die Zeit, da muss man das übernommene Urteil seiner Eltern überprüfen.

Mitgetragen vom Enthusiasmus der Anwesenden und herausgefordert, in fremder Umgebung eine Wette zu platzieren, setzten wir kurzerhand auf die Nummer drei; stolz wie Bolle, dass wir das System trotz chinesischer Hieroglyphen so schnell verstanden haben und einen versierten Eindruck machen konnten.

Das ist meine erste Wette, der Einsatz 20 Hongkong-Dollar.

Nun sieht man das Geschehen auf einmal mit ganz anderen Augen. Was vorher alles noch uniforme Pferde waren, sind nun Pferde, aus denen die Nummer drei in goldenem Glanz hervorsticht. In dem aktuellen Heft des Abends mit allen teilnehmenden Pferden und Jockeys schlagen wir jetzt erst mal den Namen der Nummer drei nach: Victorius, was für ein edler Name!

Ich ertappe mich dabei, wie ich enthusiastisch laut dem Galopp der Nummer drei folge. Er holt auf, und holt auf – Moment, Victorius läuft gerade ganz vorne mit. Das Pferd, auf das wir aus purem Zufall eben gesetzt haben – und dann passiert das Unfassbare.

»GEWONNEN! Die Nummer drei hat gewonnen!« Ich hab das tatsächlich laut geschrien.

Nachdem wir Victorius noch dabei zugeschaut haben, wie er als Sieger der Runde von seinem Jockey dem Publikum präsentiert wird, fällt uns ein, dass wir ja dann wohl auch was gewonnen haben müssten, zumindest auf jeden Fall nichts verloren.

Wir haben unseren Einsatz verachtfacht: 160 Hongkong-Dollar! Victorius war ein richtiger Geheimtipp. Ach, hätten wir doch bloß mehr gesetzt, ertappe ich mich ganz kurz insgeheim denken. Denn 160 Hongkong-Dollar sind umgerechnet knappe 20 Euro. Doch man soll aufhören, wenn es am schönsten ist. Die nächsten Runden schauen wir wieder still den Wettenden zu.

40. GRUND

WEIL MAN IN BANGLADESCH AUF TIGERSAFARI GEHEN KANN

Bangladesch ist kleines, überbevölkertes Land in Südasien, das meist im Schatten seines riesigen und kulturell verwandten Nachbarn Indien steht. Im Südwesten des Landes befinden sich die Sundarbans, ein riesiges Delta, das die größten Mangrovenwälder der Erde und den bengalischen Königstiger beheimatet. Der kommt zwar auch in Nepal und Bhutan vor, doch die Tiger, die in den Sundarbans leben, sind mit einem Alleinstellungsmerkmal ausgestattet: Sie tragen den berüchtigten Beinamen Menschenfresser. Rund 100 Stück soll es hier nach Schätzungen noch geben. Wir begeben uns auf eine Bootsfahrt, um hoffentlich dieses majestätische Wesen in seiner natürlichen Umgebung zu erblicken.

Die Sundarbans sind ein stark verzweigtes schwer zugängliches Ökosystem aus Hunderten von Wasserwegen, weil die Deltagebiete der drei mächtigen Flüsse Ganges, Brahmaputra und Meghna hier ineinander übergehen.

Die Mangrovenwälder bestehen aus Bäumen und Sträuchern, die sich an die salzigen Lebensbedingungen von Meeresküsten und Brackwasser angepasst haben. Eigentlich ein unwirtlicher Ort. Aber überraschend schön. Wir treffen auf unserer Fahrt jede Menge Vögel, Affen, Flussdelfine und auch Krokodile. Dichter Dschungel, der uns vom Boot aus kaum Einblick in sein Inneres gewährt, aber uns um so neugieriger darauf macht, mehr davon zu sehen.

Wir gehen an Land und machen mit einem bewaffneten Ranger einen Spaziergang durch den Wald. Ich lasse die anderen bewusst ein Stück vorgehen. Ich will den Wald hören und mich für ein paar Sekunden allein in den Sundarbans fühlen.

Nichts, nichts bewegt sich. Ich starre konzentriert in den Wald, als hätte ich den Röntgenblick und würde ganz weit hinten endlich den Tiger sehen. Dabei eröffnet sich mir, dass orange-schwarz gestreift hier tatsächlich die perfekte Tarnfarbe ist. Dicht am Boden herrschen die Farben Schwarz und Orange durch die Schatten und die verwelkten Blätter vor.

Der Ranger ist nicht besonders amüsiert und erklärt uns noch mal, dass es wichtig ist, dass wir dicht beieinander bleiben, wir sind hier im Reich des Tigers.

Wir kommen an einem Süßwasserteich vorbei. Der Teich ist wundervoll verziert mit unendlich vielen blühenden Seerosen. Die Tiger kommen hier oft zum Trinken her, weil der Teich eine der wenigen Süßwasserquellen in den Sundarbans darstellt. Zwar trinkt der Bengalische Tiger auch Salzwasser, angeblich ein Grund für seine außergewöhnliche Aggressivität, mag es aber lieber süß. Als Nächstes zeigt der Ranger uns weitere Spuren des gefährlichen Dschungelbewohners: Rechts am Wegesrand liegt Tigerscheiße, links ein hohler Baumstamm, wo der Tiger im Sommer geworfen hat. Die Tigerbabys waren bestimmt wahnsinnig süß, denke ich mir. Dann zeigt der bewaffnete Herr auf eine Stelle im Gras, hier hat der Tiger zuletzt gekuschelt. Das ganze erweckt bei mir langsam den Eindruck eines groß angelegten Reliquienschreins. Nur ein paar Stunden sei es her, dass der Tiger hier entlangkam, sagt der Ranger. Ich bin skeptisch. Wahrscheinlich gibt es Tigertatzen-Nachbildungen: Sobald Touristen kommen, werden schnell ein paar Abdrücke in den Schlamm gestampft, damit sie zumindest etwas gesehen haben, was sie mit dem berüchtigten Tier assoziieren können.

Vor zwei Tagen hätte ein Tiger seinen Weg gekreuzt, als er mit Touristen hier langging, behauptet der Ranger nun. Na toll, denke ich, wär ja auch nett gewesen, wenn der Tiger jetzt hier langkäme, nützt mir gar nichts, dass das vor zwei Tagen passiert ist. Der pure naiv gefährliche Neid spricht aus mir, denn ich will unbedingt einen Tiger sehen. Und ich bekomme ihn einfach nicht zu Gesicht.

Auf dem Rückweg fahren wir gemächlich am Flussufer entlang und begleiten die Leute beim Feierabend. Fischernetze werden eingeholt, Geschirr wird gewaschen, man geht zurück nach Hause oder Richtung Basar, um am Abend Freunde zu treffen. Die Arbeit muss vor Einbruch der Dunkelheit beendet sein, denn sobald die Sonne untergeht, wird es finster auf dem Land in Bangladesch. Die meisten Haushalte haben hier keine Elektrizität. Ich bin hingerissen von der Schönheit der Szenerie, mir aber gleichzeitig bewusst, dass sie der Unterentwicklung des Landes geschuldet ist.

Spätabends fällt uns auf, dass sich sogar die Sterne hier im Wasser spiegeln.

41. GRUND

WEIL ES IN DER SAHARA DEN SCHÖNSTEN STERNENHIMMEL GIBT

Ausgestattet mit einem Geländewagen, begleitet von zwei Beduinen (Fahrer und Koch), ausreichend Verpflegung und einem Funkgerät, sind wir von der ägyptischen Oase Dakhla aus Richtung Libysche Wüste gedüst. Richtung Westen, mitten rein in die Sahara, in die größte Wüste der Welt, die sich von der Küste des Roten Meeres bis zur afrikanischen Atlantikküste erstreckt.

Nach kurzer Zeit sind wir einfach links von der Straße runter, querfeldein, Richtung, na ja, keine Ahnung, das wusste einzig und allein unser Fahrer. Aber es war unglaublich schön, was wir dann für drei Tage und zwei Nächte sehen und erleben durften.

Ich hab gemerkt, dass Wüste nicht unbedingt Sand bedeutet und dass die Ödnis rechts und links von der Straße bereits die Sahara ist; Kies, vor allem aber viel Geröll zieren unseren Weg die ersten Stunden. Hin und wieder steht vereinzelt eine Palme herum, wir sammeln Feuerholz und machen die erste Teepause in ihrem Schatten.

Schleichend ändert sich die Landschaft, die Farbe des Bodens wird gelber, die Oberfläche weicher, hin und wieder überqueren wir kleine Dünen und landen auf einmal in einer skurrilen Umgebung. Um uns herum stehen unsymmetrisch verteilt jede Menge kleine dunkle Hügel, ein paar Berge sind auch zu sehen. Je weiter man in die Ferne schaut, desto größer werden die Hügel. Wir halten an, die Beduinen erzählen uns, dass es sich um jahrtausendealte Steinablagerungen handelt. Wir sind also in der Stein- und Felswüsten-Abteilung der Sahara angekommen.

Zu Mittag gibt es frischen Salat, natürlich heißen schwarzen Tee, während die Sonne beinahe im Zenit auf uns drauf knallt. Aber die Temperaturen sind heute milde, es ist noch Frühling. Wir fahren weiter, andere Autospuren im Sand werden seltener, der Boden noch weicher. Manchmal bleiben wir stecken, müssen den Vierradantrieb nutzen. Ich bemühe mich, nicht das 1000. Foto dieser Szenerie zu machen, denn mir schwant, wir nähern uns dem Ziel. Meinem persönlichen Ziel, dem großen Sandmeer. Und tatsächlich: Auf einmal sind wir mittendrin, um uns herum riesige Sanddünen. Wir halten direkt neben einer Bilderbuchdüne, meterhoch, geschwungen mit diesem perfekten feinen Grat zum Abschluss. Hier schlagen wir unser Nachtlager auf. Ohne Zelt. Ein Tuch als Unterlage und ein Schlafsack. Wir wollen den Sternenhimmel sehen. Der Moment, wenn man nachts aufwacht und nach oben schaut, ist unbeschreiblich. Ich wollte gar nicht schlafen, weil ich mich nicht sattsehen konnte an den Sternen. Wir wachen mit dem Sonnenaufgang wieder auf. Beobachten, noch im warmen Schlafsack eingekuschelt, denn nachts wird es tatsächlich empfindlich kalt in der Wüste, wie die Sonne langsam die ganz Düne erleuchtet und dann unser Lager erreicht. Wir laufen zum letzten Mal auf die Düne hinauf, genießen den sagenhaften Ausblick auf die scheinbar endlose Weite des Sandmeeres. Ein warmes gelbes Licht liegt über der Landschaft.

Je steiler die Sonne im Tageslauf steht, desto schwieriger wird es, Konturen zu erkennen. Fährt man die Düne gerade rauf, runter oder parallel entlang? Ich mache wieder unzählige Fotos, die selbst für mich zu Hause später eigentlich alle gleich aussehen, weil das grelle Sonnenlicht keine Kontraste erlaubt. Den einzigen Schatten bietet unser Auto, es ist an Tag Nummer zwei wesentlich heißer, doch Beduinen trinken trotzdem gerne heißen schwarzen Tee. Wir schlürfen mit, auch wenn uns eher nach einem unerreichbaren Kaltgetränk wäre. Die Sanddünen verabschieden sich wieder, Steine und Geröll häufen sich. Aber anders. Diesmal in Weiß. Wir sind an unserem zweiten Ziel, der Weißen Wüste, angekommen.

Es ist für mich das eindrücklichste Naturwunder, das ich bisher gesehen hab.

Die Weiße Wüste liegt rund 420 Kilometer südwestlich von Kairo, und man fühlt sich wie Alice im Wunderland. Es befinden sich dort riesige, mehrere Meter hohe Kalksteinformationen, die teilweise an Pilze oder Hühner erinnern. Ein natürlicher Skulpturenpark, quasi.

Unfassbar faszinierend daran finde ich die Vorstellung, dass diese Fläche ursprünglich mal unter Wasser war. Dort, wo es jetzt am trockensten ist, war mal das Meer, und diese Skulpturen formten sich im Laufe der Zeit, als das Wasser zurückging und Wind und extreme Temperaturschwankungen Erosion bedingten.

Diesmal sind wir aber nicht die Einzigen wie im großen Sandmeer, als jegliche Spuren von menschlicher Zivilisation fehlten. Abends kommt uns ein Wüstenfuchs an unserem Lagerfeuer besuchen, und auf dem Areal der Weißen Wüste flackern weitere Lichter am Horizont. Morgen geht es zurück nach Kairo.

KAPITEL V

IN DIE FERNE SCHWEIFEN

42. GRUND

WEIL MAN VON BERLIN BIS NACH PEKING MIT DEM ZUG FAHREN KANN

Brest. Grenzstation in Weißrussland. Wir bekommen einen neuen Speisewagen und anderes Fahrwerk. Europäische und russische Schienen sind nicht kompatibel. Wir werden einen guten Meter in die Höhe geschraubt, und uns wird wörtlich der Boden unter den Füßen weggezogen, um das neue Fahrwerk drunterzuschieben. Die unterschiedlichen Schienensysteme in Europa und Russland sind kein kommunikatives Missgeschick, sondern gewollt so installiert worden. Man wollte im Falle einer militärischen Besatzung durch den Feind verhindern, dass dem Gegner ungehindert das gesamte russische Streckennetz zur Verfügung stehen könnte.

Seit Sonnenaufgang schaue ich aus dem Fenster. Wir sind in Weißrussland. Gestern erst sind wir in Berlin in den Zug gestiegen. Unser nächster Stopp lautet Moskau.

Wald, Felder, Birken, Kiefern und Laubbäume wechseln sich ab. Dörfer und in die Jahre gekommene Fabriken. Ab und an lugt ein Kirchturm über die Dächer oder zwischen den Bäumen hervor. Zwiebelförmig, Kobaltblau mit einer goldenen Spitze.

Plattenbauten in Minsk, danach eine Menge alter Holzhäuser mit ungewohntem Dachgiebel. Je weiter wir Richtung Osten fahren, desto bunter werden die Anstriche. Weißrussland wirkt ursprünglich und zurückhaltend.

Dagegen präsentiert sich Russland mit dem ersten Halt in Smolensk erst mal wuchtig.

Beim Zugfahren kommen die Veränderungen schleichend. Landschaft, Architektur und Physiognomie halten sich nicht an nationale Grenzen. Der Durst nach dem Neuen, dem Anderen wird nur ganz langsam gestillt. Sicher, man käme schneller nach Moskau, aber ich mag es, über Land zu reisen. Es ist entspannend, entschleunigt, ohne extremen Kulturschock. Es fördert den Blick für Gemeinsamkeiten.

In Moskau steigen wir in die legendäre Transsibirische Eisenbahn. All die Namen russischer Städte, die ich aus dem Erdkundeunterricht noch klangvoll im Ohr habe, Kazan, Ekaterinburg, Novosibirsk, Irkutsk, Ulan Ude, bekommen endlich ein reales Bild in meinem Kopf. Die Transsib ist mit 9.288 Kilometern von Moskau bis nach Wladiwostok die längste Eisenbahnstrecke der Welt. 144 Stunden dauert die Fahrt am Stück. Im Jahre 1891 wurde der erste Spatenstich getan, in rasender Geschwindigkeit, bis 1916, war das erste durchgängige Streckennetz fertiggestellt, das Moskau mit dem Pazifik verband. Mitte des 20. Jahrhunderts begann man mit dem Bau Richtung China. Von Ulan Ude führt die sogenannte Transmongolische Eisenbahn quer durch die Mongolei, mitten durch die Wüste Gobi bis in den Norden der chinesischen Volksrepublik. Es gibt keinen anderen Teil dieser Welt, den man auf so eine Distanz mit dem Zug durchqueren kann!

Wir passieren die riesigen sibirischen Ströme, fahren durch endlos scheinende Birkenwälder und haben alle Zeit der Welt, diese wunderschöne Landschaft in uns aufzusaugen, die man sonst aus dem Flieger ja nie zu Gesicht bekommt. Überall blüht es. Riesige lilafarbene Felder, weiter als das Auge reicht.

Die Sonnenuntergänge sind die geheimen Highlights Sibiriens. Stundenlang wird der Himmel in unzählige Varianten von Rot getunkt. Morgens erwacht man und erblickt eine in Nebel gehüllte Wunderwelt. Bis die Sonne aufgeht und für ein paar Minuten wieder alles in ein unglaubliches Farbspektakel verwandelt.

Ich übertreibe nicht, wenn ich sage, dass ich noch nie so spektakuläre Sonnenszenarien gesehen hab. Und das alles auch noch gemütlich aus meinem Bett heraus oder bei einem geselligen Wodka im Bordrestaurant!

Und was ich nicht ahnte, war, dass der Baikalsee das alles noch toppen würde.

Der Baikalsee ist der tiefste und älteste Süßwassersee der Erde. Wir haben mit dem Transsib-Sonderzug namens Zarengold eine einmalige Möglichkeit, dieses Naturhighlight zu bewundern. Wir fahren die alte Bahntrasse entlang, die für die normalen Züge längst gesperrt ist. Wobei, »entlangschlendern« wäre das treffendere Wort, so wundervoll fühlt sich diese Fahrt an. Der tiefblaue See liegt ganz ruhig da, auf der anderen Seite erblickt man die Bergketten, die den See säumen. Zwischen den Baumwipfeln erhascht man Blicke auf wundervolle Strände.

Morgens wache ich auf und traue meinen Augen nicht. Sonnenaufgang über dem Baikalsee! Ich genieße das Ganze bei einer Tasse heißen schwarzen Tees mollig warm eingekuschelt in meiner Bettdecke.

Meine Endstation lautet aber weder Wladiwostok noch China. In Ulan Bator, der mongolischen Hauptstadt, verabschiede ich mich von der Transsib und verwirkliche meinen lang gehegten Reisewunsch, die Mongolei.

43. GRUND

WEIL DAS PARADIES EINEN NAMEN HAT: MALEDIVEN

Wir landen auf Kaadedhdhoo. Auf einer kleinen Insel, die exakt von der Fläche des Flughafens ausgefüllt wird. Obwohl es der Hauptflughafen der Malediven ist, versprüht er die Atmosphäre eines Provinzflughafen mit angenehm kurzen Strecken. Nach ein paar Minuten haben wir unsere Koffer und werden freundlich von einem Robinson-Club-Mitarbeiter in der Ankunftshalle empfangen.

Ab diesem Punkt heißt es loslassen, entspannen, du machst Urlaub auf den Malediven, du brauchst dich um nichts mehr selber zu kümmern.

Nein, auch den Check-in für den Weiterflug zu deinem Hotel brauchst du nicht selber zu organisieren. Du nimmst einfach Platz in der Lounge, wo es WLAN, Kaffee, Getränke und sogar ein Lunchbuffet gibt. Kostenlos, versteht sich.

Ich hab so meine anfänglichen Startschwierigkeiten, diesen totalen Entspannungsmodus zu aktivieren. Checken die wirklich auch unsere Koffer für uns ein? Vergessen die nicht vielleicht, uns die Boardingpässe rechtzeitig zu geben?

Überflüssige Gedanken. Alles funktioniert in einer geradezu perfekten Selbstverständlichkeit.

Noch mal zwei Stunden fliegen und eine Stunde Boot fahren. Der Weg ins Paradies ist lang. Doch der wolkenlose Flug 200 Kilometer Richtung Süden quer über die zahlreichen Atolle, diese kreisförmigen Korallenriffe, die eine Lagune umschließen, entschädigt auf ganzer Linie. Von oben erfüllt sich das Klischeebild von weißem Sand, türkisfarbenem Wasser und Palmen bereits zu 100 Prozent. Doch wird es auf unserer Insel auch so sein?

Es ist dunkel, als wir im Gaaf-Alif-Atoll ankommen. 60 Kilometer vom Äquator entfernt, mitten im Indischen Ozean.

Der Mond scheint ins offene Bad, Palmen und Bananenstauden werfen ihre Schatten in die Whirlpool-Wanne. Wir haben einen Strandbungalow.

Am nächsten Morgen die Feststellung: Ich kann diese strahlende türkisblaue Wasserfarbe bereits vom Bett aus sehen. Noch schlaftrunken eile ich raus. Ich bin aufgeregt. Ob das Gesamtbild die klischeehaften Erwartungen erfüllen wird? Und dann steh ich da.

Blendend weißer Sand, Palmen und eine Wasserfarbe, die mir sirenenartig zuruft: Komm rein, komm rein …

Ich bin tiefenentspannt. Ich realisiere, dass ich volle sechs Tage Zeit hab, um das alles genüsslich und mit permanenter Wirkung in mich aufzusaugen.

Am Horizont gibt es ein paar weitere Inseln. Sie stechen weiß aus dem tiefblauen Wasser heraus. Unbewohnt sind sie. Ob es da noch schöner ist als auf meiner Insel? Tropische einsame Inseln wecken ja erst mal eine überspitzt romantische Vorstellung, die der Gipfel jedes Urlaubstraums zu sein scheint.

Robinson Crusoe kommt mir zwangsläufig in den Sinn. Und ich befinde: definitiv nicht beneidenswert.

Ich schwelge im Luxus von Sorglosigkeit, kann jede Minute einfach genießen und möchte das nicht für einen Überlebenskampf alleine auf einer Insel eintauschen. Die Herren, die gerade mit frischen Kokosnüssen am Strand entlanglaufen und mir zwei reichen, bestätigen mich. Dekadente Gedanken. Aber man darf sich ja auch einfach mal freuen, dass es einem gut geht, oder?

Wobei, ein latent schlechtes Gewissen hab ich. Denn ich war noch nie zuvor in einem Land gewesen, wo ich so wenig mit der Kultur in Kontakt gekommen bin. Die schöne Thaana-Schrift fällt mir nur im Flugmagazin auf. Die maledivische Währung Rufiyaa halte ich nicht einmal in Händen, die Hotelkarte fungiert als Zimmerschlüssel und Zahlungsmittel. Außer dem Flughafen und der Hotelinsel hab ich nichts gesehen.

Und trotzdem: Ich hab es genossen, den ganzen Tag auf meiner riesigen Terrasse zu sitzen, das Wasser anzustarren, mit Schildkröten und Rochen zu schnorcheln, zwischen den tropischen Pflanzen und im weißen Sand spazieren zu gehen. Jeden Tag wieder auf einen spektakulären Sonnenuntergang zu warten, der nicht kommen wollte (es darf ja auch nicht alles perfekt sein), Unmengen an frischen Früchten und leckerem Fisch zu verdrücken, der Eidechse vor unserem Haus aufzulauern und den Flughunden im Zwielicht auf Nahrungssuche zuzuschauen.

Und irgendwie hab ich sogar die Mückenstiche genossen, die haben das alles real gemacht. Oder werdet ihr von Mücken im Traum gestochen und es juckt tagelang?

44. GRUND

WEIL MAN SICH IN TAUSENDUNDEINER NACHT WÄHNEN KANN

Marrakesch: Stadt meiner Träume, seit meiner Kindheit. Ich war mir sicher, dort alle orientalischen Klischees auf einmal in einer Tausendundeine-Nacht-Hülle anzutreffen. Und ja, mein Traum wurde wahr. Verwinkelte malerische Gassen, freundliche Menschen, üppige Düfte und Farben, Geschichtenerzähler und Schlangenbeschwörer. Aber natürlich auch Nepper und Schlepper, die kamen im Traum zwar nicht vor, aber der Unterschied zur Realität muss ja auch spürbar sein.

Meine Lieblingsbeschäftigung in Marrakesch: Im Eck-Café gegenüber der Koutoubia-Moschee sitzen, frischen Pfefferminztee oder Kaffee trinken – den Kaffee dann vor lauter Reizüberflutung multilingual bestellen: »Un Espresso con milk« – und alles um mich herum gnadenlos aufsaugen.

Das Café liegt an einer verkehrsreichen Straßenecke, wo sich das Leben der Einheimischen mit dem der Gäste mischt. Es kommen also Filmteams, Touristen und eine Menge Stammgäste, die das Flair von marokkanischer Bohème versprühen.

Außerdem sitzen hier, also in Marrakesch allgemein, auch Frauen in Cafés. In Ägypten hab ich das zum Beispiel nicht gesehen. Frauen (auch traditionell gekleidet) fahren hier auch Mopeds. Ebenso ein neues Bild für mich im arabischsprachigen Raum.

Nicht neu, aber dennoch immer wieder ein Spektakel ist der Verkehr in nicht-westlichen Ländern: Eselskarren schieben sich vorbei an Bussen, Taxen und Autos, wo immer noch ein Fußgänger dazwischenpasst, ein paar Mopeds sowieso und alles dann durch ein Schubkarren-Manöver erst mal völlig stillsteht.

Doch. Was Neues gibt es auch hier: Fahrräder! In Marrakesch fährt man(n) Fahrrad.

Nach einiger Zeit beschleicht mich das Gefühl, in einer Filmkulisse zu sitzen. Die Herren tragen alle lange Wollgewänder mit Kapuze, die mir unglaublich bekannt vorkommen.

Jawohl, ich hab es. Die Jedi-Ritter aus *Star Wars* tragen das auch. Wer hat es jetzt wohl wem abgeguckt? Ich bin total baff. Ich wußte nicht, dass es die Jedi-Ritter Mäntel im richtigen Leben gibt. Und noch weniger wusste ich, dass George Lucas sich die Jedi-Gewänder bei den Berbern abgeschaut hat. Reisen bildet.

Gestärkt und aufgewärmt – im Dezember wird es empfindlich kalt in Marrakesch, ich aber hab Sachen für den Sommer eingepackt und muss mich in der Sonne sitzend wie ein wechselwarmes Tier jeden Tag erst mal auf Körpertemperatur bringen – geht es in die rosafarbenen Gassen der Altstadt, ohne Plan, einfach Treiben lassen.

Und schließlich landet man so oder so auf dem Djemaa el Fna, zumal einem wohlgesinnte und verkaufstüchtige Einheimische stets den Weg in diese Richtung zeigen.

Der Djemaa el Fna, UNESCO-Weltkulturerbe, wo man sich vor Staunen und Flucht stetig neu entscheiden muss. Die Händler, Schlangenbeschwörer und Affendompteure sind hartnäckig, und teils kostet schon ein Blick auf den Affen mit Windel im Tutu.

Die Obststände fotografieren? Entweder unerwünscht oder kostet.

Mir ist das muslimische Abbildungsverbot für Menschen bekannt, ich achte es, wenn es gewünscht wird.

Mir ist auch die Problematik bewusst, dass westliche Fotografen teils viel Geld mit den orientalischen Fotos verdienen, was natürlich nie den Einheimischen zugutekommt.

Trotzdem hab ich noch nie eine solche Aggression und Geldmacherei mit und gegen Fotografie erlebt wie tagsüber auf dem Djemaa el Fna.

Mich hat das schon geärgert. Denn irgendwie meine ich, dass ich nicht im Unrecht bin, wenn ich ein UNESCO-Weltkulturerbe fotografieren möchte, auf dem nicht mal erkennbare Menschen zu sehen sind.

Der Djemaa el Fna macht mit Anbruch der Dunkelheit eine komplette Wandlung durch. Die Affen, Schlangen und Touristen verschwinden. Der halbe Platz wird zu einem rollenden Open-Air-Restaurant, der für die nächsten Stunden in duftende Rauchschwaden gehüllt wird.

Und die andere Hälfte bietet Unterhaltungsmöglichkeiten aller Art für Einheimische und Touristen. Geschichtenerzähler, kleine Theaterparodien, Gauklerstücke und Gesellschaftsspiele. Ich bin total begeistert. Es ist wieder wie im Traum. Überall haben sich kleine kreisförmige Gruppen um die arabischen Geschichtenerzähler und Co gebildet, man muss sich auf die Zehenspitzen stellen, um zu erahnen, was in der Mitte vor sich geht. Ich verstehe nichts. Ich kann kein Arabisch. Und trotzdem komm ich jeden Abend wieder.

Ich bin fasziniert, dass die jahrhundertealte Tradition des Geschichtenerzählens, die ich gerade mit Tausendundeiner Nacht verbinde, in Marrakesch auf dem Djemaa el Fna jeden Abend, auch heute, bewahrt wird und Hunderte von Einheimischen zum Lauschen und Amüsieren lockt.

45. GRUND

WEIL ES AUF BORACAY DIE SCHÖNSTEN SONNENUNTERGÄNGE GIBT

Es regnet wie aus Kübeln, als ich auf Boracay, einer kleinen philippinischen Insel im Pazifik, lande. In weniger als zwei Minuten bin ich klitschnass. Auf dem Weg zum Hotel passiere ich Dörfer mit teils traditioneller Architektur, fahre an Bananenplantagen vorbei und bewundere die tropische Pflanzenvielfalt. Besonders fasziniert hat mich der geschützte Mangrovenwald. Aus dem Augenwinkel erhasche ich noch eine kleine Siedlung der Ati, der philippinischen Ureinwohner.

Kaum im Hotel angekommen, hat die Sonne den Kampf gegen den Regen gewonnen, und ich merke: Ich hab mal wieder was vergessen. Meine Sonnenbrille. Das ist ein Problem. Denn *White Beach* auf Boracay trägt seinen Namen nicht zum Spaß, der Sand ist hier wirklich weiß, und er blendet. Der feine Sandstrand wird von Palmen gesäumt und von türkisfarbenem, wohltemperiertem Wasser umspült.

Ein paar Stunden später wurde die Sonne wieder von Monsunwolken verdrängt.

Es tröpfelt. Ich sitz allein am Strand und schaue gebannt auf den Horizont. Vor mir tut sich ein Farbspektakel auf. Der Himmel ist in rot-violette Töne getränkt, die sich am vier Kilometer langen Strand von *White Beach* im zurückweichenden Meer spiegeln.

Die Sonne geht unter. Erstaunlicherweise wird *White Beach*, der eigentlich populärste Strand der Insel, zu dieser Stunde ganz ruhig. Ich teile mir den nördlichen Abschnitt vom Strand mit nur einer Handvoll Leute. Am Horizont erscheint das erste Fischerboot, das auszieht, um am nächsten Morgen den lokalen Fischmarkt mit frischen Meeresspezialitäten zu versorgen.

In dem Moment, wo ich denke, spektakulärer kann es nicht mehr werden, taucht plötzlich über mir ein nicht enden wollender Schwarm Fledermäuse auf. Riesige Exemplare fliegen hoch oben vom Norden Boracays auf die benachbarte große Schwesterinsel Panay. Nach ein paar Minuten gebe ich das Zählen auf. Ein Einheimischer erzählt mir später, dass es Tausende von Fledermäusen sind. Sie leben in einer Höhle (Bat Cave) am nordwestlichen Ende der Insel und fliegen jeden Abend zur Futtersuche auf das »Festland«, also nach Panay. Ende 2009 hatte die Population der Fledermäuse stark gelitten, allerdings kümmert sich seit einigen Jahren das nahe gelegene Hotel *Shangri La* intensiv um die Tiere, sodass die Fledermäuse nicht mehr bedroht sind und ihre Anzahl wieder stark gestiegen ist. Mit einem Guide und passender Bekleidung kann man sogar einen Ausflug zur Höhle unternehmen.

Ich entscheide mich am nächsten Tag aber für den lokalen Fischmarkt *Talipapa*, ich will mir den frischen Fang nicht entgehen lassen, und außerdem liebe ich einheimische Märkte. *Talipapa* ist ganz besonders interessant, denn hier kauft man sich den frischen Fisch und lässt ihn direkt in einem der benachbarten Restaurants nach eigenem Wunsch zubereiten. Auf Empfehlung probier ich den Fisch pur, also einfach in der Pfanne angebraten, ohne Salz und Pfeffer. Das Geschmackserlebnis ist außergewöhnlich, ich kann es gar nicht glauben; der Fisch ist hier so frisch, dass er selbst einen Geschmacksträger wie Salz nicht nötig hat. Probiert das mal, ehrlich!

46. GRUND

WEIL DUBAIS SUPERLATIVE BEEINDRUCKEN

Muhammad bin Raschid Al Maktum ist Herrscher des Emirats Dubai und Premierminister, Verteidigungsminister sowie Vizepräsident der Vereinigten Arabischen Emirate. Er besitzt die *Dubai*, eine der längsten Motorjachten der Welt.

Die Dubai Mall in Downtown Dubai ist eines der größten Einkaufszentren der Welt, und es beherbergt eines der größten Aquarien der Welt mit 33.000 Seetieren. Darunter verschiedene Haiarten, Rochen, Krokodile und so einiges mehr.

Der höchste Turm der Welt steht natürlich auch in Dubai: der Burj Khalifa.

Und der Burj Khalifa sprengt gleich mehrere Rekorde auf einmal. Mit 829,8 Metern ist er sowohl das höchste bis heute errichtete Gebäude als auch das höchste Bauwerk der Welt. Er ist das Gebäude mit der höchsten genutzten Etage, hat das höchste Dach und die dritthöchste Aussichtsplattform.

Zu seinen Füßen liegt die Dubai Fountain, und jetzt alle im Chor: Es ist das größte Wasserspiel der Welt.

Im Innern befinden sich zwei spezielle Geldautomaten, an denen man Goldbarren in vier verschiedenen Größen (bis zu einer Unze) abheben kann.

Ich liege dem Burj Khalifa zu Füßen, starre in die erleuchtete Nacht und frag mich, wie lang man wohl bräuchte, wenn man die 800 irgendwas Meter zu Fuß raufgehen müsste, 2.909 Stufen führen vom Erdgeschoss durchgehend bis in die 160. Etage. Wie zum Geier baut man überhaupt so ein hohes Gebäude, und werden die Fenster der obersten Stockwerke überhaupt geputzt? Werden die Fensterputzer aufgrund des starken Windes dort oben nicht weggeweht?

Ich bin vom Südwesten mit der Metro in die Stadt reingefahren und hab dabei erst die Absurdität dieses Ortes begriffen. Während in den Outskirts alles staubig und karg ist, nähert man sich oberirdisch der Skyline der Stadt – bis man plötzlich mittendrin ist. Wie aus der Vogelperspektive braust man zwischen den glänzenden Hochhäusern hindurch.

Dazwischen thront der Burj Khalifa.

Schnurgerade und elegant sticht er wie eine Nadel in den Himmel, winzig und behäbig wirken die anderen Hochhäuser dagegen.

Ich gebe zu, ich bin beeindruckt.

Nicht nur vom Turm. Die ganze Stadt strotzt nur so vor Dekadenz in der Superlativ-Form. Alles ist sauber, selbst platt getretene Kaugummis sucht man vergeblich, sogar die Autobahnpfeiler sind angestrichen und mit Ornamenten verziert.

Mitten in der Einöde, in der arabischen Wüste hat man eine Stadt erbaut und trägt das zur Schau, was in der Wüste das teuerste Gut ist: Wasser. Am Flughafen fließt es meterweise die Wände hinunter, in Downtown Dubai wird es ab 18 Uhr jeden Abend halbstündig in spektakulärster Form verprasst. Zu verschiedenen musikalischen Stücken, ob Vivaldi, Whitney Huston oder arabischen Klängen wird das Wasser, geschmückt mit fröhlichen Farben, zum Tanzen gebracht. Bis zu 50 Meter hoch können die Fontänen werden.

Mir scheint, als würde die Stadt dem Westen entgegenrufen: »Seht her, das, was ihr könnt, kann ich schon lange, aber noch besser, größer und höher!«

»Das Wasser unterhalb des Himmels sammle sich an einem Ort, damit das Trockene sichtbar werde. So geschah es.« Gen 1,9

Dubai erschafft auch Land.

Vor der Küste der Stadt wurden und werden große Inseln in Form von Palmen oder auch in Form der Weltkarte aufgeschüttet, für weitere Luxusvillen, Jachthäfen und Touristenresorts. Man kann sie aus dem Flugzeug sehen.

Understatement ist hier ein Fremdwort. In Europa wird das Emirat auch aufgrund von ermangelnder jahrtausendealter Stadthistorie als oberflächliche Prunk- und Konsumgesellschaft wahrgenommen.

Hunderte Kilometer weiter östlich auf dem indischen Subkontinent gilt Dubai als wunderschöne, erstrebenswerte Metropole. Als Beweis dafür, dass nicht nur der Westen Ordnung, Sauberkeit und hohen Lebensstandard bieten kann.

Vielleicht ist der Grund aber, warum Dubai vom Westen häufig geringschätzig betrachtet wird, dass es uns Konkurrenz macht. Es löst den Westen und damit Europa als Ideal und Macher ab, es verlagert den Weltmittelpunkt ein empfindliches Stück Richtung Osten und stört damit unsere eurozentristische Wahrnehmung.

Und es enttäuscht den Reisenden, der den Orient, wie der Westen ihn verstehen will, in Dubai sucht. Dubai bietet keine verworrenen Altstadtgassen, keine die Sinne überfordernden alten Souks und keine Ursprünglichkeit.

Das Wort »künstlich« fällt.

Stattdessen könnte aber auch das Wort »modern« fallen und hätte diesen verachtenden Unterton nicht, sondern einen Funken Anerkennung. Ich finde, das hat Dubai verdient.

47. GRUND

WEIL DER BLICK VOM TAFELBERG AUF KAPSTADT SPEKTAKULÄR IST

Südafrika hat mich wahnsinnig fasziniert. Diese vielfältige Mischung aus Kultur: die unfassbare und irgendwie noch spürbare Geschichte der Apartheid, das überraschend leckere Essen, die überwältigende Schönheit der Landschaft, die Tierwelt und die Tatsache, dass weiter südlich nur noch der Südpol kommt.

Ich könnte Stunden vom Kap der Guten Hoffnung in die endlose Weite des Ozeans starren. Ich stelle mir vor, wie das wohl war, als man das Kap damals noch umschiffen musste, um auf dem Seeweg nach Asien zu kommen, lange bevor man den Suezkanal gebaut hatte.

Wie viele Schiffe hier verunglückt sind, ist nicht mal genau erfasst. Hunderte liegen bestimmt auf dem Meeresgrund und dienen den Unterwasserbewohnern als skurrile Behausung. Das Kap ist unberechenbar. Seine Klippen und Felsen, die sich auch unter Wasser durchziehen, gepaart mit einem starken Wind, wurden zum realen Albtraum vieler Schiffsbesatzungen.

Was für ein wunderschöner Ort zum Auswandern das doch war, und strategisch so gut gewählt. 1652 ließen sich die ersten europäischen Siedler, zumeist Niederländer (die heutigen Buren), in der Kolonie der Niederländischen Ostindien-Kompanie (VOC) am Kap der Guten Hoffnung nieder.

Ein wenig schaudert es mich, wenn ich die gehissten Hai-Flaggen am Strand sehe, die den aktuellen »Hai-Alarm« kennzeichnen. Grün steht für alles okay, Schwarz für geringe Gefahr, Rot signalisiert erhöhte Gefahr, und wenn die weiße Flagge weht, ist ein Weißer Hai gesichtet worden.

Ein Einheimischer erklärt uns noch, wie man sich bei einem Hai-Angriff am besten verhalten soll: Arme oder Beine hinhalten, heißt es. Damit der Hai den Eindruck bekommt, es gäbe nur Knochen zu holen, und nicht den Rumpf angreift. Aha, mir wird mulmig.

Ich dreh mich um, und da ist dieser monumentale Berg, das Wahrzeichen Kapstadts. Der Tafelberg. Mal wieder in Wolken gehüllt.

Unweigerlich kommt mir ein afrikanisches Märchen in den Sinn über die weiße Tischdecke des Tafelbergs, wie die Kapstädter den wolkenverhangenen Berg liebevoll nennen, »Van Hunks und der Teufel«. Van Hunks, ein pensionierter Seemann, genießt seine Ruhe täglich auf dem Tafelberg. Sichtet das Meer, den Hafen und bläst genüsslich weiße Rauchschwaden aus seiner geschwungenen Tabakpfeife in die Luft. Eines Tages gesellt sich ein mysteriöser Fremder zu ihm. In Kürze entwickelt sich ein unausgesprochener Wettkampf um die größten Rauchschwaden und die schönsten Rauchkringel zwischen dem Unbekannten und Van Hunks. Nach und nach breitet sich der Rauch aus und bedeckt den Tafelberg. Tag um Tag, Jahr um Jahr zieht sich der Wettstreit hin.

An meinem letzten Tag in Kapstadt hoffe ich aber inständig, dass die beiden sich heute eine Pause gönnen, damit ich den atemberaubenden Ausblick vom Tafelberg dunstfrei selber genießen kann.

Von oben sieht man die ganze Stadt, wie sie dem mächtigen Felsmassiv zu Füßen liegt und sich bis ans Meer ausdehnt. Der schönste Zeitpunkt ist der Sonnenuntergang, wenn die Sonne sich langsam dem Horizont nähert, das Meer glitzert und die Klippschliefer sich aus ihren schattigen Verstecken wagen.

48. GRUND

WEIL IN HONGKONG HOCHHÄUSER WIRKLICH SINN MACHEN

Hochhäuser. Überall Hochhäuser. Auf dem Weg vom Flughafen in die Stadt ziehen sie mich bereits in ihren Bann. Monströse Gebilde, die steil nach oben aus dem Boden sprießen. Unförmige, wirr zusammengewürfelte Betonbauten.

Ich bin in Hongkong gelandet. Sieben Millionen Menschen leben hier gerade mal auf 1.104 Quadratkilometern, verteilt auf 263 Inseln. Eine Tatsache, die ich erst beim spektakulären Landeanflug richtig begreife. Aus dem Flugzeugfenster erspähe ich rechts und links azurblaues Wasser, dekoriert mit unzähligen saftig grünen Berginseln, zu deren Füßen gewaltige Hochhaussiedlungen liegen.

Ich widme mich ganz und gar der faszinierenden Architektur dieser Stadt. Vor allem diesen Hochhäusern, die mich so locken. Ich nähere mich ihnen und aus den willkürlich zusammengefügten Elementen werden präzise Strukturen, die eine ansehnliche Detailliebe für akkurate Synchronität offenbaren, wie Bienenstöcke.

Der chinesischen Architektur liegt seit Jahrhunderten die Philosophie des Feng-Shui zugrunde. Feng-Shui-Meister werden bei der Standortbestimmung von Büros und Geschäften zu Rate gezogen. Gebäude und Gegenstände müssen optimal positioniert werden, um die Harmonie der Energieströme zu wahren.

Unser Guide Fred weist uns auf das monströse Gebäude der HSBC Bank auf Hong Kong Island hin, bei dem das gesamte Erdgeschoss als öffentlicher Platz frei gehalten wurde. Diese Konstruktion ist weder Zufall noch allein den kreativen Architekten geschuldet. »In den Bergen dahinter leben Drachen, und man muss ihnen den direkten Zugang zum Wasser frei halten. Wasser ist gleichbedeutend mit Wohlstand, und blockiert man dem Drachen den Weg zum Wasser, blockiert man den Wohlstand«, erklärt Fred uns die Feng-Shui-gerechte Architektur der HSBC Bank.

Hongkongs Hochhäuser stehen in einem spannenden Kontrast zu den traditionellen Bauten, den alten Fischerhäusern auf Tai O und zu der gewaltig schönen Landschaft. Hochhäuser und steil emporragende Hügel kämpfen um den höchsten Gipfel. Mal gewinnt der eine, mal der andere. 40 Prozent von Hongkong stehen unter Naturschutz. Ebenda macht in die Höhe bauen Sinn.

Auf Hongkongs Straßen herrscht eine zurückhaltende Freundlichkeit vor. Wahnsinnig angenehm. Zum ersten Mal in einem exotischen Land werde ich nicht von Händlern und Schleppern belagert.

Man folgt hier einer schätzenswerten Ordnung nach dem »Rechts stehen und links gehen«-Prinzip.

Bisher hatte ich Chaos mit Exotik verknüpft, nun weiß ich, dass das keine zwingende Kausalität ist. Trotzdem kann man sich verlieren, eintauchen und alle Sinne neuen Herausforderungen stellen.

Kowloon ist das Herzstück des alten Hongkong, dort wo man die berühmten Bilder vom Urwald chinesischer Neonreklameschilder vorfindet. Vor allem aber scheint mir Kowloon ein riesiger offener Markt zu sein. Oben im Norden starten wir in der Apliu Street in einem Hightech-Markt, wo sich auch kleine Antiquitätenhändler unscheinbar hineinmischen. Antike Uhren, Münzen und charmante Relikte aus alter Zeit locken, alles genauer zu inspizieren.

Über den Blumenmarkt gelangt man zum Vogelmarkt. Wo man mit dem nötigen Kleingeld selbst einen Papageien erstehen könnte, wenn man wollte. Sanftmütige Tierliebhaber sollten dann aber die Bute Street und Umgebung meiden, wo neben Fischen auch Schildkröten verschiedenster Arten auf ihr neues Zuhause warten.

Schließlich kommen wir, bereits gesättigt an exotischen Eindrücken, in der berüchtigten Temple Street an, Hongkongs angeblich spektakulärstem Nachtmarkt. Was früher bekannt als verruchte Gegend war, entpuppt sich heute als reine Touristenattraktion mit unzähligen Souvenirständen.

Um die Ecke stehen ein paar provisorisch errichtete Zelte: Open-Air-Karaokebars. Die Schlichtheit der Einrichtung hält hartgesottene Karaokefans aber natürlich nicht ab: In einem Abstand von je fünf Metern zueinander singen mindestens drei Menschen gleichzeitig zu unterschiedlichsten Songs in den schrägsten Lagen. Hier ist das Wort »Kakofonie« entstanden, bin ich mir sicher.

Mit dem Ohrwurm »Kowloon Hong Kong, We like Hong Kong

That's the place for you, Walking down the street full of joy …«
von The Reynettes verabschieden wir uns wieder Richtung Hong Kong Island.

49. GRUND

WEIL MAN IM KRÜGER-NATIONALPARK DIE BIG FIVE AUF EINEN SCHLAG SEHEN KANN

Der Krüger-Nationalpark ist in etwa so groß wie Israel und wurde 1898 erstmals als Schutzgebiet mit geregelter Jagd gegründet. In den darauf folgenden Jahren wurde immer weiter gegen die Wilderei vorgegangen, bis der Park schließlich 1927 als Nationalpark für Besucher eröffnet wurde.

Neben der Savanne und bergigen Gebieten gibt es im Krüger-Nationalpark auch sattgrüne Abschnitte mit dichter, grüner Bewaldung, mit Flüssen, in denen sich Krokodile und Nilpferde tummeln, und zaghaft Antilopen, Zebras und Warzenschweine versuchen, am Ufer einen erfrischenden Schluck Wasser zu ergattern, ohne dabei ihr Leben zu lassen. Denn die Gefahr lauert nicht nur im Wasser, sondern auch an Land, wo sich Großkatzen wie Löwen, Leoparden oder Geparden auf Beutejagd befinden. Der große Kreislauf des Lebens und die damit zusammenhängende Anspannung von Fressen und Gefressen werden ist nirgends so spürbar wie bei einem Game Drive durch den Krüger. Beutetiere sind ständig auf der Hut, und beim kleinsten unerwartetem Laut werden Warnrufe abgegeben und die Herde sofort in Bewegung versetzt. Entspannung sieht man nur bei den Raubtieren und allen voran bei dem König der Tiere, dem Löwen. Mittags, wenn die afrikanische Sonne unbarmherzig die Luft zum Schwirren bringt, liegen sie schlafend und träge im Schatten von Bäumen und warten auf den Anbruch der Dunkelheit, denn dann erst beginnt die Jagdzeit der Löwen.

Die Möglichkeiten, dieses Naturschauspiel im Krüger-Nationalpark zu erleben, sind vielfältig. Von einfachen Schlafmöglichkeiten wie Campingplätzen für Selbstversorger und Selbstfahrer, organisierten Touren mit Rangern bis hin zur Luxuslodge in privaten Konzessionen ist alles möglich und reizvoll, wenn auch nicht alles gleich erschwinglich.

Doch das frühe Aufstehen bleibt keinem erspart. Klassischerweise startet der Morning Drive zwischen 5.30 und 6.30 Uhr, vor der Dämmerung. Die Tiere sind um diese Uhrzeit noch wesentlich aktiver als in der Mittagshitze. Der Sonnenaufgang in der südafrikanischen Savanne, begleitet durch das Gebrüll von Antilopen und Zebras, lässt jedoch jede Restmüdigkeit im Nu vergehen. Mittags, wenn auch die Tiere ruhen, kehrt man zurück ins eigene Lager und tut es ihnen gleich, um gestärkt in den Afternoon Drive aufzubrechen. Mit viel Glück begegnet man in der Dämmerung einer aufbrechenden hungrigen Löwenherde auf der Suche nach Futter und kann bei einem Sundowner den lehrreichen Tag stilvoll abklingen lassen. Dabei resümiert man dann, welche von den Big Five man schon erspäht hat. Unausgesprochenes Ziel einer jeden Safari ist es, im Verlauf der Reise alle Big Five, also Elefant, Nashorn, Büffel, Löwe und Leopard, mindestens einmal gesehen zu haben. Die Kategorisierung dieser Big Five stammt aus der Kolonialzeit Anfang des 20. Jahrhunderts, als ein Großteil Afrikas von Europäern besetzt war und man sich noch stolz mit Jagdwildtrophäen zu Hause schmückte. Je gefährlicher die Jagd, desto ruhmreicher der Jäger. Elefant, Löwe, Büffel, Nashorn und Leopard galten dabei als besonders tödlich. Heute begnügt man sich zum Glück damit, nur Fotos von den Tieren zu schießen.

In Anlehnung an die Big Five gibt es im Übrigen auch die Ugly Five. Eine gemeine Bezeichnung für die angeblich fünf hässlichsten Tiere der Savanne: die Hyäne, das Gnu, den Marabu, das Warzenschwein und den Geier.

50. GRUND

WEIL MAN DEN SONNENAUFGANG ÜBER ANGKOR WAT GESEHEN HABEN MUSS

Biiiibibibib biiiibibibib biiiibibibib … Unsanft werde ich aus meinen Träumen gerissen. Ist es wirklich schon Zeit aufzustehen? Bin ich nicht erst eingeschlafen? Schlaftrunken schalte ich meinen Wecker aus. Dennoch erklingt wenige Sekunden später erneut ein schriller Alarmton. Wie kann das sein? Ich greife nochmals nach meinem Smartphone, doch es klingelt weiter … Erst jetzt realisiere ich, dass es dieses Mal nicht mein Verschulden ist.

Im 2-Minuten-Takt ertönt ein Klingelton im Zimmer. Einer nervtötender als der andere. Alle im Schlafsaal haben sich vorgenommen, mitten in der Nacht aus den Federn zu hüpfen, um pünktlich bei Sonnenaufgang bei den Ruinen des Angkor Wat zu stehen. Doch wenn es so weit ist, verwerfen die meisten ihre Pläne wieder, drehen sich auf die andere Seite und schlafen weiter.

Auch ich tue mich schwer, ehe ich müde aus dem Bett torkle und mir auf dem Gang zur Toilette dreimal überlege, ob ich nicht doch wieder zurück unter die warme Bettdecke kriechen sollte.

Unterwegs zum Tempel bereue ich meine Entscheidung dann auch – im morgendlichen Nebel friere ich mir den Arsch ab. Der Amerikanerin, welche ich am gestrigen Abend an der Hostelbar kennengelernt habe und sich jetzt mit mir ein Tuk Tuk teilt, geht es genauso.

Unser Fahrer hält beim Ticket Office, und wir steigen aus, um uns eine Eintrittskarte zu kaufen. Es ist erst fünf Uhr in der Früh, doch die Schlange ist lang – der Besuch des UNESCO-Weltkulturerbes ist beliebt. Angkor Wat ist die bekannteste Tempelanlage in Kambodscha. Die Anlage wurde als Staatstempel des Königs im 12. Jahrhundert ursprünglich als Heiligtum für den hinduistischen Gott Vishnu erbaut. Im späten 13. Jahrhundert wandelte es sich zu einer buddhistischen Kultstätte, weil die religiöse Führung der Region sich vom Hinduismus zum Buddhismus wandte.

Beim Ziel angekommen, sind die besten Plätze bereits besetzt. Wir setzen uns daher erst einmal etwas abseits ins feuchte Gras und warten, bis die Nacht in den Tag übergeht. Aus der Ferne hören wir das Klicken der Fotoapparate.

Die Sonne geht direkt hinter dem Tempel auf, und so wird es bereits hell, bevor sie überhaupt zu erkennen ist. Erst im Licht kommt die Schönheit des Tempels gänzlich zum Vorschein und verschlägt mir sogleich die Sprache. Was für ein Meisterwerk menschlicher Baukunst! Respektvoll ziehe ich meinen imaginären Hut vor den Menschen, die diese Stadt aus Tempeln vor beinahe 1.000 Jahren Stein um Stein erschaffen haben.

Viele der Touristen haben es eilig. Angkor Wat ist nur einer der vielen Tempel, die es zu bestaunen gibt. Die meisten Besucher haben sich deshalb ein straffes Tagesprogramm auferlegt.

Als sich die Sonne schließlich hinter dem Tempel hervortraut, sind viele schon weg. Sogar an der besten Fotostelle könnte ich nun beide Arme ausbreiten und mich im Kreise drehen, ohne jemanden zu berühren – verrückt! Jetzt, wo es am schönsten ist!

Die ganzen Strapazen sind vergessen, und wir sind unendlich froh, es aus dem Bett geschafft zu haben.

Kaum kitzeln uns die ersten Sonnenstrahlen, beginnen wir zu schwitzen. Also setzen wir uns in den Schatten und frühstücken. Die Preise auf der Karte sind wenig überraschend und doch unverschämt hoch. Wir verhandeln hartnäckig, und so schreibt die junge kambodschanische Kellnerin den Preis auf ein Blatt Papier, damit keiner der anderen Gäste Verdacht schöpft.

Als wir mit vollem Magen endlich ins Innere des Tempels schlendern, sind die Massen schon weg. Gemächlich bestaunen wir die verschiedenen Bauten und die aufwendig gefertigten Stuckaturen an den Wänden. Stunde um Stunde verstreicht, ohne dass wir es bemerken. Zu sehr sind wir mit der Schönheit dieses Kunstwerks beschäftigt.

In meinem Kopf begebe ich mich auf Zeitreise. Ich stelle mir vor, wie es wohl gewesen sein mag, in dieser Hochkultur zu leben. Zu einer Zeit, so ganz anders als die heutige. Wie die Menschen ausgesehen haben, ihre Körperformen, ihre Kleidung, ihre Frisuren.

»Let's go back. It's too hot!« Die Amerikanerin reißt mich aus meinen Gedanken. Sie hat recht, ich bin durchgeschwitzt. Bereits die kleinste Treppe bedeutet grenzenlose Anstrengung.

Auf dem Weg zurück zu unserem Tuk Tuk ist das knallrote T-Shirt unseres Fahrers schon von Weitem zu erkennen. Er will uns zum nächsten Tempel fahren, doch wir winken ab: »Tomorrow!«

Morgen ist auch noch ein Tag.

51. GRUND

WEIL ES ORTE GIBT, DIE ERST AUF DEN ZWEITEN BLICK FASZINIEREN

Die indische Megametropole Mumbai war definitiv nicht Liebe auf den ersten Blick. Doch heute ist sie meine absolute Lieblingsstadt.

Mumbai, diese Megametropole an der Westküste Indiens, zwischenzeitlich von englischen Kolonialherren Bombay getauft, von der man nicht genau weiß, ob sie nun zwölf, 16 oder gar weit über 20 Millionen Einwohner beherbergt, kann so eine Stadt tatsächlich eine Lieblingsstadt sein? Die hat einen Knall, denkt ihr jetzt vielleicht.

Als ich das erste Mal ankam, fuhr ich mit dem Zug zur Monsunzeit stundenlang durch die Vororte. Mumbai hat unzählige davon und bedingt durch seine geografische Lage auf einer schmalen Landzunge durchquert man tatsächlich bei der Einfahrt der Stadt aus Norden das gesamte Stadtgebiet. Das zieht sich, und obwohl ich schon vorher einiges von Indien gesehen hatte, bildete sich von Minute zu Minute ein immer größer werdender Kloß in meinem Hals.

Hier soll ich drei Monate wohnen und arbeiten – alleine? Ich war für ein Praktikum in der Kulturabteilung des Goethe-Instituts angereist.

Mumbais Fassaden sind grau. Alles andere als einladend. Wie schwarze Tränen rinnt eine dreckige Suppe die vergitterten Fenstersimse der sogenannten Chawls (günstige Arbeiterunterkünfte) herunter. Auch bei meinem zweiten Besuch, nach vier Jahren, denke ich: Schaut diese Stadt furchtbar aus! Wir fahren an monströsen neuen Hochhaussiedlungen vorbei. Das meiste leer. Vereinzelt leuchtet ein Stockwerk, und man sieht eine Familie vor dem Großbildfernseher versammelt. Der Rest des Hauses ist noch nicht fertig gestellt. Die Fensteröffnungen nicht mal geschlossen.

Warum bloß hab ich mich so in diese Stadt verliebt?, frag ich mich selbst.

So richtig logisch erklären kann ich das immer noch nicht. Vielleicht weil Indien meine erste außereuropäische Erfahrung war und mich die Exotik einfach übermannt hat.

Vielleicht weil mir dort keine Minute langweilig war, weil es immer schwankte zwischen absoluter Euphorie oder totalem Entsetzen. Weil man nie weiß, was einen im nächsten Moment erwartet. Von der Arbeit nach Hause kommen und in einen spektakulären Straßenzug aus Feuerspuckern geraten? Nach Frühstück suchen und von einem Heiligen mit Gottesstatus geweiht zu werden? Hat was, find ich.

Weil jeder Stadtteil seine eigene Welt ist. Weil ich das Zusammenspiel aus uralter, noch immer lebendiger Tradition (der Hinduismus wird seit beinahe 4.000 Jahren praktiziert, die griechischen Götter hingegen sind tot), Moderne, Aufbruch, Reichtum und Armut faszinierend finde. Weil man die Entwicklung täglich Schritt für Schritt in Zeitlupe mitverfolgen kann.

Man kann der Stadt beim Wachsen zusehen, wartet auf die Explosion und stellt verwundert fest, das alles trotzdem noch funktioniert und das Chaos sich für eine kurze Atempause wieder gelöst hat, bevor es von Neuem kraftvoll beginnt zu wachsen.

Weil die scheinbare Improvisation ein fester Bestandteil der Stadt ist. All die Straßenstände, die flüchtig aufgebaut wirkten, um schnell ein Tagesgeschäft zu generieren, existieren auch bei meinem zweiten Besuch nach vier Jahren noch; und bestimmt auch noch heute und morgen. Jeden einzelnen Straßenstand, wo ich immer zu Mittag gegessen hab, gibt es noch an demselben Ort, und er wird von den gleichen Leuten betrieben. Ich hab sie alle wiedererkannt, sie mich natürlich nicht.

Ich weiß wieder, warum ich Mumbai so lieben gelernt hab, es ist dieser charmante Überraschungseffekt, nie zu wissen, was einen erwartet.

52. GRUND

WEIL DER IRAN ANDERS IST ALS ERWARTET

Es ist ein bisschen wie bei George Orwells Big Brother: Von gerahmten Bildern in Läden, Moscheen und Hotels bis zu riesigen Plakaten an der Straße blickt er mich misstrauisch an, und seine Augen scheinen mir immer zu folgen. Ayatollah Khomeini (1902–1989), der Gründer der Islamischen Republik Iran, wacht aufmerksam über jeden meiner Schritte, und ich habe das Gefühl, dass ihm meine Flip-Flops nicht gefallen. Tja.

Ob ihm die hübschen neuen Näschen der Teheraner Mädchen gefallen, bezweifle ich allerdings auch. Überall sieht man weiße Pflaster im Gesicht, eine Nasenoperation ist das Statussymbol schlechthin. Das geht wohl sogar so weit, dass manche Mädchen sich Pflaster über die Nase kleben, um so zu tun, als könnten sie sich eine Operation leisten.

Dass ihnen die Nase so wichtig ist, liegt sicherlich daran, dass die restriktiven Kleidungsvorschriften für Frauen das Gesicht sehr betonen. Aber auch hier gibt es große Unterschiede in der Umsetzung:

Eine große Zahl vor allem der älteren Frauen trägt den traditionellen weit flatternden Tschador in Schwarz, aber immer mit freiem Gesicht. Doch gerade in den großen Städten wagen sich die sich gutstehenden Mädchen weit hervor: Das Kopftuch rutscht immer weiter nach hinten und enthüllt viel unzüchtig gefärbtes Haupthaar, und die Designerkleidung mit dem farblich passenden Make-up zeigt jede Menge Kreativität in der Auslegung der Vorschriften. Im Iran herrschen seit der Revolution von 1979 islamische Kleidungsvorschriften, das heißt, Frauen müssen in der Öffentlichkeit zumindest ein Kopftuch tragen.

Visuelle Überreste der islamischen Revolution, die den Sturz des westlich orientierten Schahs Mohammad Reza Pahlavi zur Folge hatte, finden sich heute in Form von antiamerikanischen Graffiti mit Parolen wie »down with USA« an den Außenwänden der ehemaligen amerikanischen Botschaft, die während der Revolution 1979 von iranischen Studenten gestürmt wurde, worauf mehr als 50 Diplomaten über ein Jahr festgehalten wurden.

Doch im Iran gibt es nebst dieser jüngeren Geschichte, die unsere Wahrnehmung im Westen weitestgehend bis heute bestimmt, noch weitaus mehr. Das antike Perserreich reichte zeitweise vom östlichen Balkan bis nach Westindien und Ägypten. Aus dieser Zeit stammt auch die alte Residenzstadt Persepolis. Sie wurde 520 v. Chr. vom Großkönig Dareios I. gegründet und stellte den gesamten Reichtum und die Kultur Persiens in beeindruckender Weise den Staatsgästen zur Schau.

Leider kam 330 v. Chr. Alexander der Große und ließ die Stadt als Rache für die Zerstörung der athenischen Akropolis während der Perserkriege 480 v. Chr. niederbrennen. Was davon noch übrig blieb, behandelten später englische Soldaten und deutsche Gesandte respektlos. Anfang der 70er-Jahre wurde Persepolis umfassend restauriert.

Apropos Nazis: Wie in erschreckend vielen Ländern finden einige Iraner Adolf Hitler einen super Kerl. Und haben auch das Gefühl, dass die Deutschen und Iraner alle gute Arier sind. Ein Heil-Hitler zur rechten Zeit sehen ein paar Taxifahrer als einen Riesengag. Die können halt auch ohne Alkohol Spaß haben. Hatten wir aber auch: Jeder Tag im Iran war ein Highlight, oft ganz unvermutet. Ob wir abends einen verklemmten Soldaten nötigten, uns in einen Park zu führen, wo er sich standhaft weigerte, mit uns in einer Miniachterbahn zu fahren (»This is very dangerous!!«) und wir später von kleinen Mädchen samt lächelnder Mutter wie Popstars gefeiert wurden. Viele Begegnungen und interessante Lebensgeschichten.

53. GRUND

WEIL ES DIE KULISSEN VON »JAMES BOND« UND »FORREST GUMP« WIRKLICH GIBT

Einmal selbst in der einsamen Bucht in tropischer Kulisse von *The Beach* schwimmen oder durch die seichten sattgrünen Hügel von Auenland aus *Herr der Ringe* wandern?

Geht doch gar nicht, ist doch alles nur erfundene Filmkulisse, denkst du jetzt vielleicht. Geht doch! Die Drehorte gibt es wirklich, allerdings bist du dort gewiss nicht allein. Der Süden Thailands hat unter anderem durch *The Beach* einen so immensen touristischen Aufschwung erfahren, dass du lange nach verlassenen Bilderbuch-Buchten wie Koh Phi Phi suchen müsstest, und Neuseeland hat aus der Filmkulisse für das Auenland für die *Herr der Ringe*-Trilogie einfach direkt eine Touristenattraktion gestaltet: das Hobbiton Movie Set.

Doch es gibt noch viele weitere sehenswerte Filmspots, die man auf Reisen entdecken kann. Neben berühmten Klassikern, die nicht immer alle so überlaufen sein müssen wie die beiden oben genannten Beispiele, gibt es auch noch besondere Geheimtipps zu entdecken.

»James Bond« – Meteora, Griechenland

Der Bond-Film In tödlicher Mission (1981) mit Roger Moore wurde größtenteils in Griechenland gedreht. Die waghalsige Felsenkletterszene spielte bei den Klöstern von Meteora.

»Spiel mir das Lied vom Tod« – Monument Valley, USA

Der Filmklassiker Spiel mit das Lied vom Tod mit John Wayne machte die Kulisse mit den drei überdimensionalen Steinen in der weitläufigen Landschaft des Monument Valley in Utah weltberühmt. Auch *Thelma & Louise, Forrest Gump* oder *Mission Impossible 2* nutzten die szenische Landschaft als Drehort.

»Die Chroniken von Narnia« – Cathedral Cove, Neuseeland

Es gibt eine kurze Szene im zweiten Narnia-Film, wo die Geschwister erst in einer Metrostation stehen und dann an einem Strand; einem einsamen, traumhaft schönen Katalogstrand. Dieses hübsche Stück Erde befindet sich am Cathedral Cove in Neuseeland. Wenn man im Frühling hinreist, wenn das Wasser noch zu kalt zum Baden ist, hat man eine gute Chance, dass man den Strand tatsächlich für sich allein haben kann.

»Gladiator« – Aït-Ben-Haddou, Marokko

Am Fuß des Hohen Atlas im Südosten des Landes liegt diese Kasbah, eine Wohnburg aus dem Mittelalter – erbaut vor allem aus Stein und Lehm. Der Ortskern ist UNESCO-Weltkulturerbe und beliebte Filmkulisse. Am bekanntesten ist vermutlich Ridley Scotts *Gladiator*. So mitreißend wie die palmenumfasste Stadt sich aus der Steinwüste aufbaut, so wenig beeindruckend ist sie im Inneren. Dafür entschädigt der Aufstieg mit einem grandiosen Blick über die karge Gegend.

»The Dark Knight« – Hongkong

Der zweite Teil von Christopher Nolans Batman-Trilogie The Dark Knight wurde für eine Szene tatsächlich auch in Hongkong gedreht, wo sich Batman unerschrocken von der Spitze des Two International Financial Centre ins nächtlich erleuchtete Central Hongkong stürzt. Das Financial Centre ist mittlerweile aber nicht mehr das höchste Gebäude der Stadt, es wurde vom International Commerce Centre um 400 Meter überholt.

»Game of Thrones« – Lake Myvatn, Island

Um den Lake Myvatn im Norden Island werden jährlich im November die Szenen für *Game of Thrones* im eisigen Land jenseits der Mauer gedreht. Es gibt verschiedene Touranbieter, die Tagestouren dorthin offerieren. Allerdings sollte man auch selber im Winter kommen, wenn alles durch Schnee und Eis, wie in der Serie, bedeckt ist, denn sonst erkennt man die Gegend nicht wieder.

54. GRUND

WEIL MAN IN ÄGYPTISCHEN OASEN KEINE PAPYRUSROLLEN KAUFEN MUSS

Angereist mit der romantischen Vorstellung, dass Oasen aus kleinen Wasserstellen bestehen, die von Palmen gesäumt sind und an denen sich Kamele nach langer und beschwerlicher Reise wieder auftanken, waren wir doch etwas überrascht, als wir in Kharga ankamen.

Keine Kamele, kein Wasserloch, nicht mal Brunnen bekamen wir zu sehen, stattdessen eine hässliche Kleinstadt. Die Oasen räumten im Verlauf der Reise sowieso mit jeder unserer Klischeevorstellungen auf.

Kharga ist die größte der fünf ägyptischen Oasen in der Libyschen Wüste, zählt etwas über 50.000 Einwohner und ist schwer erreichbar, die Anreise war harte Arbeit.

Ausgangspunkt war der Tempel in Kom Ombo. Luftlinie nach Kharga 250 Kilometer, zu fahrende Strecke 700 Kilometer.

Mit kiffendem Fahrer, 140 Stundenkilometern, geöffneten Fenstern und ägyptischer Musik, die gegen den Fahrtwind entsprechend laut aufgedreht wird, fahren wir vorbei an Bergen, Ebenen, Sanddünen, weißen Felsen, schwarzem Sand und viel Nichts. Vereinzelt ein paar Bushaltestellen oder Zuggleise, teils schon von der nächsten Düne überwandert. Dafür aber viele Militärkontrollpunkte, wovon der letzte eindeutig so wirkte, als würden wir nicht durchgelassen.

Das arabische Gespräch klang für uns wie folgt:

Militär: »Wohin?«

Fahrer: »Kharga.«

M: »Woher kommen die Insassen?«

F: »Deutschland.«

M: »Nach Kharga geht's nicht. Gesperrt.«

F: »Aber die sind aus Deutschland.«

M: »Nein, das geht nicht.«

F: »Aber die sind aus Deutschland.«

M: »Nein.«

Das Taxi fährt durch die Absperrung weiter nach Kharga. Wir haben Fragezeichen im Gesicht. Sprachkenntnisse wären von Vorteil.

Die Touristenpolizei wurde über unsere Ankunft in Kenntnis gesetzt und will über jeden unserer Schritte informiert werden. Das ist so üblich in Kharga und keine Schikane, sondern dient den übertriebenen Sicherheitsmaßnahmen, obwohl dort gegen Touristen noch nie etwas vorgefallen ist. Trotzdem können wir uns freier und ungestörter fortbewegen als bisher auf der Reise.

Wer schon einmal in Ägypten war, der weiß, mit welcher außergewöhnlichen Penetranz und Ausdauer einem die vermeintlichen Schätze des Landes wie Plastikpyramiden oder garantiert echte Papyrusrollen angeboten werden. In Kharga passiert uns das nicht, auch nicht in den anderen Oasen. Die Oasianer sind fürchterlich nett und hilfsbereit – ganz ohne Bakschisch.

Doch Kharga vermag uns nicht zu fesseln. Die paradiesisch klingenden Palmengärten entpuppen sich als wild wuchernde Palmenwälder. Auch die Atom-Kakerlaken in unserem Hotelzimmer sind gewiss schuld daran. Die Stadt selbst hat außer einem sehr kleinen alten Stadtkern nichts zu bieten, die Sehenswürdigkeiten liegen alle außerhalb, die meisten nur mit 4×4-Fahrzeug zu erreichen. Zu einem der ältesten christlichen Friedhöfe der Welt (al-Bagawat) aus dem 3. Jh. nach Chr. kommt man immerhin mit einem Taxi.

Wir fahren weiter nach Dakhla.

Diese Oase besteht aus vielen kleinen Ortschaften, hat zwar weniger Einwohner als Kharga, wirkt aber trotzdem lebhafter. Es gefällt uns auf Anhieb. Wir quartieren uns im Bedouin Camp – El Dohous Village ein. Es wird von herzlichen Beduinen geführt und liegt zwischen den beiden größeren Ortschaften Mut und Al Qasr. Ringsum Felder und die Wüste, perfekt für endlose Spaziergänge.

Ein paar heiße Quellen lassen sich gut zu Fuß erreichen. Meine grenzenlose Fantasie versprach mir lagunenartige Szenerien. Doch das heiße Wasser sprudelt in Betonbecken hinein. Die Quellen sind an Feiertagen ein beliebtes Ausflugsziel für Familien; an einigen haben kleinere Kioske eröffnet, die Atmosphäre ist ein wenig wie in einem Freibad in Deutschland.

Um in die Ortschaften zu kommen, muss man die Minibusse und Pick-ups nutzen, die unregelmäßig fahren und jedes Mal überfüllt sind. Doch sie halten trotzdem bei jedem vom Straßenrand winkenden Menschen, einer oder auch zwei gehen immer noch rein. Wir werden überall untergebracht; sei es auf dem Schoß von Einheimischen oder hinten auf dem Vorsprung stehend.

Die alten Stadtkerne von Dakhla sind zerfallen. Ursprünglich baute man aus Lehmziegeln eine burgartige Stadt mit schmalen Gassen und kleinen Fenstern. Ein optimaler Schutz gegen Angreifer, Sonne und Sandstürme. In Al Qasr kann man sich davon selbst überzeugen. Der Ort wurde unter Denkmalschutz gestellt und wird langsam wieder in seiner ursprünglichen Form errichtet. Daher kostet es auch Eintritt, und eine Führung ist obligatorisch.

Die neuen Stadtteile bestehen aus breiten Straßen, wo man vergeblich nach schattigen Ecken sucht, gesäumt von Wohnblocks, die riesige Sonnenprojektionsflächen bieten und sich gnadenlos aufheizen.

In dem kleinen Nachbarort Mut sind ein paar alte Lehmziegelhäuser tatsächlich noch bewohnt. Während wir zwischen den Ruinen umherstreifen, bleiben wir natürlich nicht unbemerkt, ein paar Kinder haben uns entdeckt und führen uns nach oben, wo man einen 360-Grad-Blick über die ganze Oase genießt.

Die drei sind Brüder und nutzen die Gelegenheit, ihr Englisch zu praktizieren und ein Daumen-Wrestling auszufechten. Muhammad Ali gegen Joe Frazier, Obama gegen McCain, Kahn gegen Lehmann – es gab schon viele legendäre Duelle, in Dakhla kam ein weiteres hinzu: mein Daumenkampf mit Ahmed.

55. GRUND

WEIL MAN AUF JESU SPUREN JERUSALEM ENTDECKEN KANN

Wenn man sich Jerusalem heute auf der Karte anschaut, muss man erst mal ganz weit reinzoomen, um zu einem kleinen Fleck zu kommen, der die immer noch hoch umstrittene Altstadt bildet, da wo die Heiligtümer der drei Weltreligionen Christentum, Islam und Judentum dicht an dicht aneinandergepackt liegen.

Innerhalb dieser Altstadt zieht sich die Via Dolorosa entlang, die Strecke, die Jesus vom Amtssitz des Pontius Pilatus bis zum Golgotha-Hügel teils mit seinem Kreuz beladen zurücklegen musste. Sie liegt mittendrin in der Altstadt und sowieso mittendrin im heutigen Jerusalem. Und da beginnt das Konstrukt meiner Vorstellungswelt bereits zu wackeln.

Früher, vor über 2.000 Jahren, lag dieser Weg, die Via Dolorosa (lat. für Weg des Schmerzes), teilweise außerhalb der Stadt. Wie unfassbar klein Jerusalem damals gewesen sein muss, oder andersrum: wie unglaublich gewaltig Jerusalem heute ist. Golgotha, der Hinrichtungshügel, war das Ende des Leidensweges, dort wurde Jesus Christus außerhalb der Stadtmauern gekreuzigt. Heute steht da die Grabeskirche. Ein Hügel ist nicht mehr erkennbar. Und überhaupt fordert die riesige Kirche mein Vorstellungsvermögen stark heraus. Der Hügel Golgotha bis hin zu seiner Felsengruft, die dem Mythos zufolge mit einem gewaltigen Stein verschlossen wurde, liegt heute überdacht in der Grabeskirche in Form von Kapellen. Mein Gefühl für Distanz und Fläche ist davon deutlich gestört.

Die Stelle, wo Jesus ans Kreuz genagelt wurde, ist eine römisch-katholische Kapelle. Dort, wo sein Kreuz aufgestellt wurde, befindet sich eine griechisch-orthodoxe Kapelle. Den Schlüssel für die Grabeskirche verwahrt bis heute eine muslimische Familie, weil sich die christlichen Gruppierungen nicht einigen können, wem er rechtmäßig und nach Gottes Willen eigentlich zusteht.

Hätte ich diesen Weg, die berühmte Via Dolorosa, spirituell nachempfinden wollen, hätten mich die Massen an Reisegruppen, die Autos, die sich gemeinsam mit den Pilgern durch die engen Gassen drücken und die Luft mit Abgasen füllen, die Basargeschäfte rechts und links und der Duft von Kardamom-Kaffee irritiert.

Ich bewundere die gläubig in sich versunkenen Pilger ein bisschen. Der Trubel scheint ihnen nichts auszumachen. Eine asiatische Gruppe hält an jeder der 14 Kreuzwegstationen. Sie singen und beten, einige weinen. Ein paar Meter weiter wird ein äthiopischer Gottesdienst abgehalten. Ich stehe dazwischen. Die Gesänge überschneiden sich.

Das kommt hier häufig vor, dass religiöse Klänge aneinander überlagern. Kirchenglocken, der Ruf des Muezzins und Rabbi-Gesang erklingen hintereinander, ineinander zusammengefügt. Dann strömen Hunderte von Gläubigen durch die Stadt und werden von ebenfalls Hunderten von Soldaten beschützt. Zur jüdischen Gebetszeit verdreifacht sich die Militärpräsenz in der gesamten Altstadt.

In der Grabeskirche ist es dagegen still und scheinbar andächtig. Am Salbungsstein brechen einige in Tränen aus, minutenlang und intensiv. Ich mach mir Sorgen, weiß aber nicht um wen, vielleicht um mich selbst, weil mich der Ort nicht so berührt wie die anderen Anwesenden. Aber hier kann man sich immerhin so viel Zeit nehmen, wie man braucht, um diese historische Stätte zu fassen.

Im Heiligen Grab erhält man mit viel Glück vielleicht fünf Sekunden, um hastig etwas zu liebkosen und sich beim Eintreten wieder im Austreten zu wähnen. Nicht mal der Kerze, die man danach entzündet, wird die entsprechende Zeit gewährt, um gemächlich runterzubrennen. Kaum dreht man ihr den Rücken zu, wird sie von einem Mann Gottes ausgepustet und an den nächsten Gläubigen weiterverkauft.

56. GRUND

WEIL DIE KOREANISCHE KIRSCHBLÜTE DARAN ERINNERT, IN DER GEGENWART ZU LEBEN

Ich habe gerade die Tür zu meinem Hostelzimmer geöffnet und will meinen Rucksack ablegen, als mich eine junge Amerikanerin anspricht: »Ich fahre zum Hangang-Fluss. Dort sind die Kirschblüten besonders schön. Kommst du mit?« Es sind meine ersten Stunden in Südkorea. Dass ich genau zur Blütezeit hier bin, ist mehr Zufall als geplant. Ein schöner Zufall. Wenige Minuten später steige ich in die U-Bahn nach Yeouinaru.

Der Weg vom Gleis bis zur Treppe, die uns nach oben auf die Straße führt, scheint unendlich lang zu sein. Ich fühle mich wieder wie damals als kleines Mädchen, kurz vor dem Auspacken der Weihnachtsgeschenke: Aufgeregt, voller Erwartung, gespannt, was folgt, und doch ist da diese leise Angst, vielleicht enttäuscht zu werden.

Da sind sie: die Kirschblüten! Noch schöner als in meiner ohnehin schon schönen Vorstellung, in voller Pracht blühend an den Ästen der Bäume an den Straßenrändern. Sofort sind wir mittendrin. Verliebte Paare bahnen sich Händchen haltend einen Weg durch die Masse. Wir tun es ihnen gleich. Vorbei an mehreren Essständen, welche aufgespießte Würste, Mais und warme Getränke verkaufen. Es ist kalt an diesem Apriltag. Der Frühling ist jung und die Sonne, die bald untergehen wird, noch schwach.

Nur sehr langsam können wir einen Fuß vor den anderen setzen, doch wir haben keine Eile. Obwohl sich so viele Menschen auf engstem Raum sammeln, herrscht keinerlei Hektik. Ich habe Zeit, mich auf die neue Umgebung einzulassen, lausche den Klängen der mir unverständlichen Sprache und beobachte die Körperbewegungen der Leute, ihren zum Teil ausgefallenen Kleidungsstil und ihre sanften Gesichtszüge. Vor mir liegt eine heruntergefallene Blüte auf dem Boden. Ich hebe sie auf, und ein süßer Duft weht um meine Nase.

Kirschblüten stehen für Schönheit, Aufbruch und die Vergänglichkeit aller Dinge. Diese Eigenschaften sind es wohl, die Hunderte Menschen heute hierherlocken. Jetzt und nicht später. Denn wenn man weiß, dass etwas Schönes bald enden wird, achtet man darauf, es zu genießen, ist dankbar.

Wir sind die einzigen westlichen Touristen. Die Amerikanerin will zurück ins Hostel, ihr sei kalt, und es werde bald dunkel. Ich bleibe. Gemütlich schlendere ich unter den Bäumen hindurch die Straße entlang. Kichernde Mädchen halten ihre Selfie-Sticks in die Höhe und versuchen, den Moment einzufangen. Ein Vater trägt seine kleine Tochter auf den Schultern. Einige Geschäftsmänner hasten in Anzug und Krawatte an mir vorbei.

Je weiter ich gehe, desto mehr nimmt die Menschenmenge ab. Wir sind nur noch wenige, die das rosa-weiße Blütenmeer bestaunen, immer mal stehen bleiben und wieder weitergehen. Eine junge Frau drückt mir ihr Smartphone in die Hand mit der Bitte, ein Foto von ihr zu schießen. Sie posiert, ich drücke auf den Auslöser. »In zehn Tagen ist der ganze Zauber schon wieder vorbei. Vielleicht sogar früher, die Wettervorhersage verheißt nichts Gutes – genieß die schönen Kirschblüten, solange sie noch da sind!«

»Trifft das nicht auf alles im Leben zu?«, antworte ich, worauf mich die junge Frau verwirrt anlächelt, sich für das Foto bedankt und höflich verabschiedet. In Gedanken versunken, betrachte ich die rosafarbenen Blüten und frage mich, ob wir überhaupt noch in der Lage sind, Momente im Hier & Jetzt zu genießen. Gelingt es uns, trotz Reizüberflutung und Alltagsstress wertzuschätzen, was wir haben, und zwar nicht erst dann, wenn es bereits fort ist? Sind wir zu beschäftigt für die wesentlichen Dinge? Für das Glücklichsein? Können wir einen perfekten Moment erkennen?

Ein Moment wie dieser, perfekt, weil ich nichts muss. Ein Moment, in dem alles Sinn ergibt. Man nach nichts strebt, einfach mal still steht, tief atmet, innehält.

57. GRUND

WEIL MAN DEN BERG DER GÖTTER IN MESOPOTAMIEN BESTEIGEN SOLLTE

Drei Uhr in der Nacht. Schnellen Schrittes geht es den Weg hinauf. Der Halbmond erhellt die kahlen Berge und macht die Orientierung leicht. Wir sind allein. Doch unzählige Sterne sind über uns. Wir sind auf dem Weg zum Gipfel des heiligen Berges, des Berges der Götter. Berg Nemrut. Ein Berg im Südosten der Türkei, unweit des Oberlaufs des Euphrat, im nördlichen Mesopotamien gelegen.

»Come on!« Alex treibt mich die letzten Hundert Meter bis zur Spitze. Im Osten wird es bereits hell. Auf 2.200 Meter Höhe werden wir den Sonnenaufgang erleben (nicht mehr ganz allein dann, alle anderen Touristen fahren mit Minibussen).

Erschöpft, aber glücklich sitzen wir im Licht der aufgehenden Sonne. Neun Kilometer bergauf in weniger als zwei Stunden, wir sind ganz schön stolz auf uns! Langsam wandern die Sonnenstrahlen den Berg hinab und tauchen die riesigen Götterstatuen in ein magisches Licht.

Auf dem Gipfel des Berges Nemrut befindet sich eine monumentale Kombination aus Heiligtum und Grabstätte, die der späthellenistische König Antiochos (69–36 v. Chr.) errichten ließ, der damit eine neue Religion gründen wollte. Eine, die persische und griechische Mythologie vereinte, so wie er das persische und griechische Reich gemäß seiner Abstammung vereinte. Väterlicherseits stammte er von den Großkönigen Dareios I. und Xerxes I. ab und mütterlicherseits von keinem Geringeren als Alexander dem Großen. Teil seiner neuen Religion war er selbst, daher verlieh er sich den Namenszusatz *Theos* (griechisch für Gott) und verfasste genaue Regeln, wie man ihn zu seinen Lebzeiten und nach seinem Tod zu verehren hatte. Das ist gute 2.000 Jahre her, das Ganze hat sich offensichtlich nicht durchgesetzt. Doch sein Heiligtum, das König Antiochos in Gesellschaft griechischer und persischer Götter und Ahnen darstellt, kann man auf dem Gipfel von Nemrut noch bestaunen. Zumindest Teile davon.

Erdbeben, Sturm und Menschenhand haben die Köpfe der zahlreichen acht bis zehn Meter hohen Statuen von ihren Schultern geholt. Nun liegen sie verstreut auf einer Terrasse etwas unterhalb der Throne, die auf einem künstlichen Hügel gebaut sind – rund 300.000 Kubikmeter massiver Fels wurden dafür bewegt. Was für eine Leistung! Und trotzdem unfertig. Wahrscheinlich wurde für Antiochos hier jedoch nie eine heilige Zeremonie abgehalten. Der heutige Forschungsstand geht davon aus, dass das Heiligtum gar nicht fertiggestellt ist, außerdem fehlen jedwede Kleinfunde, die bei kulturellen Riten zu erwarten wären. Unter der Geröllaufschüttung wird das Grabmal vermutet, doch trotz mehrfacher Versuche, in das Innere einzudringen, konnte es bis heute nicht nachgewiesen werden. Seit 1987 ist das Heiligtum UNESCO-Weltkulturerbe.

Es würde sich lohnen, auch den Sonnenuntergang hier oben zu erleben. Doch wir sind hungrig und werden den Weg hinab zum Glück von zwei lieben Engländerinnen mitgenommen – in der brennenden Sonne wäre der Abstieg zur Qual geworden!

58. GRUND

WEIL KARAOKE-SINGEN IN DER MONGOLEI SPASS MACHT

Bei gutem Wetter könnte es total lustig sein, mitten in der mongolischen Pampa auf das Auto mit dem Mittagessen zu warten. Allerdings regnet es. In Strömen. Keine Möglichkeit, sich unterzustellen. Temperaturen von circa fünf Grad Celsius. Es kühlt rapide ab, wenn die Sonne sich hinter den Wolken versteckt. Dazu kommt dieser Schmerz im ganzen Körper. Alles tut weh. Meine Oberschenkel sind komplett blau, ohne Ibuprofen kann ich nicht sitzen. Nachts geht das Gewitter weiter. Ich muss bei Weltuntergangsstimmung das Zelt verlassen, um aufs *Klo* zu gehen. Es blitzt und donnert, in Sekundenschnelle bin ich nass, hab mich aber auch erleichtert. Am nächsten Tag das Gleiche. Als der Regen endet und die Sonne wieder scheint, fühle ich mich wie der Herr der Fliegen. Sie schwirren um mich herum, als wäre ich ihre Gottheit, der sie nicht von der Seite weichen dürfen. Mein Pferd hat mittlerweile ein paar weniger solcher Anbeter. Meine Güte muss ich stinken … Wer hatte eigentlich diese Idee, eine Woche in der Mongolei reiten zu gehen?

Am Ende dieser Woche sind wir zurück in Ulan-Bator, der Hauptstadt der Mongolei, in einem eher mittelmäßigen Hostel, doch für mich ist es ein Palast. Es gibt heißes fließendes Wasser! Wer sieben Tage ohne verbracht hat, weiß diese Normalität auf einmal wahnsinnig zu schätzen. Geschlossene Toiletten mit Spülung, ebenfalls ein richtiger Luxus.

Ulan-Bator erscheint uns nach dieser Woche eh wie eine bemerkenswert interessante Großstadt, in der man sehr gut seine Zeit verbringen kann. Fast 1,5 Millionen Menschen, die Hälfte der Gesamtbevölkerung der Mongolei, leben in der Hauptstadt, die sowohl politisches, wirtschaftliches als auch kulturelles Zentrum des Landes ist.

Wir sind verwundert, wir hatten uns Ulan-Bator anders vorgestellt. Provinzieller, uninteressanter. Fairerweise muss jetzt noch erklärt werden, dass wir abgesehen von unserer einwöchigen Zivilisationsentsagung vorher tagelang mit der Transsibirischen Eisenbahn durch Russland gereist sind. Wir haben russische Städte wie Kazan, Nowosibirsk, Irkutsk besichtigt und waren immer wieder schockiert festzustellen, wie trist, traurig und leblos die sibirischen Städte sind.

Angekommen in der Mongolei, in einem Land das bekannt für sein Nomadentum ist, empfanden wir Ulan-Bator als genau das Gegenteil. Als Erstes fiel mir auf, dass die Menschen sehr modisch gekleidet sind. Frauen in High Heels mit abgestimmten Outfit und passender Handtasche. Die Innenstadt bot ein reichhaltiges Angebot an verschiedensten Cafés, Restaurants und Bäckereien. Wobei Koreaner und Japaner hier eindeutig im Trend liegen, die geografische Nähe wird keine unwesentliche Rolle dabei spielen. Auch was die modische Ausrichtung angeht, orientiert sich Ulan-Bator ganz nach dem südkoreanischen Nachbarn.

Wir verbringen eine Woche zwischen zahlreichen und günstigen Angeboten in der für uns angesagtesten Stadt auf der transsibirischen Strecke.

Wir shoppen mongolischen Kaschmir, der hier in hervorragender und bezahlbarer Qualität vorzufinden ist, testen die koreanische und japanische Küche, lassen uns täglich für eine Handvoll Euro pro Person eine halbe Stunde die Qualen des Reittrips wegmassieren und erkunden die kulturellen Highlights der Stadt. Das Stadtbild der mongolischen Hauptstadt ist eher uninteressant, sozialistische gleichförmige Wohnhäuser, ein paar unzusammenhängende moderne Staats- und Bürogebäude mit gesichtslosen Stahl-Glas-Fassaden. Zwischendrin aber findet sich immer wieder sehr beeindruckende buddhistische Architektur, wie das Gandan-Kloster aus dem 18. Jahrhundert und der Palast des Oberhaupts des tibetischen Buddhismus in der Mongolei, des Bogd Gegeen Khan aus dem späten 19. Jahrhundert.

Gegen Ende unseres Aufenthaltes wagen wir uns dann auch an die Lieblingsbeschäftigung der Mongolen ran: Karaoke singen. Jeder zweite Laden im Stadtzentrum ist eine Karaoke-Bar, auch die hippe Jugend findet sich hier abends bei einem Bierchen oder Cocktail ein, um gemeinsam zu singen.

Schüchtern betrete ich die Karaoke-Bar unseres Hotels, Singen ist eigentlich wirklich nicht meine Stärke, es ist das Letzte, was ich öffentlich tun würde. Doch mein Reisepartner hat mich überredet. Dann die Erleichterung: Man bekommt eine eigene Kabine. Zwar keine schalldichte, aber ohne Blickkontakt zu den anderen. Nach ein paar schüchternen Versuchen tau ich auf, bis ich schließlich lauthals zu Britney Spears' *Hit Me Baby One More Time* krakeele. Wir verlängern unsere Buchung insgesamt drei Mal und sind entsetzt, als wir den Raum den Nächsten abtreten müssen. Doch morgen ist auch noch ein Tag, und nun bin ich sogar textsicher.

KAPITEL VI
EUROPA, SO VIEL ZU SEHEN!

59. GRUND

WEIL HAMBURG DIE SCHÖNSTE STADT DER WELT IST

Provokanter Titel, jawohl. Aber deshalb, lieber Leser, liest du jetzt gespannt und eventuell schon leicht erbost über die damit einhergehende Degradierung deiner eigenen Lieblingsstadt weiter. Im besten Fall bist du ganz meiner Meinung und vernimmst im Hinterkopf bereits den Refrain zur inoffiziellen Hamburg-Hymne von Lotto King Karl: »*Hamburg meine Perle, du wunderschöne Stadt, du bist mein Zuhaus, du bist mein Leben, du bist die Stadt, auf die ich kann …*«

Was ist an Hamburg so besonders? Was hat Hamburg, was zum Beispiel Berlin und München nicht haben?

Wasser, und zwar ordentlich, und das mitten in der Stadt. Einen Flughafen, auch in der Stadt, und einen riesigen Hafen, der Rotterdam Konkurrenz macht, aber kein zweifelhaftes Industrieflair versprüht. Über eine Million entspannter Einwohner, die eine nordische Gelassenheit, der Außenstehende bezeichnet es unwissentlich auch mal als Verschlossenheit, an den Tag legen und den reizendsten deutschen Akzent sprechen. Italienische und englische Einflüsse. Großstadtflair. Grün – vom Flugzeug aus betrachtet sieht man die Stadt vor lauter Bäumen nicht. Ein Rotlichtviertel, das zugleich auch Partymeile ist, und die meisten Brücken Europas (mehr als Venedig, Amsterdam und London zusammen).

Eine Blogleserin schrieb mir einmal: »Was eine Stadt zur schönsten Stadt der Welt macht, sind meines Erachtens auch immer die Erinnerungen, die man dort sammelt. Die Menschen, die man kennenlernt und mit denen man dort lebt.« Recht hat sie! Ich habe die ersten wundervollen 20 Jahre meines Lebens mit meiner Familie und Freunden dort verbracht, erinnere mich gerne daran und freue mich über jeden Besuch in meiner Heimatstadt. Für Freunde, Blogleser und mich persönlich hab ich meine Hamburg-Highlights, die

die Stadt für mich zur schönsten der Welt machen, mal zusammengefasst:

🐦 **Paddeln** in dem endlos erscheinenden Kanalsystem und sich freuen, wenn man es bis auf die Außenalster schafft.

Alternativ muss ein Spaziergang um die Außenalster, egal ob im Sommer oder Winter (nicht beim ekligen Hamburger Regen), sein. Wobei ich im Sommer einen Abstecher zum *besten* Eismann der Stadt machen muss: Eiscafé am Poelchaukamp, wo ich seit Jahren meine Jugendlieblingssorten Käse-Sahne, Mohn, Schokolade bestelle.

🐦 **Der Hafen bei Nacht** – am besten kann man das Lichtermeer von der Elbchaussee aus sehen. Die liegt erhöht, und man hat einen sagenhaften Blick über den beleuchteten Hafen. Alternativ: Palmaille, Grünfläche vor dem Altonaer Rathaus, die ist mit Öffentlichen einfacher zu erreichen.

🐦 **Die Reeperbahn.** Hamburger sagen einfach »der Kiez«. Hamburgs berühmteste Straße und Partymeile mit Rotlichtmilieu. Den Abend beginnt man im *Lucky Star* mit einem »Mexikaner«. Samstags endet alles dann auf dem Hamburger Fischmarkt (So 6–10 Uhr). Fischbrötchen gegen aufkommenden Kater?! Ausprobieren schadet nicht.

🐦 **Ich liebe die Backsteinarchitektur.** Viele finden sie öde, bei mir kommen sofort heimelige Gefühle auf. Doch die Werke von Fritz Höger (Chilehaus, Sprinkenhof, Broschek-Haus) und Fritz Schumacher (Museum für Hamburgische Geschichte, Davidwache, die Jarrestadt, Gelehrtenschule des Johanneums) sollte man sich trotzdem anschauen.

🐦 **Mit der U3 fahren** von Kellinghusenstraße bis zum Rathaus, das Hamburger für das schönste Rathaus der ganzen Welt oder zumindest Deutschlands halten (Widerrede zwecklos!). Nicht umsonst heißt das Hamburger U-Bahn-Unternehmen Hochbahn AG. Die U-Bahn fährt auf weiten Teilen erhöht über der Erde. Insbesondere zu Weihnachten erfreue ich mich an den Einblicken in die festlich geschmückten Wohnzimmer der Beletage der Isestraße.

🐦 *Die Nikolaikirche.* Den schwarz verkohlten mahnenden Kirchturm, den man wunderbar von der U3 aus sehen kann, assoziierte ich als Kind mit einer Geisterkirche. Seit ein paar Jahren gibt es einen Lift nach ganz oben. Ein famoser Ausblick über die Stadt, deren Skyline bis heute von Kirchtürmen bestimmt wird.

🐦 *Nachtspaziergang am Elbstrand.* Ganz allein, und im Dunkeln die stählernen Meeresriesen bei der lautlosen Ein- und Ausfahrt beobachten. (Bus 112 bis Neumühlen/Övelgönne).

🐦 *Hamburger Spezialitäten:* Franzbrötchen, frischer Matjes im Brötchen, Fischfrikadelle im Brötchen, Schmalzgebäck (entweder auf einem Weihnachtsmarkt oder auf dem Dom), Labskaus, Bohnen-Birnen-Speck und Matjes nach Hausfrauenart; apropos Weihnachtsmarkt, auf dem Rathausmarkt unbedingt Pfaffenglück probieren!

60. GRUND

WEIL ES SICH LOHNT, SICH IN PARIS DIE FÜSSE WUND ZU LAUFEN

Paris tut meinen Füßen weh. Ich versuche nämlich so selten wie möglich, die Metro oder andere Verkehrsmittel zu nutzen, weil ich der Meinung bin, dass jeder einzelne Straßenzug dieser Stadt sehenswert ist. Ob bei Sonnenschein oder Regenguss (das mit dem Regen hab ich mir bei Woody Allen abgeschaut, stimmt schon; aber er hat recht), ich finde, Paris ist wunderschön.

Also laufe ich an einigen Tagen auch mal 20 Kilometer quer durch die Stadt. Vorbei an der Bastille, durch das Marais, zum Louvre, rüber zur Notre-Dame-Kathedrale, durch Saint Germain zum Eiffelturm bis hin zum Arc de Triomphe.

Wenn mir nach weniger Touristen zumute ist, geh ich in den Nordosten der Stadt. Das sollte man unbedingt mal tun. Der Cimetière du Père-Lachaise (größter Friedhof der Stadt und Ruhestätte für berühmte Persönlichkeiten, u.a. Édith Piaf, Molière, Frédéric Chopin und Eugène Delacroix) liegt im Reiseführer quasi schon am Rande der Stadt, nördlich davon ist touristenfreie Zone; sicher ist es dort nicht so prachtvoll imposant wie das Paris Haussmanns, aber gerade das macht den Reiz dieser Gegend aus. Nicht *Coq au Vin*, sondern *Couscous* steht hier auf der Speisekarte. Frankreichs koloniale Vergangenheit ist präsent und die Périphérique – Paris' Stadtautobahngrenze nicht mehr weit. Apropos ungestört: Ein Blick auf Paris, ungestört und kostenlos? Ja, auf den Hügeln von Belleville.

Aber ich spaziere immer ganz gemächlich. Mit einer Menge Pausen. Zum Glück gibt es ja auch zahlreiche Cafés, die sich dafür anbieten. Mein Tipp wäre, wenn jemand diese Café-hop-on-hop-off-Strategie nachahmen möchte, lieber Espresso als Cappuccino zu bestellen. Der *Express*, wie die Franzosen das kleine Heißgetränk nennen, ist stets um die Hälfte günstiger. Das kann bei mindestens fünf Kaffeepausen am Tag und Preisen bis zu sechs Euro für einen Espresso schon ein wenig was ausmachen. Ist mir natürlich erst aufgefallen, als ich nach einer Woche zusammengerechnet weit über 100 Euro einfach nur für Cappuccino ausgegeben hatte. Aber ich hab es genossen.

In Pariser Cafés sitzt man wie im Kino. Die Bestuhlung ist immer sorgfältigst mit Blick auf die Straße ausgerichtet, die Stühle nebeneinander, nicht einander gegenüber. Und natürlich in der Sonne gelegen, wenn sie denn scheint.

Und dann observiere ich die Passanten. Ein absoluter Augenschmaus. Franzosen sind meiner Meinung nach eh die bestaussehenden Männer überhaupt, Vincent Cassel ist der Beweis, und Pariserinnen sind einfach perfekt gekleidet. Ich wundere mich bei jeder Passantin, wie sie das bloß macht. Haare – wie gerade aus dem Friseursalon getreten, die Kleidung farblich und stilvoll exakt abgestimmt und trotzdem ein charmant lässiges Auftreten, als wäre sie ja doch gerade erst aus dem Bett gestiegen.

Und die Pariser Patisserien scheinen sie auch nur von außen zu bewundern. Ich nicht. Denn ich hab ja eine super Ausrede, weil ich die ganze Stadt zu Fuß erkunde, da braucht man stetige Energiezufuhr, und so ein paar *Macarons* helfen für die nächsten zwei, drei Kilometer ganz gut aus.

61. GRUND

WEIL ZAGREB DURCH SEINE REICHE GESCHICHTE ÜBERRASCHT

Brief an eine unentschlossene Stadt

Liebes Zagreb, irgendwie kann ich dich nach drei Tagen in deiner Obhut noch nicht richtig einschätzen. Du willst so gar nichts mit Russland und dem Balkan zu tun haben. Teil der EU zu sein bedeutet dir aber auch nichts. Das Einzige, was mir klar geworden ist, ist, dass du nach all den vielen Trennungen der letzten Jahrhunderte nach dir selbst suchst.

Also besinnst du dich auf deine alte glagolitische Schrift aus dem 9. Jahrhundert, die als älteste slawische Schrift gilt, aus den Zeiten lange bevor das kyrillische Alphabet in Kroatien eingeführt wurde.

Du richtest durch Tito zerstörte kroatische Nationalhelden wieder auf und verehrst katholische Priester, die dem Tito Regime (1945–1980) Widerstand leisteten.

Du solltest ein paar Ausstellungsstücke in das *Museum der zerbrochenen Beziehungen* einreichen, um die Sammlung von Gegenständen zu erweitern, die die Menschen in einer Beziehung miteinander verbunden hatten.

Ein Stück für die osmanische Herrschaft (1451–1699), von der ich kaum noch etwas in der Stadt spürte.

Ein Detail aus der österreichisch-ungarischen Epoche (1527–1918). Mit der du mich recht überrascht hast, ich hatte tatsächlich nur mit einem sozialistischen Zagreb gerechnet und musste feststellen, dass die über mehrere Jahrhunderte andauernde Verbindung zu Österreich-Ungarn sich vor allem architektonisch in deinem Stadtbild niedergeschlagen hatte. Deine Altstadt hat wundervolle architektonische Zeugnisse des Barocks, Historismus und Jugendstils, die in einem bewegenden Kontrast zu der sozialistischen Architektur stehen.

Einige Erinnerungsgegenstände aus der ehemals jugoslawischen sozialistischen Zeit (1945–1991) müsstest du auch ins Museum stellen. Als deine Einwohner noch nach Triest zum Shoppen fuhren, um die neuste italienische Mode zu erwerben, oder für Konzerte nach Wien und Budapest pilgerten.

Bestaunt hab ich deine jahrhundertealten Traditionen mit ihren Geschichten, die wirklich noch heute lebendig sind. Den Kanonenschuss zum Beispiel täglich um zwölf Uhr, der im Mittelalter eingeführt wurde, weil alle Kirchen zu unterschiedlichen Zeiten Mittag läuteten.

Oder den Laternenanzünder in der Oberstadt, der gute 200 Gaslaternen zur Dämmerung immer noch händisch entfacht.

Und deine romantische Namensgebung, der zufolge eine Magd aus dem Brunnen auf dem Ban-Jelačić-Platz für einen vorbeiziehenden durstigen Ritter Wasser schöpfte (zagrabiti: schöpfen). Die beiden sich natürlich sofort in einander verliebten und aus ihren Nachkommen die Siedlung des heutigen Zagrebs entstand. Die einheitlichen roten Schirme auf dem Marktplatz, die von den Farben der traditionellen Tracht hergeleitet sind.

Mich hat wohl einfach diese Fülle an Geschichten in dieser kurzen Zeit völlig überwältigt. Das rein sozialistische Zagreb-Bild, das ich vorher im Kopf hatte, passt so gar nicht zu dem, wie du eigentlich bist.

Das ist aber gut so. Deswegen war ich ja da, und deswegen komm ich wieder.

Ich wünsch dir erst mal alles Gute für den neuen Schritt mit der EU, auf den einige deiner Nachbarländer im Übrigen neidisch sind, und auf ein baldiges Wiedersehen.

62. GRUND
WEIL MAN IN THESSALONIKI DIE VORWEIHNACHTSZEIT GENIESSEN KANN

Weihnachtsmarkt kann jeder, doch die Vorweihnachtszeit mal im Süden Europas zu verbringen hat ebenfalls reizvolle Aspekte. Griechenland wird als Winterdestination völlig verkannt, Zeit, das zu ändern! Thessaloniki, die zweitgrößte Stadt des sonnenverwöhnten Landes am Mittelmeer, liegt bildschön an der Bucht des Thermaischen Golfes und den Ausläufern des Chortiatis Gebirges. Die Geschichte der Millionenstadt geht auf die Antike zurück, aus der noch heute einige Baudenkmäler die Stadt schmücken. Ihre Blütezeit hatte Thessaloniki aber im Mittelalter bis zur frühen Neuzeit, wo sie neben Konstantinopel, dem heutigen Istanbul, die zweitwichtigste Stadt im Byzantinischen Reich darstellte. Einige der bedeutendsten Kirchen der Stadt gehen auf das 13. und 14. Jahrhundert zurück.

Während die Stadt im Sommer durch ihr schwüles Klima den Besucher schier um den Verstand bringen kann und alle schnellstmöglich Richtung Chalkidiki an den Strand flüchten, ist der Winter perfekt, um die Stadt zu erkunden.

Das Schöne an Thessaloniki ist, dass man im Dezember meist noch im Pullover draußen im Café sitzen und die wärmenden Sonnenstrahlen genießen kann. Der wundervollste Ort dafür ist die kilometerlange Promenade der Stadt, wo sich vom Zentrum ein Lokal ans nächste reiht und man den Blick entspannt über das Meer schweifen lässt.

Bei klarem Wetter kann man sogar die massige Silhouette des Olymp, den Sitz der griechischen Götter, am Horizont sehen.

Wer es ruhiger mag, sucht den östlichen Abschnitt der Promenade auf, der vor einigen Jahren aufwendig neu gestaltet worden ist und den Bürgern nun als kleine Naturoase am Meer mitten in der Stadt dient. In zweiter Reihe wurden verschiedene Gärten gestaltet, mit Namen wie *Garten der Nachmittagssonne, der Rosen, der Jahreszeiten*. Im *Garten der Erinnerung* wachsen Minze und Thymian, der Architekt wollte den Städtern die vergessene Natur wieder zurückbringen.

Auf vorweihnachtliche Stimmung braucht man trotzdem nicht zu verzichten; sobald die Sonne am Horizont untergeht, beginnt die dezente Weihnachtsdekoration die Straßen der Stadt zu beleuchten. Spätestens auf dem Aristoteles-Platz fällt dem Besucher auf, dass Boote Teil der weihnachtlichen Dekoration in der Stadt sind. Das riesige lichtergeschmückte Schiffsmodell auf dem Hauptplatz der Stadt ist noch Teil des traditionellen griechischen Weihnachtsschmucks. Das Boot ist ein bedeutendes Symbol der Seefahrernation Griechenland. Mit dem Aufstellen eines Bootes, ob mit Lichterkette oder Kerzen geschmückt, denkt man an die Familienmitglieder, die in der Handelsschifffahrt tätig sind und Weihnachten nicht zu Hause, sondern auf hoher See verbringen müssen. Der Weihnachtsbaum wurde durch die enge Verbindung zu Westeuropa erst ab der zweiten Hälfte des 20. Jahrhunderts übernommen und ersetzt auf dem Festland heute teilweise gänzlich die lichtergeschmückten Boote.

Gänzlich traditionell ist aber die griechische Weihnachtsbäckerei geblieben. Absolut empfehlenswert sind *Kourabiedes*, Butter-Mandel-Kekse, die pulvrig zart im Mund zergehen, und *Melomakarona*, ein Walnussgebäck mit leichter Zimtnote, das in Sirup getaucht wird.

Kala Christougenna sagt man auf Griechisch übrigens für Frohe Weihnachten.

63. GRUND

WEIL MOSKAU EIN WAHRES ARCHITEKTUR MEKKA IST

Trist, grau, Platte, das waren meine Gedanken zu Moskau. Ich hab nicht viel erwartet von der Hauptstadt der Russischen Föderation, die in ihrem Ballungsraum über 15 Millionen Einwohner beherbergt. Sie ist das politische, wissenschaftliche, wirtschaftliche, kulturelle und religiöse Zentrum des Landes.

Im Jahre 1147 wurde die Stadt Moskau das erste Mal in schriftlichen Dokumenten erwähnt, bereits 1480 wurde sie zur Hauptstadt des Russischen Reiches. Seitdem hat Moskau eine lange und bewegte Geschichte hinter sich. Immer wieder wurde es niedergebrannt und geplündert, und trotzdem hielt es allen Eroberungsversuchen stand und kann heute mit einem reichen architektonischen Erbe jeden Besucher beeindrucken. Zwiebeltürme, Lenin-Mausoleum, Plattenbauten, stalinistischer Zuckerbäckerstil und über 300 Kirchen prägen Moskaus Stadtbild. Vor allem die Höhe selbst der normalen Wohngebäude und die Breite der Straßen imponieren dem Reisenden und vermitteln einen ersten Eindruck von Moskaus außerordentlichen Dimensionen. Auf jeder Sightseeing-Liste stehen natürlich völlig zu Recht der Kreml und der Rote Platz im Zentrum der Millionenstadt, die seit 1990 auf der UNESCO-Liste des Weltkulturerbes verzeichnet sind.

Unter dem Kreml hab ich in erster Linie immer die St.-Basilius-Kathedrale verstanden (die zeigen sie ja auch ständig im Fernsehen, wenn es heißt »der Kreml sagt ...«). Als Kind hab ich dieses bunte Gebäude immer bewundert und mich gefragt, ob ich da wohl auch mal selbst davorstehen werde. Dass das eine Kirche sein soll, ist mir erst Jahre später aufgegangen. Bam, steht sie da auf einmal, wie wir zwischen Kremlmauer und Historischem Museum entlangspazieren. Ein kleiner Freudenschrei entfährt mir, ich zeige enthusiastisch mit dem Finger drauf: »Da, da, da.« So als würden die Leute um mich herum das Gebäude noch nicht bemerkt haben (mit dem Big Ben in London ist mir das auch passiert).

Moskau beeindruckt mich immens. Die Straßen sind riesig, die Gebäude ebenso. Unter sieben Stockwerken scheint man hier mit dem Bauen nicht anzufangen. Sogar die Wohnhäuser vom Beginn des 20. Jahrhunderts zählen mindestens acht Stockwerke. Sie wirken wie Vorgänger der Plattenbauten, noch aus Ziegeln und mit Stil erbaut, aber in ähnlichen Dimensionen.

Auf dem Roten Platz lerne ich direkt einen weiteren beeindruckenden Architekturstil kennen: den pseudorussischen Stil, hier werden die typisch russischen Holzschnitzereien in Stein nachgeahmt.

Mit jedem Kilometer, den wir zurücklegen und unglaubliche architektonische Eindrücke sammeln, steht für mich fest: Ich hab noch keine Stadt gesehen, die ich architektonisch interessanter fand. Die Mischung aus Klassizismus, Sozialismus, Plattenbauten, alten Kirchen, russischem Barock, spektakulären Metrostationen und dem stalinistischen Zuckerbäckerstil hat mich komplett in ihren Bann gezogen. Moskau ist mein persönliches Architektur-Mekka!

Die Stadt bietet aber auch jede Menge Kunstschätze. Die Tretjakow-Galerie und das Puschkin-Museum sind Museen von Weltrang. Zum Shoppen überquert man einfach den Roten Platz und betritt das GUM, welches 1893 als erste Shoppingmall Russlands gebaut wurde. Bis heute ist es das größte und schönste Einkaufszentrum des Landes. Der Feinkostladen Jelissejew ist der pompöseste Supermarkt, den ich je gesehen hab. Zwischen riesigen Kronleuchtern, Stuck, Deckenmalereien, Mamor-verkleideten Wänden und Säulen kann man die Spezialitäten der russischen Küche kosten. Soljanka (Eintopfgericht aus Fisch oder Fleisch mit Gemüse) und Borschtsch (Suppe aus Roter Bete, Kartoffeln, Weißkohl, Rindfleisch, traditionell mit saurer Sahne serviert) sind ein guter Einstieg, um die deftige russische Küche kennenzulernen. Ich persönlich bin ein großer Fan von Pelmeni (russische Ravioli, gekocht mit Fleischfüllung) und Bliny mit Lachs oder rotem Kaviar gefüllt: Passen perfekt als Wodka-Begleitung, denn in Russland gehört es sich nicht Alkoholisches ohne Speisen zu trinken.

64. GRUND

WEIL DIESE INSEL JEDES JAHR DIE LESBISCHE LIEBE FEIERT

*»Wie das Bild eines Gottes kommt mir dieser junge Mann vor,
der mit Dir die Liege teilt, wo ihr euch in die Augen seht, und er
sich an Deiner Anmut freut, Deiner freundlichen
Rede und Deinem einladenden
Lachen – der Augen-Blick bringt meine
Herzkammer in Bewegung, mein Brustbein und meine Eingeweide.
Eine schnelle Ahnung, schon verliert meine Stimme ihren Takt
und weigert sich, zurückzukehren,
weil meine Zunge gebrochen ist. Ein flackerndes
Feuer läuft unter die Haut und wirft
seine Strahlen; was immer ich sehe, ist
verschwommen und meine Ohren voll Donner.
Schweiß bricht aus, und ein Schauder läßt
meine Knochen beben. Ich bin bleicher
als verbranntes Gras und spüre schmerzlich ein Fieber,
nach dem nur der Tod noch kommen kann.
Aber ich muß weiter leiden, denn mehr
verdiene ich nicht ...«* (Sappho, 31)

Lest ihr hier die Eifersucht auf den gottgleichen jungen Mann, der mit dem schönen Mädchen beisammenliegt, oder das Begehren der Dichterin auf den Körper des attraktiven Mannes?

Die sexuelle Orientierung der aristokratischen Dichterin Sappho ist bis heute umstritten. Doch für die Gelehrten des 19. Jahrhunderts, welche von der Literatur extravagante Rollen erwarteten, stand fest, dass Sappho andere Frauen begehrte.

Sie lebte im 7. Jahrhundert vor Christus in Mytilene auf Lesbos, einer griechischen Insel in der Nordägäis. Sie gehört zu einer der drei Frauen der griechischen Antike, deren Ruhm bis heute in unserem Bewusstsein fortlebt: Die geraubte spartanische Königin Helena löste wegen ihrer sagenhaften Schönheit einen zehnjährigen Krieg aus. Die ägyptische Königin Kleopatra verdrehte Julius Caesar, dann Antonius den Kopf und nahm sich auf spektakuläre Weise das Leben. Sappho hingegen ist weder wegen ihrer Schönheit noch wegen ihrer Macht berühmt geworden, sondern wegen ihrer Dichtkunst, in der sie von der Liebe zu Frauen singt. Aus diesem Grunde leitet sich das Wort »lesbisch« im Sinne von weiblicher Homosexualität vom Namen der Insel Lesbos ab. Lesbos, die Insel der Frauenliebe: Wegen dieser Assoziierung ist Lesbos häufig touristisches Ziel von homosexuellen Frauen. Früher sahen die griechischen Behörden diese Entwicklung kritisch, seit einigen Jahren gibt es aber sogar einmal im Jahr ein Festival zur Feier der lesbischen Liebe in Eresos – antiken Sagen nach der Geburtsort der Dichterin Sappho. Doch hat die Insel noch mehr zu bieten als nur die Herkunft einer berühmten Frau. Lesbos ist die drittgrößte Insel Griechenlands. Im Lauf der Zeit wechselte sie häufig ihre Eroberer und gehörte sowohl dem Römischen Reich, Byzanz als auch dem Osmanischen Sultanat an. Diese bewegte Geschichte spiegelt sich bis heute in zahlreichen Sehenswürdigkeiten der Insel wider. Neben den osmanischen Zeugnissen wie Moscheen und dem einzig erhaltenen Hamam Tsarsi in Mytilene ist die Festung das wohl eindrucksvollste Gebäude. Sie befindet sich auf der Halbinsel im Nordosten und wurde im 6. Jh. n. Chr. von Justinian I. erbaut. Heute dient sie als eindrucksvolle Kulisse für Veranstaltungen im Sommer. Und wer gerne einfach mit seinem Handtuch und viel Platz zum Nachbarn am Strand liegt, ist auf Lesbos genau richtig. Der Vatera-Strand, wie auch der Strand Skala Eresos wurden mit der blauen Fahne als sauberste Strände Griechenlands ausgezeichnet. Zwischen den beiden Dörfern Antissa und Sigri im Nordwesten der Insel liegt der märchenhaft versteinerte Wald, der zu üppigen Spaziergängen und Wanderungen einlädt. Über 150 Quadratkilometer ist dieses einmalige Ökosystem groß. Durch einen Vulkanausbruch vor über 15 Millionen Jahren wurde der nahe gelegene Wald unter Vulkanasche begraben und versteinert. Einige Baumstümpfe erheben sich sogar noch zwei Meter in die Höhe, bei einem Durchmesser von drei Metern. Durchaus imposant!

Ein nicht minder wichtiger Grund, Lesbos einen Besuch abzustatten, mag auch die Tatsache sein, dass die Insel nicht nur als Geburtsort lesbischer Liebe gilt, sondern auch als Heimat der Ouzo-Produktion, des griechischen Anisschnapses, der an heißen Sommertagen mit Wasser verdünnt eine beliebte alkoholische Erfrischung ist.

65. GRUND

WEIL PORTO DIE EIGENTLICHE HAUPTSTADT PORTUGALS IST

Porto ist das schönere Lissabon. Die zweitgrößte Stadt Portugals ist neben der Hauptstadt der place-to-be am Atlantik. An der Mündung des Douro gelegen, hat die Stadt in meinen Augen ein ausschlaggebendes Argument: den Strand, die Küste. Ich habe es selbst ausprobiert – mit dem Bus ist man innerhalb einer knappen halben Stunde an der Küste und kann die Wellen des Atlantiks an den rauen Felsen nahe dem Ufer ankommen sehen. Von hier lädt die Promenade zum Spazierengehen und Verweilen ein, erfahrene Sonnenanbeter bräunen hier ihre eh schon braune Haut, und Surfer versuchen den Wellen ihren Willen aufzuzwingen. Verlassene und alte, in sich zusammengefallene Häuser stehen hier neben Luxus-Villen. Die Eigentümer haben das Potenzial der Aussicht längst erkannt und vermieten die Wohnungen an Touristen oder genießen sie selbst.

Ein anderes Argument ist selbstverständlich der Wein. Porto ist Namensgeber des bekannten Portweins, welcher im Umland, genauer an den Weinbergen, die sich entlang des Rio Douro schlängeln, angebaut wird. In der Stadt finden sich unzählige Weinkeller, die zum Probieren einladen. Doch auch ohne Wein sind die beeindruckenden Kellerbauten einen Ausflug wert.

Und noch ein Argument: Gustave Eiffel. Denn dieser hinterließ nicht nur in Paris bleibenden Eindruck, auch in Porto hat er sich mit der Eisenbahnbrücke Ponte Maria Pia verewigt. Ich lief bei strahlend blauem Himmel über den kleinen Bruder der Ponte Maria Pia: Die vom Eiffel-Schüler Théophile Seyrig entworfene Brücke Ponte Dom Luis I ist eine wahre Schönheit aus Stahl, unten Autos, oben Fußgänger und Straßenbahn. Und unter Auto, Straßenbahn und meinen Füßen: der breite, glitzernde Douro.

In einem kleinen Café in der Altstadt Portos aß ich mit einem genießerischen Lächeln portugiesischen Käse und *Bacalhau*, beobachtete das bunte Treiben der Stadt bei einem Glas Wein und zählte die Leuchtreklamen der Stadt. Davon gibt es viele: alte, leuchtende Schriftzüge aus geschwungenen Lettern, die die kleinen Läden der Straßen Portos zieren.

Und dazwischen überall Azulejos. Die traditionellen Fliesen sind Bild und Kachel in einem und zieren Hauswände, Gehsteige und nicht zu übersehen die Igreja do Carmo. Die Kirche schmückt sich mit der Geschichte der Gründung des Karmeliterordens, auf weißblauen Azujelos gemalt, die Reisende auf der Außenseite der im 18. Jahrhundert erbauten Kirche entdecken können.

Natürlich hat Lissabon die Pastéis de Belém und die alte historische Seilbahn. Doch dem steht Porto in nichts nach: Auch hier kann man Seilbahn fahren, die Teleferico ist eine neue und moderne Variante, die kaum etwas mit den alten Kabinen zu tun hat, jedoch nicht minder sehenswert ist. Wer jedoch Wert auf ein historisches

Fahrerlebnis legt, nimmt in Porto einfach die Tramlinie 1 und steigt ein in die alten, gelb-braunen Wagen mit Holzsitzen und garantiertem Nostalgie-Gefühl. Und für die leckeren portugiesischen Törtchen gibt es auch hier zahlreiche Anbieter.

66. GRUND

WEIL ATHEN DIE ANTIKE MIT DER MODERNE VERBINDET

Athen ist mit mehr als vier Millionen Einwohnern die größte Stadt Griechenlands und beherbergt beinahe die Hälfte der griechischen Bevölkerung. Ebenso gigantisch ist die Anzahl der historischen Stätten in Athen. Allen voran das Wahrzeichen: die Akropolis mit dem Parthenon aus dem 5. Jahrhundert vor Christi, das heutige Sinnbild der Antike und unserer europäischen Kultur. Wer sich allerdings weiter in der griechischen Hauptstadt umschaut, merkt schnell: Ein homogenes Stadtbild bietet Athen nicht. Zu rasant war das Wachstum der Stadt nach dem Ersten Weltkrieg. Neben den antiken Stätten und dem malerischen Viertel Anafiotika, um die Akropolis gelegen, ist das Zentrum durch klassizistische Bauten aus dem 19. Jahrhundert und moderne Apartment-Bauten geprägt. Die gleichförmigen Wohnblöcke mussten in Windeseile in den 20er- und 30er-Jahren hochgezogen werden, um die Millionen Flüchtlinge aus der Türkei nach der Kleinasiatischen Katastrophe zu beherbergen. Architektonischer Spielraum blieb da offensichtlich keiner. Das Benaki-Museum bietet interessante Einblicke in die jüngere Geschichte Athens, wie den Unabhängigkeitskampf aus der osmanischen Herrschaft und die Ernennung zur Hauptstadt des neuen Staates.

Die meisten von Athens historischen Stätten, wie die Agora mit dem darüber liegenden Hephaistos-Tempel, der als besterhaltener Tempel Griechenlands gilt, das Olympia-Stadion von 1896 und zahlreiche Museen befinden sich im Zentrum der Stadt oder lassen sich gut mit der Metro erreichen. Doch bietet die griechische Hauptstadt auch noch mehr als historische Funde: Mitten im Zentrum verbirgt sich der imposante Nationalgarten, im anliegenden Kolonaki-Viertel lässt es sich angenehm shoppen, die junge Kunstszene und die angesagten Lokale haben sich im Gazi-Viertel niedergelassen und mit der Tram lassen sich auch die Strände der noblen Athener Vororte gut erreichen.

Auf dem Likavitos-Hügel kann man die Hektik der Stadt einen Moment ruhen lassen und den unschlagbaren Blick auf die Akropolis genießen, die antike Stadtfestung, die sich so imposant und symbolhaft aus dem monotonen Häusermeer der Millionenstadt erhebt.

Einmal im Jahr, während des zehnwöchigen *Athens-Epidaurus-Kulturfestivals*, öffnet das Odeon des Herodes Atticus am Fuße der Akropolis seine Bühne und wird in seiner Ursprungsfunktion als Amphitheater wieder genutzt. Dabei kann man sich nicht nur von der grandiosen Akustik des antiken Theaterbaus überzeugen, sondern auch die einmalige Atmosphäre genießen und erstklassigen Konzerten und Theaterstücken beiwohnen. Danach wird geschlemmt, was das Zeug hält: Das Abendessen findet in Griechenland eh zu später Stunde statt, die Athener Lokale laufen also erst ab zehn Uhr abends auf Hochtouren. Üblich ist, dass man eine Reihe an Vorspeisentellern (Oliven, Feta, Bauernsalat, gegrilltes Gemüse) und mehrere Hauptgerichte (*Souvlaki*, frischer Fisch, Meeresfrüchte, Lamm etc.) ordert, die man gemeinsam teilt und von denen sich jeder nach Belieben auftut. Es ist in Griechenland absolut unüblich, sich ein eigenes Hauptgericht zu bestellen. Dazu wird der zwar mäßig schmeckende, aber mit der griechischen Kultur untrennbar verbundene Weißwein Retsina gereicht.

67. GRUND

WEIL ST. PETERSBURG IM WINTER ROMANTISCH UND EINSAM IST

Sicher klingen die berühmten weißen Nächte, wenn die Sonne in den Sommermonaten Juni und Juli nicht mehr untergeht, nach der ultimativen Reisezeit für St. Petersburg. Und ohne Zweifel wird ein Besuch zu jener Zeit unvergesslich werden. Doch wird man auch nicht allein sein: Tausende von Touristen, besonders die Tagesgäste der riesigen Kreuzfahrtschiffe, verstopfen die Straßen der Altstadt und die Museumsgänge der Eremitage. Da lob ich mir den russischen Winter, der die sightseeinggeilen Listenabhaker fernhält und St. Petersburg zum idealen Sehnsuchtsort für Romantiker macht.

Ich bin eigentlich nur bedingt für Romantik zu haben, meistens verbinde ich irgendwie Kitsch und zwanghafte Situationen damit. Aber bei einem Nachtspaziergang durch St. Petersburg im Winter kann ich dann auch nicht widerstehen, das als romantisch anzupreisen. Die Flüsse sind im Winter durchgehend vereist, selbst wenn wie bei meinem Besuch in der Stadt kein Schnee liegt. Bei knapp über null Grad Celsius taut die Eisfläche etwas an, und die prachtvollen Gebäude spiegeln sich glasklar im Eiswasser.

Im Vorfeld hatte ich böse Zungen sagen hören, dass die Stadt zwar zu ihrem 300. Jubiläum im Jahr 2003 zahlreiche Denkmäler und Kulturstätten restauriert hätte, aber sich das nur auf die besonderen Prunkstücke konzentrierte und nur den Touristen im Glauben lassen soll, hier würde was Gutes für die Bewohner der Stadt getan. Dem ist aber nicht so. Das St. Petersburg, das ich gesehen hab, kann locker mit Paris und Wien mithalten und die Sanierungsarbeiten laufen immer noch. Bei gut 2.300 Weltkulturerbestätten dauert das eben ein paar Jahre.

Für mich als Kurzbesucherin war es nicht mal möglich, die Altstadt von St. Petersburg in fünf Tagen komplett abzulaufen. Sicher, es gibt noch unsanierte Straßenzüge, und auch den Hinterhöfen ist nicht die meiste Aufmerksamkeit gewidmet worden, aber das macht den Charme von St. Petersburg aus und lässt nicht nur den Eindruck einer Filmkulisse zurück.

Zum Aufwärmen und für nostalgisches Sowjet-Flair kehrt man bei Pyschnaja ein. Ein Kultort in der Bolshaya Konyushennaya Uliza 25, karg, mit dem Nötigsten an Stühlen und Tischen ausgestattet, werden dort wie zur Sowjetzeit ausschließlich frische Donuts angeboten. Man steht lange dafür an, aber bestellt dann mindestens fünf Stück pro Kopf.

Das Praktische an Städtetrips im Winter: Man muss nirgends anstehen, außer für Schmalzgebäck. Die Eremitage hat man ganz für sich – und das lohnt sich. Mal ganz abgesehen davon, dass es eines der bedeutendsten Kunstmuseen der Welt ist – St. Petersburger sprechen stolz von Umfängen, die mit dem Louvre vergleichbar sind, wenn nicht größer –, ist es der beeindruckendste Palast, den ich je gesehen hab. Vergesst Versailles!

Deckengemälde, Gold, Kronleuchter, strahlend weiße Vorhänge und allerlei ‚was man in einem Zarenpalast so erwarten kann, aufbereitet und erhalten, als würde man die Zarenfamilie morgen wieder einziehen lassen wollen. Das war natürlich nicht immer so. In der Sowjetzeit hatte man den Zarenthron weggeräumt und stattdessen eine Karte der Sowjetunion platziert. Heute steht er wieder im Thronzimmer, dessen aufwendig dekorierte Deckenmuster exakt auf dem feingearbeiteten Holzfußboden gespiegelt werden. Nur die Staats- und Zarensymbole finden sich im Holzmuster nicht wieder, zu denen schaut man empor und tritt sie nicht mit Füßen.

Auf keinen Fall verpassen sollte man die riesige komplett vergoldete Pfauen-Spieluhr aus dem 19. Jahrhundert, einmal die Woche erwacht sie sogar zum Leben.

Nach dem ganzen Kunstgenuss muss noch ein wenig Nervenkitzel sein. Roofing ist die neue Trendsportart in Russland, immer wieder tauchen spektakuläre Bilder von Roofern in unseren

Medien auf, und mich faszinierte die Idee, sich auf den Dächern einer Stadt zu bewegen, schon, seit »Karlsson auf dem Dach« in mein Leben trat. Die Idee einer Rooftop-Tour in der Altstadt von St. Petersburg war mir gar nicht mehr auszureden, selbst mitten im Winter nicht. Blöd nur, dass Rooftop-Touren in St. Petersburg verboten sind, aber trotzdem hört man immer wieder davon. Den richtigen Kontakt zu finden war gar nicht so einfach, aber es ist mir geglückt – ich kann wahnsinnig hartnäckig sein. Erklommen werden die Dächer über ungenutzte Treppenhäuser, um die Anwohner nicht allzu sehr zu nerven. Die Roofer haben alle nötigen Codes und Schlüssel, um bis nach oben zu kommen. Dafür gibt es einen passenden Schwarzmarkt in Russland. Oben angekommen, hat man einen umwerfenden Blick über die Dächer der Altstadt in St. Petersburg. Wenn es dann beginnt zu dämmern und die Lichter der Stadt anfangen zu funkeln, sind selbst Romantikmuffel – wie ich – bekehrt.

68. GRUND

WEIL EIN SOMMER IN WALES PERFEKT IST, UM ENGLISCH ZU LERNEN

Seit einiger Zeit gibt es vermehrt britische Produkte in unseren hiesigen Supermärkten, und bei ihrem Anblick verfalle ich stets in freudig-elegische Apathie und summe: *Grün, grün, grün sind alle meine Kleider, grün, grün, grün ist alles was ich hab …*

Schuld daran ist mein Aufenthalt in Wales. Vor ein paar Jahren verbrachte ich den August in der walisischen Küstenstadt Aberystwyth, von den Einheimischen liebevoll »Aber« abgekürzt, um dort mein Englisch aufzubessern.

Trotz des britischen Wetters, das im Sommer sensationelle Höchsttemperaturen von 15 Grad erreicht – aber auch nur wenn die Sonne scheint –, haben die walisische Landschaft und ihre Einwohner mich gnadenlos verzaubert.

Die Waliser sind sagenhaft nette und, na ja, wie soll man sagen, teils auffallend übergewichtige Menschen. Letzteres verwundert bei den britischen Lebensmittelpreisen nicht wirklich. Das Einzige, was man dort kategorisch unter vier Pfund bekommt, sind Chips und Schokoriegel. Die 1-Kilogramm-Familienpackungen sind sogar billiger als bei uns die normalen 100-Gramm-Portionen. Obst, Gemüse und Naturjoghurt kosten pro 100 Gramm circa drei bis vier Britische Pfund. Der Karamell-Toffee-Joghurt natürlich nur 1,50 Pfund in der 250-Gramm-Packung.

Zurück zu Ersterem, der Sache mit der Nettigkeit: Die erste überirdisch freundliche Begegnung machten wir mit unserem Taxifahrer, der uns bei der Ankunft vom Bahnhof zum Campus fuhr. Weil er sowieso in die Stadt zurück wollte, nahm er uns gleich wieder mit, kostenlos; und setzte auch noch eine historische Stadtrundfahrt oben drauf.

Ein Glücksfall, dachten wir. Fehlanzeige. Alle Menschen in Aberystwyth sind so.

Und alle lächeln sie. Im Supermarkt bedanken sich die lächelnden Kassiererinnen beim Bezahlen obendrauf mit einem *that's lovely*. Klar der englische Sprachgebrauch ist herzlicher als unserer, aber dennoch, in London passiert einem so etwas nicht.

Aberystwyth, die Stadt mit dem unaussprechlichen Namen – versucht es in etwa so: Äberiswiθ – ist ein kleiner Küstenkurort mit traditionsreicher Universität und folglich einem regen Studentenleben. Bei uns nicht wirklich bekannt, genießt die Uni international einen hervorragenden Ruf.

Im Zentrum befindet sich das historische Hauptgebäude der University of Wales, an der sogar Prince Charles mal eingeschrieben war, und irgendwie überkommt einen beim Anblick das Gefühl, dass sie von innen vielleicht ein wenig wie Hogwarts aussehen könnte, als Miniaturausgabe sozusagen.

Die Landschaft trägt ihr Übriges dazu bei: grüne-grüner-am-grünsten Hügel, dekoriert mit Heuballen und Schafen, schmiegen sich sanft, scheinbar endlos aneinander und finden nur durch die Atlantikküste ein Ende.

Irgendwie verwundert es dann auch nicht weiter, wenn die zahlreichen asiatischen Studenten, recht häufig für walisische Studien immatrikuliert, auf die Frage, warum sie hier sind, antworten: wegen Harry Potter.

Noch etwas, was Aber absolut lohnenswert macht: Im Sommer bietet die University of Aberystwyth Englischsprachkurse an, wo man vergünstigt in einem Studentenwohnheim auf dem Campus untergebracht wird. An den Wochenenden kann man gegen einen kleinen Beitrag an organisierten Uni-Exkursionen teilnehmen, zum Beispiel nach Manchester, Cardiff oder in den walisischen Snowdonia Nationalpark.

Es kann sogar passieren, dass sich das Klischee vom betrunkenen grölenden halb nackten Briten bei später Stunde auf der Straße zeigt. Die Polizei versucht jedoch, hart dagegen vorzugehen. Alkoholisierte Menschen sind auf Aberystwyths Straßen verboten, und CCTV hat ein Auge drauf. So hat uns das zumindest der Polizist bei der Sicherheitseinführung erklärt. Der Campus zählt übrigens auch dazu. Was schade ist, denn die Treppen der National Library of Wales bieten sich gerade zu dar, um mit einem Bierchen abends den Blick auf die beleuchtete Stadt zu genießen.

Tagsüber erklimmt man für einen grenzenlosen Ausblick einen der sogenannten Hausberge von Aber, rechts, links und in der Mitte gibt's einen. Jeder davon lohnt sich.

69. GRUND

WEIL MAN DAS OKTOBERFEST ERLEBT HABEN MUSS

Es war einmal ein Prinzenpaar in Bayern, Kronprinz Ludwig (später bekannt als König Ludwig I.) und seine Verlobte Therese von Sachsen-Hildburghausen, das sich am 12. Oktober 1810 das Jawort geben wollte.

Standesgemäß musste das Ereignis gebührend gefeiert werden, und weil man sich wegen der vorangegangenen schweren Kriegszeit bei seinen Untertanen bedanken wollte, richtete man die Hochzeit als fünftägiges Fest für das Volk aus. Kinder in bayerischen Volkstrachten huldigten dem Brautpaar mit Gedichten und Blumen. Die Festwiese wurde zu Ehren der Braut »Theresienwiese« getauft, und am 17. Oktober beendete man das Volksfest mit einem Pferderennen. Der Oktoberfestplatz heißt bis heute noch »Theresienwiese« und wird von Münchnern umgangssprachlich kurz »die Wiesn« genannt.

Das Volk war begeistert, und man beschloss, das Fest im nächsten Jahr zur gleichen Zeit zu wiederholen.

Das jährliche Oktoberfest wurde immer populärer. Ende des 19. Jahrhunderts kamen zahlreiche Schausteller und schließlich auch die Brauereien hinzu und prägten das Fest, wie wir es heute kennen. Aus jener Zeit stammt auch noch die Aufteilung zwischen der Wirtsbudenstraße, in der sich die Festzelte befinden, und der Schaustellerstraße mit den Fahrgeschäften.

Mit rund sechs Millionen Gästen aus aller Welt ist das Oktoberfest das größte Volksfest der Welt und hat trotzdem noch seinen ursprünglichen Charme behalten; und damit ist nicht nur das standardmäßige Tragen der bayrischen Tracht gemeint.

Apropos Tracht: Wie trägt man die Dirndl-Schleife richtig?

Die Dirndl-Schleife verrät mehr, als man vermutet, dahinter steckt ein geheimer Code, den man kennen sollte, um nicht ungewollt die falschen Signale zu senden. Links bedeutet die Trägerin ist ledig. Wird die Schleife rechts getragen, ist man verheiratet bzw. vergeben. Mittig gebunden signalisiert die Trägerin, dass sie Jungfrau ist, und hinten meint, die Dame ist verwitwet.

Man mag es kaum glauben, aber manch ein Bayer fiebert dem Oktoberfest mehr entgegen als der Weihnachtszeit. Für die Einheimischen ist die Wiesn weitaus mehr als nur ein riesiges geselliges Trinkfest, es sind die kleinen traditionsverhafteten Details, die die Münchner an dem Oktoberfest lieben.

Unter den rund 200 Schaustellerbetrieben findet sich nicht nur modernste Technik, die für ordentliche Adrenalinschübe sorgt, sondern auch viele nostalgische Attraktionen. Einige Schaustellerfamilien sind seit Beginn des 20. Jahrhunderts auf dem Oktoberfest vertreten, wie zum Beispiel die Krinoline, ein originales Karussell mit eigener Blaskapelle.

Mittlerweile absoluten Kultstatus hat Schichtl's Zaubertheater. Die *Enthauptung einer lebendigen Person mittels Guillotine* (aus dem Publikum) muss man gesehen haben, zumal die Show seit 1872 im Programm ist. Im Anschluss bestaunt man die »Frau ohne Unterleib« in der Revue der Illusionen. Etwas zarter besaitete Gemüter gönnen sich eine Auszeit im Floh-Zirkus, wo echte lebendige, dressierte Flöhe auftreten, oder lauschen den original Münchner Vogelpfeifern, die zwar das kleinste, aber ein ganz außergewöhnliches Geschäft auf der Wiesn haben.

Wer auf dem Weg zur Bavaria-Statue ist (sie ist begehbar und bietet einen tollen Blick über den Festplatz) und das Wort »Löwenbräu« raunen hört, hat vielleicht in jedem Fall schon eine Maß zu viel gehabt – aber die Stimme ist echt. Sie kommt vom Löwenbräu-Löwen, der vor dem Festzelt ab und an seine Maß hebt und mit tiefer Stimme »Lööööwenbräu« ruft.

Löwenbräu gehört zu den sechs Münchner Brauereien, die auf dem Oktoberfest vertreten sind. Traditionell darf nur Münchner Bier in den Festzelten ausgeschenkt werden, dazu gehören noch Augustiner, Hacker Pschorr, Hofbräu, Spaten und Paulaner.

Zu später Stunde warten noch zwei absolute Klassiker, Toboggan und das Teufelsrad, auf dich. Ersteres befördert dich mittels eines schnell laufenden Förderbandes nach oben, was vor allem bei den Zuschauenden für Belustigung sorgt. Und beim Teufelsrad, heute eine echte Rarität auf Jahrmärkten, heißt es: Wer kann sich am längsten auf der drehenden Scheibe halten und auch noch der Kugel ausweichen?

Zu guter Letzt bleibt noch die Frage: Warum findet das Oktoberfest eigentlich im September statt? Das deutsche Klima ist schuld. Im Oktober ist es meist schon zu kühl, also hat man 1872 beschlossen, das Fest in den September zu legen. Eröffnet wird seitdem stets am Samstag nach dem 15. September. Am letzten Sonntag wird es romantisch in den Zelten. Der Abschluss wird mit einem Lichtermeer an Wunderkerzen gefeiert, die kostenlos an die Gäste verteilt werden.

70. GRUND

WEIL ES IN GRIECHENLAND NOCH UNENTDECKTE ZIELE GIBT

Azurblaues glitzerndes Wasser, sandgelbe Strände, verträumte Buchten, antike Tempel, umrahmt von weiß getünchten Häusern. All das verbindet man mit Griechenland – und das zu Recht! Inselhopping in der Ägäis ist ein lohnenswerter Traumurlaub.

Doch Griechenland kann noch viel mehr. Ich verrate euch drei meiner absoluten Highlights aus Griechenland, die völlig unterschätzt sind und die euch garantiert ein anderes Bild der griechischen Republik vermitteln.

1. Die Meteora-Klöster
In Meteora findet man spektakuläre orthodoxe Felsenklöster und Einsiedelein. Völlig unvermittelt ragen steile Sandsteinfelsen in den Himmel. Hoch oben auf den Felsen liegen die Klöster. Einige von

ihnen sind nur durch einen Seilkorb zu erreichen, andere kann man mit dem Auto oder zu Fuß erklimmen. 24 Stück waren es einst. Die meisten sind heute verlassen, weil der Seilkorb aus der Mode gekommen ist. Sechs sollen insgesamt noch bewohnt sein.

Von Thessaloniki (230 km) lassen sich die Klöster als Tagesausflug mit dem Auto besuchen. Von Athen sind es 350 Kilometer, ein wenig zu weit für einen Tagesausflug, weil man für die Strecke auf jeden Fall 4,5 Stunden einplanen sollte. Aber man kann an der Küste eine nette Übernachtung einlegen.

2. Die Prespa-Seen

Im Norden Griechenlands befinden sich die touristisch weitestgehend unentdeckten Prespa-Seen. Ein kleiner und ein großer. Letzteren teilen sich Griechenland, Albanien und Mazedonien.

Kleine Warnung: In Griechenland spricht man entweder von Skopje oder von FYRUM. Wenn man von Mazedonien redet, meint man immer das griechische Makedonien. Fragen und Anspielungen, die die unabhängige Republik Mazedonien und ihren neuen Nationalhelden Alexander den Großen betreffen, sind definitiv dazu geeignet, den Griechen in völlige Rage zu versetzen.

Am besten man mietet sich von Kastoria aus ein Auto, kommt in Agios Germanos unter, lässt sich das traditionelle Essen (*Trachana* und *Chilopites*) im gleichnamigen Restaurant schmecken und genießt die absolute Stille. Eventuell trifft man eine Reisebusgruppe auf dem Parkplatz vor der Landzunge zu den Ruinen des Heiligen Achilios. Aber keine Sorge, die haben ein straffes Programm, länger als zehn Minuten wird ihnen nicht gegönnt, und man hat die wunderschönen Seen wieder für sich allein. Ringsum ist das Wasser von hohen Bergen umgeben, die sich an besonders ruhigen Tagen im türkisblauen Wasser spiegeln.

Spannend sind die Einsiedeleien, die man nur vom Wasser aus entdecken kann. Rings um die Seen verbergen sich Höhlen mit erstaunlichen byzantinischen Wandmalereien oder Kapellen.

3. Athen als moderne Architekturmetropole

Athen als Wiege der europäischen Kultur. Eine Zuschreibung, die man zur Genüge kennt. Doch Athen hat neben den antiken Stätten auch moderne Architektur zu bieten.

Die Athener Metro gehört zu den schönsten Bauten der Stadt und besitzt auch eines der modernsten Nahverkehrsnetze Europas. Beinahe jede Station stellt ein kleines Kunstwerk dar; entweder durch moderne Installationen griechischer Künstler oder durch die schlichte Präsentation antiker Funde.

2009 wurde das neue Akropolis-Museum in Athen eröffnet, und endlich vereint wieder ein Museum sämtliche skulpturalen Elemente der Akropolis. Tagsüber spiegelt sich die Säulenreihe des Parthenon auf der Terrasse des neuen Akropolis-Museums. Es ist nur eine von vielen visuellen Symbiosen, die das Meisterwerk der antiken Baukunst mit dem neuen Gebäude eingeht.

71. GRUND

WEIL BELGRAD NICHT UMSONST »DIE WEISSE STADT« HEISST

Das erste Mal begegnete mir Belgrad auf der Durchreise. Ich war müde, es war dunkel, und hinter mir lagen zwölf Stunden Zugfahrt in einem stickigen Abteil bei über 30 Grad Celsius. Aufgrund einer Verspätung verpasste ich den Anschlusszug nach Podgorica um ein paar Minuten und saß nun fest auf dem unscheinbarsten Bahnhof, den ich je sah: Am Belgrader Hauptbahnhof gibt es lediglich zehn Gleise, eine schwache Beleuchtung, aber dafür viele Backpacker und ein Café mit WLAN. In meinem Kopf hatte sich bereits ein klares Bild der Hauptstadt Serbiens festgesetzt: Belgrad ist düster, unfreundlich und hektisch. Ich erwischte noch den letzten Fernbus in die richtige Richtung und dachte nicht weiter an meine gruselige Bekanntschaft mit Belgrad.

Und dann kehrte ich zurück. Belgrad heißt übersetzt »die weiße Stadt«, und ich konnte bei meiner Rückkehr verstehen wieso: Belgrad strahlt. Bei Tag und ausgeschlafen fielen mir die vielen urbanen Häuser entlang der Bahngleise auf, die freundlichen Menschen, die stets bereit waren, mir den Weg zu erklären, und die bunten Malereien junger Künstler, die die Ruinen des Kosovokonflikts zu übermalen versuchen. Die Millionenstadt an der Donau und Save pulsiert, sie ist grau und roh, sie ist grün und aufgeräumt, alt und neu. Und mittendrin die rote Belgrader Straßenbahn, teils noch mit alten Wagen aus längst vergessenen Jahren, die ihren Weg von Basel nach Belgrad fanden. In ihr mache ich es mir auf alten Hartschalensitzen bequem. Die Straßenbahn verbindet die Stadtteile miteinander, und oftmals kann ich kaum glauben, dass ich in ein und derselben Stadt unterwegs bin: Der moderne Tašmajdan-Park mit öffentlichen Akku-Ladestationen für das Smartphone neben der alten, orthodoxen St.-Markus-Kirche, die bereits seit Jahren renoviert wird. In Zemun gibt es am Donaustrand Popcorn von Straßenverkäufern, die kleinen privaten Boote schwanken gemütlich am Donau-Ufer. Schaut man von hier aus gen Südosten, sieht man die Festung von Belgrad über die Stadt wachen.

Die Festung, in ihren Grundzügen Anfang des 15. Jahrhunderts am westlichen Ende der Altstadt erbaut, bietet einen grandiosen Blick auf Save und Donau und weitere Viertel der Stadt. Hier erstreckt sich über eine weite Parkanlage das alte Belgrad, nur einen Zebrastreifen von der Einkaufsstraße entfernt: Männer und Frauen spielen Schach bei frischem Obst und lautem Gelächter. Einmal saß ich neben den Schachspielern und schaute einer spannenden Partie zu, als sich plötzlich ein alter Mann neben mich setzte und anfing, serbische Volkslieder zu singen. Die alten Gemäuer waren früher wild umkämpft: Das Osmanische Reich, Österreich, und seit dem 19. Jahrhundert ist die Festung wieder in serbischer Hand. Es empfiehlt sich ein ausgedehnter Spaziergang durch die gesamte Anlage. Anschließend setzt man sich mit einem Eis (im Park an jeder

Ecke zu kaufen!) auf eine Bank und beobachtet hier die Sonne beim Untergehen. Danach kann man hier stundenlang jungen Spielern beim Basketballtraining zuschauen oder das Militärmuseum und den Zoo von Belgrad bewundern.

In Belgrad wird einem nicht langweilig. Mit der Straßenbahn geht es weiter nach Savamala, das urbane Künstlerviertel der Stadt. Neben Street-Art und neuen Clubs findet man hier auch einzelne Cafés und Restaurants am Fluss. Auch Anleger für Schiffe sind hier zu finden. Der Frachthafen ist dank der günstigen Lage Belgrads ein zentraler Umschlagplatz und verbindet die Frachtwege Mittel- und Südosteuropas mit dem Vorderen Orient.

Unbedingt anschauen muss man sich das Bohemian Quarter der Stadt: Skadarlija. Hier kann man abends bei traditioneller serbischer Musik so gut essen, dass man eigentlich gar nicht mehr weg möchte.

72. GRUND

WEIL MAN DAS NEUE JAHR AM BESTEN IN AMSTERDAM STARTET

Die niederländische Hauptstadt Amsterdam hat nicht nur im Sommer viel zu bieten: Wenn die Feiertüchtigen und Partytouristen der Stadt am 1. Januar eines jeden Jahres noch in den Federn liegen, lohnt sich ein Besuch der Stadt besonders. Die Straßen werden noch geschmückt sein, viele abgeknallte Silvesterböller und verbrannte Wunderkerzen liegen in der Gosse, vereinzelt torkelt einer um die Ecke, auf der Suche nach der richtigen Wohnung. Selbst im Rotlichtviertel ist die Lautstärke auf ein Minimum reduziert, lediglich die Aufräumarbeiten haben bereits begonnen. Ansonsten? Stille. Und wenn man genau hinhört, hört man leise das Schnarchen der Menschen hinter den großen Fenstern, die Amsterdams Erscheinungsbild für mich so prägen.

Der Fischerort an der Amstel kam durch einen im 13. Jahrhundert erbauten Damm zu seinem Namen: Früher noch Amstelredam genannt, ist Amsterdam heute mit etwa 900.000 Einwohnern in der Kernstadt die bevölkerungsreichste Stadt im niederländischen Königreich. Die Hafenstadt ist seit jeher Umschlagplatz für Waren aus aller Welt und das spiegelt sich in der Kultur der Stadt wider: Als ich tief in Gedanken versunken die Stille genoss, riss mich plötzlich ein lauter Knall wieder in das Hier und Jetzt. Ich lief gerade durch das Chinesische Viertel, übrigens das älteste Chinatown in Europa, da schlängelte sich ein großer roter chinesischer Drache durch die Zeedijk, hinter ihm viele feierwütige Chinesen. Auch wenn diese das neue Jahr erst später zelebrieren, hier geben sie einen kleinen Vorgeschmack. Amsterdam lebt von unterschiedlichen Kulturen, von unterschiedlichen Charakteren, ein jeder kann sich hier wohl und zu Hause fühlen.

Wonach mir am ersten Tag des neuen Jahres wirklich zumute ist, ist ein langer und ausgedehnter Spaziergang durch die Stadt. Ich laufe entlang und über die Grachten, vorbei an vielen bunten, schönen, heruntergekommenen oder avantgardistischen Hausbooten und unzähligen Fahrrädern, an unzähligen Coffeeshops. Eine große Auswahl an Cafés will mich mit warmen Getränken und Kuchen versorgen, die Markthalle ringt um meine Gunst, und frisch gestärkt möchte ich Amsterdam weiter erkunden. Und da passt es nur zu gut, dass die Sonne bereits im Begriff ist, unterzugehen, denn Dunkelheit bringt zu dieser Jahreszeit in Amsterdam eines mit sich: Erleuchtung.

Das jährlich stattfindende Light-Festival verwandelt die Grachten der Stadt in den Wintermonaten in Kunstwerke. International bekannte und aufstrebende junge Künstler stellen hier ihre Werke aus, mit dem klaren Fokus auf das Licht. Ob schwimmende und dann untergehende Tulpen (Amsterdam ohne Tulpen ist wie Belgien ohne Schokolade!), ein Kartenhaus aus illuminierten Herzbuben oder Herzköniginnen oder ein Geisterschiff inmitten des Hafenbeckens – jedes Jahr erfindet sich die Stadt künstlerisch neu und bietet einen Rundgang durch die Stadt entlang der Lichter. Und wer noch schwere Füße vom Tanzen in das neue Jahr hat, kann einfach bei einer Grachtenfahrt die Kunst vom Wasser aus genießen.

In den darauffolgenden Tagen dreht Amsterdam seine Lautstärke erneut auf. Ich empfehle neben den üblichen Museen besonders das Fotografiemuseum FOAM, de Foodhallen und den Ten Katemarkt, viel Käse und natürlich ein paar Blumen für daheim.

73. GRUND

WEIL KEIN LAND SICH SO SCHÖN SELBST FEIERT WIE DIE SCHWEIZ IN ZÜRICH

Am 1. August eines jeden Jahres ist die Schweiz in Feierlaune. Wenn man es nicht weiß, ist das zuerst einmal ein Schock: Wieso sind alle Geschäfte geschlossen? Haben etwa alle frei? Und warum tragen alle Trachten? Wenn man dann hinter das Geheimnis kommt, wird dieser Tag zum Fest.

Zumindest in Zürich. Denn in Zürich hat man den Zürichsee, und dieser wird zur Partymeile der Einheimischen. Jeder, der kann, hisst die Landesflagge, Kantons- und Gemeindefahnen am Bootsheck und begibt sich auf den See hinaus. Natürlich mit der angemessenen Verpflegung. Wer nicht so die Seeratte ist, kommt in den Parkanlagen rund um dem See voll und ganz auf seine Kosten. Wer zuvor noch nie in Zürich war und die Stadt in Ruhe erkunden möchte, für den lohnt sich auch ein Spaziergang durch die Innenstadt, die sich dann eher wie eine Geisterstadt anfühlt: Wo sind nur alle hin? Die öffentlichen Gebäude sind hier mit ihren Schweizerfahnen ganz für sich und genießen die Ruhe vor dem Sturm.

Wer nicht auf dem See, im Park oder der Stadt sein Leben genießt, ist dann wahrscheinlich auf dem Bürkliplatz zu finden. Hier gibt es neben traditioneller Musik, Reden und Trachten auch allerlei zu essen, typisch schweizerisch natürlich. Die Zürcher Bundesfeier geht zurück auf die Legende des Rütlischwurs, der Überlieferungen zufolge Anfang August von Vertretern der Uri, Schwyz und Unterwalden beschworen wurde und die Gründung der Alten Eidgenossenschaft beflügelte. Kurz und einfach gesagt: Die Schweiz wurde geboren, und das wird an diesem Tag mit Freude gefeiert.

Nun ist man als Reisender plötzlich am 1. August in Zürich gestrandet – das Wetter ist bestens, der Hochsommer zeigt, was er kann, doch wohin nur zuerst? Ab ins Wasser. Das kühlt, von hier sieht man die Stadt und weiter entfernt die Schweizer Alpen. Einen Tag lang lässt man es sich hier so richtig gut gehen. Und wem das Ufer zu weit weg ist, der springt einfach von der Quaibrücke ins kühle Nass – genauso wie die Zürcher.

Dass die Geschäfte geschlossen sind, ist halb so wild – am nicht weit vom See entfernten Bürkliplatz gibt es genug zu essen und zu trinken. Und gratis dazu: wilde Geschichten von Einheimischen, die einem die Gründung gerne noch einmal genau erklären, fast so, als wären sie selbst dabei gewesen.

Überall liegt Grillgeruch in der Luft, das Klingen vom Anstoßen der Getränke ist gut zu hören, und immer mehr Leute können den Sonnenuntergang kaum abwarten. Dann setzen Zürich und die Stadtbewohner zum Finale an: Überall knallt es, und bunte Funken streben gen Himmel. Ein Feuerwerk krönt den Abend – aber nicht irgendeines. Rund um den See knallt und ballert es, die Muster der Raketen spiegeln sich im Zürichsee. Erst in den frühen Morgenstunden ist das Schauspiel vorüber. Dann ziehen sich die Zürcher in ihre Gemächer zurück. Und freuen sich schon wieder auf das nächste Jahr.

Doch Zürich hat noch viel mehr, was nach dem 1. August schon darauf wartet, erkundet zu werden: Das Museum für Gestaltung ist immer einen Besuch wert, viele nette Cafés und Straßenbasare sind im Sommer überall zu finden, und shoppen kann man in Zürich natürlich eh ganz ausgezeichnet.

74. GRUND

WEIL DER EISBACH NICHT NUR FÜR SURFER IST

Vorweg muss unbedingt klargestellt werden: Das Baden im Eisbach ist offiziell verboten. Schilder warnen vor Lebensgefahr. Das Verbot wird bislang aber nicht durchgesetzt.

Mitten in München, es ist Wochenende, die Temperaturen liegen bei 35 Grad Celsius im Schatten, Zeit, sich im Eisbach treiben zu lassen. Der Eisbach, berühmt für seine Surfer, ist ein Nebenarm der Isar und fließt durch den Englischen Garten. An superheißen Sommertagen kühlt sich dort (trotz Verbot) seit Jahrzehnten schon die halbe Stadt ab.

Es gibt kaum einen Münchner, der es nie gemacht hat. Selbst der MVG-Kontrolleur, der nun die dankenswerte Aufgabe hat, die Eisbach-Schwimmer am Trambahnfahren zu hindern, erzählte uns begeistert davon, dass auch er in jüngeren Jahren den Eisbach als Abkühlung nutzte und auch die Trambahn, um wieder zurückzukommen. Da es zuletzt immer mal wieder ein paar ultralustige gab, die sich mit ihren triefend nassen Schwimmsachen auf die stoffbezogenen Trambahnsitze setzten, hagelte es Beschwerden, und die MVG ist nun kräftig dabei, den Nassen das Fahren zu verbieten.

Eine Steinstufe an der Austrittsstelle des schnell fließenden Eisbaches erzeugt eine Stromschnelle, die gerne von Wellenreitern genutzt wird. Dutzende Zuschauer versammeln sich das ganze Jahr über, um den teils wettertrotzenden Surfern beim Wellenreiten zuzuschauen.

Der Eisbach kann aber auch von Schwimmern genutzt werden, wobei man eben durch die sehr starke Strömung gar nicht zu schwimmen braucht, sondern sich einfach treiben lässt. Eine kleine Gebrauchsanleitung für Unerfahrene kann aber nicht schaden:

Circa 50 Meter hinter der Surfwelle geht's los. Seine Kleidung kann man getrost auf der Wiese lassen. Bitte keinen Kopfsprung wagen, das Wasser ist nicht besonders tief. Die klassische Arschbombe empfiehlt sich am ehesten. Als Nächstes folgen die ersten Wellen. Füße immer schön oben halten, auf dem Grund gibt es Steine, leider auch mal Glasscherben, und besonders tief ist es an einigen Stellen auch nicht. Durch die starke Strömung kann auch ein kurzer ungewollter Kontakt zum Grund schmerzhaft werden. Erste Verschnaufstation, wer mag: die Mauer. Weiter unter zwei Brücken hindurch. Festhalten ist hier erlaubt, aber achtet darauf, wie viele hinter euch schwimmen, und blockiert den Durchgang nicht zu lange. Ach ja, Schwimmsachen schön fest schnüren, eine Sekunde zu lang an der Brücke, und man könnte sein Unterteil verlieren.

Es lässt sich natürlich an jeder x-beliebigen Stelle ein- und aussteigen, wer mag, treibt bis zum Ende, circa einen Kilometer und darf dann aber auf keinen Fall die zweite Leiter an der linken Seite verpassen, denn danach kommt eine Schleuse! Wer zwischendrin wieder reinhüpft, sollte ganz dringend darauf achten, niemandem auf den Kopf zu springen – und an der zweiten Welle haben die Surfer Vorrang, lieber warten, als mit dem Brett zu kollidieren.

Wem immer noch ein wenig mulmig zumute ist, der holt sich am besten einen Einheimischen dazu oder läuft die Strecke einfach mal zu Fuß ab, danach sollten alle Bedenken beseitigt sein.

75. GRUND

WEIL DER SCHÖNSTE CAMPINGPLATZ EUROPAS ENTDECKT WERDEN WILL

Zwischen Chur in der Schweiz und der italienischen Stadt Tirano liegt der Berninapass. An seiner höchsten Stelle misst der Alpenpass 2.328 Meter. Die Berninalinie ist hier seit 1973 die Verkehrsader. Mein Ziel war nicht der Luxus-Ort St. Moritz, der auch angefahren wird, sondern Morteratsch. Eigentlich als Zwischenstopp geplant, ist es im Nachhinein fast unmöglich, diesen Ort nicht als geheimes Reisehighlight anzuerkennen.

Mit einer Neigung von bis zu sieben Prozent schafft es die Berninabahn dennoch mit Leichtigkeit über die Gletscher und bietet zusätzlich einen atemberaubenden Blick auf die Landschaft. Diese Route wollte ich fahren, mir währenddessen den Ausblick anschauen, mit dem Zug die Berge erklimmen und erleben, wie still ein Ort ohne Verkehr, andere Menschen und Stadtgeräusche sein kann. Fährt man mit dem Bernina-Express (einer alten Bahn der Berninalinie), kommt irgendwann, nachdem man schon völlig überwältigt ist von dieser Natur, Morteratsch.

Die 1.896 Meter über dem Meeresspiegel gelegene Station der Berninalinie, benannt nach dem Morteratschgletscher, ist nicht viel mehr als ein Hotel, ein Campingplatz und Natur. Unbedingt zu empfehlen ist hier der Campingplatz Morteratsch.

Wird von Camping gesprochen, hat man schnell ein bestimmtes Bild vor Augen: Ein Wohnwagen reiht sich an den nächsten, ein Zelt der Jugendgruppe an das nächste Zelt ebendieser. Daneben gibt es Dauercamper, die mit ihrem ganz persönlichen Gartenzwerg anreisen, selbstredend mit der dazugehörigen Länderfahne, die sofort nach Ankunft in der immer gleichen Campingparzelle gehisst wird. Die Nachbarn kennt man – sie sind genauso lange dabei. Man tritt sich am Geschirrspülbecken oder in den Gemeinschaftswaschräumen, die eher schlecht als recht gepflegt sind, und abends liegt der Geruch von Bratwurst, Kartoffelsalat und Bier in der Luft. Manche Camper kennen sich schon ewig und treffen jeden Sommer, ähnlich einem Klassentreffen, erneut zusammen.

Oder man packt sein Zelt ein, die Isomatte und den Spirituskocher, zieht die bequemen Wanderschuhe an und macht sich auf in die Ferne, in die Natur, ins Fjäll, in die Berge. Das Gefühl, draußen zu sein, ganz bei sich selbst, steht hier im Vordergrund.

Wird die zweite Variante bevorzugt, ist der Campingplatz Morteratsch eine Offenbarung. Die Geräuschkulisse stellen der kleine

Bach, der die Wiesen teilt und sich an den vielen Kiefern entlangschlängelt, die Vögel und vereinzelt Weggenossen. Dein Zelt stellst du auf den Platz, der dir gefällt, die Berge haben hier eine weiße Krone und wachen über ihr Reich, nachts über deinen Schlaf. Was gut ist, denn nachts wird es kalt, eiskalt, und geht die Sonne auf, färbt diese die weißen Kronen in ein helles Orange: Du wirst hier freundlich geweckt.

In Morteratsch erwacht man mit einem beeindruckenden Blick auf die umliegenden Gletscher. Die Sterne sind noch nicht ganz untergegangen, die Sonnenstrahlen kitzeln die Gipfel, und die Luft ist noch kalt von der Nacht. Hier darf man die Sonne nicht unterschätzen und sollte sich auf den nun anstehenden Wandertouren unbedingt vor ihr schützen, auch beim Mountainbiken, im Winter beim Skilaufen. Vor allem sollte man hier innehalten und genießen, dass die laute und hektische Stadt viele Kilometer weit entfernt liegt. Und wenn man von der Stille genug hat, reist man weiter nach Zürich.

76. GRUND

WEIL HEIMATURLAUB EIN VÖLLIG UNTERSCHÄTZTES REISEZIEL IST

Reisen beginnt im Kopf. Auf Reisen hat man immer mehr Zeit und Lust, sich auf andere Menschen und Neues einzulassen. Das geht aber auch zu Hause. Denn auch vor der eigenen Haustür gibt es Unbekanntes zu entdecken. Man muss für interessante Bekanntschaften und Geschichten nicht um den halben Globus fliegen. Man muss nicht weit reisen, um Schönes zu entdecken. Ich persönlich reise auch sehr gerne in Deutschland und hab mir für eine mehrwöchige Deutschland-Tour auch schon eine Route zurechtgelegt:

Schwarzwald – Saarland – Rheinland-Pfalz, wegen der Mosel bis nach Koblenz zum Rhein, Frankfurt – Köln – ein längerer Stopp im Ruhrpott, um die alten Zechen, die zu interessanten Kulturlandschaften umgebaut wurden, zu erkunden – Ostfriesland – Bremen – Hamburg – Rügen – durch Brandenburgs wundervolle Alleen fahren – Berlin – Spreewald – endlich das Elbsandsteingebirge erklimmen – Dresden – Leipzig – Harz – die Wartburg anschauen und nicht nur dran vorbeifahren – Würzburg – Bamberg – München – Bodensee.

Man muss aber natürlich nicht seinen Jahresurlaub dafür opfern, die Heimat lässt sich auch schrittweise in Form von kleinen Tagesausflügen entdecken, und so kann man den Alltag hinter sich lassen. Nehmt euch zum Beispiel nichts Großes vor, sondern erkundet mal mit einem Reiseführer euer eigenes Wohnviertel. Ihr werdet staunen, was ihr nicht wisst. In Berlin zum Beispiel wohne ich um die Ecke vom sogenannten Pallaseum, dem wohl auffälligsten Gebäude in ganz Schöneberg. Gut 2.000 Menschen sind dort wohnhaft, es übertunnelt die Pallasstraße und sitzt auf einem Bunker. Ich geh bestimmt mehrmals die Woche dran vorbei. Früher hieß der 1977 errichtete Wohnblock Sozialpalast.

Schließlich hab ich herausgefunden, dass bis 1973 der Sportpalast genau dort stand. Die riesige Veranstaltungshalle, in der Joseph Goebbels 1943 zum »totalen Krieg« aufrief.

Als ich ein paar Jahre unten im Süden Deutschlands in München wohnte, hab ich die Wochenenden regelmäßig genutzt, um die Umgebung zu erkunden, und zum Beispiel herausgefunden, dass man von Piding, einer kleinen bayerischen Gemeinde an der österreichischen Grenze, einen wundervollen Panoramawanderweg zum Johannishögl gehen kann, wo man, einmal oben angekommen, einen Blick über Salzburg hat. Dazu kommen noch regionale Feste, die sich einfach lohnen, um die eigene Kultur besser kennenzulernen. In Münsing findet alle vier Jahre das Ochsenrennen statt, ein ausgelassenes traditionsreiches Spektakel für Jung und Alt.

Im Sommer bin ich mit Vorliebe an die Seen außerhalb Münchens gefahren. Die unbekannten Osterseen haben es mir dabei besonders angetan. Die Osterseen sind ein Naturschutzgebiet bei Iffeldorf, und seit 2008 bin ich irreversibel in dieses Eck verliebt, es geht sogar so weit, dass ich sie als die schönsten Seen Oberbayerns bezeichnen würde.

Sie sind wesentlich kleiner als die prestigeträchtige Konkurrenz, deshalb behaglicher, und sie haben kein üppiges Bergpanorama, was sie maßvoller macht. Im Sommer kann man auf dem Hinweg Erdbeeren pflücken. Auf dem Rückweg macht man noch einen Schlenker durch die Osterseenstraße (geht links vom Hofmarkt ab), um den zauberhaften Blick auf das naturgeschützte Hangmoor zu genießen.

Die Beispiele hier sind bedingt durch meine Wohnorte innerhalb Deutschlands und sollen andere Regionen nicht ausschließen. Ich möchte euch zeigen, dass Alltagsfluchten auch kleine Reisen sein können, dass Reisen inklusive Erholung und Entdecken direkt vor der eigenen Haustür beginnen kann, ob im Norden, Süden, Osten oder Westen der Republik. Es gibt überall was zu entdecken, ihr müsst es nur wollen.

KAPITEL VII

BEGEGNUNGEN, DAS SALZ IN DER SUPPE

77. GRUND

WEIL ALBANER DIE GASTFREUNDLICHSTEN MENSCHEN SIND

In Albanien gibt es kein ausgeprägtes öffentliches Busnetz, also greift man auf die dort üblichen Kleinbusse zurück, um sich kostengünstig fortzubewegen. Abfahrt ist immer dann, wenn der Bus voll ist. Wobei voll hier wirklich voll meint, geladen bis an den letzten Rand mit Transportgütern und Passagieren. Die Treffpunkte sind über verschiedene Plätze in der Stadt verstreut. Das System kennen und verstehen die Einheimischen. Für alle anderen wirkt es völlig zufällig und ordnungsfrei.

Dank der hilfsbereiten Menschen vor Ort ist ein tieferes Verständnis aber auch gar nicht nötig! Eine Portion Entspannung und die Dinge einfach auf sich zukommen lassen wollen, gehören allerdings dazu, damit einen das scheinbare Chaos nicht nervös macht.

Von Tirana, der albanischen Hauptstadt, wollte ich Richtung Süden nach Himara an die albanische Küste. Himara ist ein wirklich kleiner Ort, von dem ich zwar wusste, dass es einen Bus dorthin geben muss, aber nicht wann dieser fahren würde. Der Hostelbesitzer in Tirana begleitete mich zum Kleinbus-Bahnhof, erkundigte sich für mich nach den möglichen Verbindungen und setzte mich höchstpersönlich in den richtigen Bus. Einmal soll ich in Vlora umsteigen.

Auf der Busfahrt von Tirana Richtung Küste kam ich mit einer Studentin ins Gespräch, die sich dann ganz großartig um meine gesamte Weiterfahrt kümmerte. Sie rief einen Freund an, der wiederum einen Busfahrer kannte, fand heraus, wo und wann der nächste Bus von Vlora nach Himara abfahren würde, und überzeugte den Busfahrer, extra für mich einen Umweg zu fahren, um mich exakt an meiner nächsten Bushaltestelle abzusetzen.

Und damit ich dann auch wirklich an der richtigen Stelle warten würde (es gibt keine Haltestellenschilder), stieg sie mit aus, setzte mich auf den richtigen Fleck, instruierte einen weiteren Wartenden, wo ich hinwollte, und stattete mich noch mit einer lokalen Spezialität aus ihrer Heimatstadt aus, damit ich die Wartezeit genussvoller überbrücken konnte.

Wie der Zufall es so wollte, hatte der andere Wartende auch Himara zum Ziel, erzählte mir aber nach kurzer Zeit, dass er nicht auf den Bus warten könne, sondern von einem Freund abgeholt wird. Einen Platz im Auto für mich hatten sie sogar auch noch frei.

Nach kurzer Zeit im Auto entpuppt sich mein freundlicher Chauffeur als ein in Himara ansässiger Lokalpolitiker, der gerade kräftig auf Stimmenfang ist, denn die Wahlen stehen in Albanien vor der Tür.

Die nächsten beiden Stunden erlebe ich knallharten Wahlkampf aus der Sicht von Politikern mit. Akribisch werden alle Bewohner Himaras gelistet, und über jeden wird zumindest mündlich Buch geführt, ob man seine Stimme schon sicher hat, er eventuell die andere Partei wählt oder gar noch unentschieden ist, was er am kommenden Sonntag in zwei Woche wählen soll.

Die Unentschlossenen werden alle abtelefoniert, man erkundigt sich freundlich nach ihrem Wohlbefinden, wie es der Familie geht, gerne werden etwaige zurückliegende Gefälligkeiten angesprochen, um letztendlich tatsächlich sehr direkt anzusprechen, dass sie und der Rest der Familie doch die richtige, ihre Partei wählen würden, oder?

Als die Frage an mich geht, bin ich fein raus, denn aufgrund meiner fehlenden albanischen Staatsbürgerschaft darf ich ja gar nicht wählen, verabschiede mich aber dankbar damit, dass ich natürlich die charmanten Herren wählen würde, wenn ich doch nur könnte.

78. GRUND

WEIL MAN DIE RUSSISCHE SEELE NUR IN RUSSLAND VERSTEHEN KANN

Am ersten Abend in Moskau bei der wundervollen Fahrt durch die beleuchtete Metropole stellt sich unsere Reiseleiterin, die uns bis in die Mongolei begleiten wird, vor.

»Mein Name ist Olga, Olga Smirnova. Wie der Wodka Smirnoff, aber mit »a« am Ende. Das ist die weibliche Form.« Sagt Olga mit einem hinreißenden russischen Akzent. Die ersten Lacher hat sie sicher. Die Stimmung zwischen den unbekannten Mitreisenden lockert sich auf.

Das ist Olgas Spezialität (eine von vielen): eine herzliche familiäre Atmosphäre zu schaffen und jedem Gast das Gefühl zu geben, er sei wohlsorgend betreut. Dass sie seit Jahren dabei ist und das gesamte Zugpersonal kennt, trägt natürlich dazu bei, dass man sich im Zug sofort heimisch fühlt. Nicht ganz unwesentlich, denn immerhin verbringen wir die nächsten zehn Tage in diesem fahrenden Hotel, dem Zarengold, einem Sonderzug der Transsibirischen Eisenbahn.

Olga hat Humor und versteht es, die trockenen historischen Details mit witzigen und persönlichen Anekdoten zu würzen. Nach zwei Tagen in Moskau haben wir dank Olgas Erzählungen das Gefühl, selbst Tolstoi erblickt, am Nebentisch von Dostojewski gegessen und im Winter auf einer der zahlreichen Bänke in der Metro ein romantisches Treffen mit dem Liebsten gehabt zu haben. Auch von der Sowjetzeit erzählt Olga und den Schwierigkeiten, die die Umstrukturierung mit sich brachte.

Die Hände in die Hüften gestützt, schallt ein kräftiges »Pfffff …« durch den Waggon. Olga bringt uns gerade Russisch im Zarengold-Zug bei. Der Russischkurs an Bord der Transsibirischen Eisenbahn hat Tradition. Er war der Startschuss zu den außergewöhnlichen

Erlebnisreisen von Lernidee. Und wird noch heute 25 Jahre später praktiziert. Sprache ist ein wesentliches Element von Kultur, und selbst rudimentäre Kenntnisse tragen dazu bei, dass man sich selbst als Teil der neuen Gemeinschaft beim Reisen fühlt und auch als solcher wahrgenommen wird.

Olga hat eine ganz besonders charmante Art, uns das kyrillische Alphabet näherzubringen. Für das Ф (F) hat sie sich was ausgesprochen einprägsames ausgedacht: »Stellen Sie sich eine Frau mit guter Statur vor, wie mich. Eine Verkäuferin mit Souvenirstand. Die Arme hat sie in die Hüften gestützt, und sie schaut böse drein, weil keiner ihr etwas abkauft. Schimpfend steht sie da: »Pfff, pfff, pfff ….« So spricht man das F aus, sagt Olga abschließend.

Das werd ich so schnell nicht mehr vergessen, und überhaupt hat unsere Gruppe das kyrillische Alphabet im Handumdrehen drauf. Geradezu mit kindlicher Begeisterung liest jeder bei den Stadtbesuchen die neu gelernten Buchstaben halblaut vor sich hin.

Die neu gelernten Wörter wie »spasiba« (danke), »da« (ja), »net« (nein) und »dobryj den« (Guten Tag) werden im Bordrestaurant gleich angewandt. Die einheimischen Kellner freuen sich, und wir werden mit einem herzlichen Lächeln belohnt.

79. GRUND

WEIL MAN GAST BEIM KÖNIG VON MAROKKO SEIN KANN

Als Kind spielte ich immer Prinzessin, zwar im Ronja-Räubertochter-Style, aber der Titel zählt. Und nun war ich tatsächlich mal zu Gast bei einem König! Und zwar in Marrakesch, der angenommenen Hauptstadt von *Tausendundeiner Nacht*. Unser Palast hieß Royal Mansour, und unser Gästezimmer hatte 175 Quadratmeter mit drei Stockwerken; ein ganzes Riad, ein traditionell marokkanisches Haus für uns zwei also.

Am Flughafen wurden wir selbstredend von unserem Chauffeur erwartet und ohne Umschweife in die VIP-Lounge geleitet, um uns frisch zu machen und kurz auf unseren eigenen Passkontrolleur zu warten. Anstehen bei der Einreisekontrolle ist ja auch immer ziemlich lästig.

Wir fahren auf ein imposantes Eingangstor zu: eine schwere Holztür, umrahmt von einem weißen Marmorbogen eingefasst in die jahrtausendalte Lehmmauer der Altstadt von Marrakesch. Das Hauptatrium ist durch Kerzenschein erleuchtet, ein Mann in traditionellem Gewand, der einer anderen Zeit entsprungen zu sein scheint, führt uns zu unserem Riad.

Der Kamin ist bereits entzündet, im Erdgeschoss haben wir einen üppigen Wohn- und Loungebereich. Im ersten Stock befindet sich der Schlafbereich mit Ankleidezimmer und riesigem Bad, darüber die Sonnenterrasse mit eigenem Pool, einem zweiten Kamin und Blick auf das Atlasgebirge.

Jedes Detail, ob die zahlreichen kleinen Fliesen der Wandverkleidung, Leuchter oder Stoffbezüge, alles wurde in Handarbeit als Unikat in traditionellem marokkanischen Stil gefertigt. Jedes Riad ist einmalig.

Das Frühstück können wir direkt ans Bett ordern, Drinks zum eigenen Pool sowieso, und auch das Feuer im Kamin wird zu unserer Wunschzeit entfacht. Beim Abendessen umsorgen uns gleich drei Kellner auf einmal.

Für den Fall, dass ich geschäftlich oder privat noch was erledigen muss, hab ich mein eigenes Briefpapier mit Goldprägung erhalten.

Und während ich das alles so ganz selbstverständlich niederschreibe, erschien mir im Moment des Geschehens überhaupt gar nichts davon selbstverständlich oder gar bekannt.

VIP-Lounge im Flughafen? Ich kenne die Schilder.

Bei der Einreise an der Passkontrolle einfach vorbeizulaufen, weil mein Pass von einem Sonderbeamten ohne nennenswerte Wartezeit abgefertigt wurde, war mir selbst von der Möglichkeit her gänzlich neu. Und im Moment des Passierens der wirklich langen Schlangen war ich so verwirrt, dass ich mich jetzt ärgere, diesen Augenblick nicht bewusster wahrgenommen, nicht genossen zu haben.

Das Briefpapier hab ich selbstverständlich mitgenommen. Glaubt mir ja sonst keiner.

Zwei Nächte waren wir zu Gast bei Mohammed VI., denn das Royal Mansour in Marrakesch gehört dem König von Marokko und ist allein deshalb schon einzigartig, weil der König derzeit nur dieses eine Hotel besitzt. Weitere sind in Planung. Der Begriff »Hotel« ist dabei irgendwie irreführend, denn es gibt keine üblichen Hotelzimmer, sondern nur Riads. Und das kleinste beginnt bei 140 Quadratmeter.

Die Servicegänge liegen alle unterirdisch, um die Gäste nicht zu stören. Die Angestellten agieren also wie die unsichtbaren Heinzelmännchen.

Die Anlage ist der Altstadt von Marrakesch nachempfunden und liegt innerhalb der alten Stadtmauern in einem riesigen Palmengarten. Schmale Gassen, geschwungene Bögen, der typische erdige Rotton der Stadt und das kontrastreiche Türkis der riesigen kunstvoll geschnitzten Holztüren sind die ideelle Vorstellung von orientalischer Kulisse. Stunden könnten wir uns in dem unfassbar detailreichen Kunsthandwerk und der verzaubernden Lichtinstallation verlieren. Im Wind wehende Vorhänge und traditionell gekleidete Angestellte machen das Bild der wahr gewordenen Märchenkulisse schon beinahe wieder irreal. Ganz nach dem weisen Spruch: zu schön, um wahr zu sein.

Und einen klitzekleinen Haken gibt es an der Sache dann auch: Es ist eigentlich nicht umsonst und nicht für jedermann erschwinglich. Was schade ist, denn wir müssen wiederkommen. Wir haben vergessen, das Teleskop in der Bibliothek zu nutzen. Auf Knopfdruck kann man nämlich das Dach auffahren lassen und im marokkanischen Sternenhimmel versinken.

Nachdem wir zurückkamen, wurden wir natürlich gefragt: Wie war es? Grandios! Ist es das Geld wert? Um ehrlich zu sein, kann ich das nicht beurteilen. Die knapp 48 Stunden hätten uns eigentlich über 4.000 Euro gekostet, das entzieht sich meinem bisherigen Relationsgefühl für Geld pro Nacht. Aber wenn Geld keine Rolle spielt, würde ich es definitiv und unbedingt wärmstens empfehlen.

80. GRUND

WEIL DER WALSCHREIER VON HERMANUS EINE EINZIGARTIGE FIGUR IST

Ich hatte zwei Lieblingstierarten als Kind: Bären und Wale. Die Tiersendungen dazu hab ich verschlungen, Wiederholungen störten mich gar nicht. Tierforscherin war nebst Prinzessin mein Traumberuf. Mittel zum Zweck, um endlich mal Bären und Wale in freier Wildbahn zu sehen und anzufassen.

Wie ein Honigkuchenpferd hab ich mich auf Südafrika gefreut. An der Garden Route, einer Region an der Südküste Südafrikas, soll man ja Wale sehen können.

Zwischen Juni bis Dezember tummeln sich die Wale vor der afrikanischen Küste, wobei September und Oktober als Spitzenmonate für die Walbeobachtung gelten.

Am häufigsten kommt der *Southern Right Whale* an der südafrikanischen Küste vor. Er gehört zu der Familie der Glattwale, den Südkapern. Der englische Name stammt aus der Zeit, als die Wale noch gejagt wurden, der »richtige« Wal. Sie waren ein besonders begehrter Jagdfang, weil sie viel Tran und Barte enthielten und nach dem Erlegen nicht untergehen, sondern oben an der Wasseroberfläche schwimmen. Seit sie 1937 unter Naturschutz gestellt wurden, hat sich der Artenbestand wieder ein wenig erholt.

In Plettenberg, einem kleinen Ort an der Garden Route, hab ich Stunden angestrengt ins Meer geschaut und einige Wellen als potenzielle Wale erkannt.

So ein *Southern Right Whale* wird bis zu 18 Meter lang; das sollte doch machbar sein, ein so großes Tier zu sehen.

In Hermanus hätte ich vielleicht Wale als Wale erkannt. Denn in keinem anderen Ort kann man Wale so gut beobachten, man kann sie sogar vom Land aus sehen.

Wenn dort dumpfe Töne eines Kelphorns in der Stadt erklingen, ist klar: Die Wale sind da. Dann strömen die Touristen wie von der Tarantel gestochen zu den Klippen, um die Riesen der Meere zu beobachten. Zwischen Juni und Dezember ist der Walschreier in Hermanus unterwegs und erleichtert den Touristen die Walbeobachtung.

Wal-was? Walschreier, the Whale Crier, ein weltweit einzigartiger Beruf. Anfang der 90er-Jahre ist der Walschreier eher als Marketinggag vom lokalen Tourismusbüro ins Leben gerufen worden, um Hermanus als Walbeobachtungsort besser zu vermarkten. Zu jener Zeit war Hermanus nämlich noch ein echter Geheimtipp.

Im August 1992 ertönte dann zum ersten Mal das Kelphorn, ein Horn aus getrocknetem Seetang, des weltweit einzigen Walschreiers Pieter Claasen. Pieter, war Arbeiter im alten Hafen gewesen und war sich damals mit Sicherheit nicht klar darüber, was für eine Auswirkung das Ganze in den nächsten Jahren haben würde.

Anfänglich wurde er wegen seiner neuen Berufsbekleidung noch verspottet, wie ein Papagei laufe er durch die Straßen, hieß es. Der Walschreier trägt eine Tafel um den Hals, wo der Morsecode für die Sichtungsorte erklärt wird, lang, kurz, lang zum Beispiel steht für den alten Hafen.

Doch in kurzer Zeit machte der Walschreier die mediale Runde, und das brachte ihm viel Anerkennung ein, erst in Kapstadt, dann in Johannesburg und schließlich international. Pieter Claasen wurde sogar als Ehrengast zum jährlichen Stadtausrufer-Wettbewerb in Topsham nach Großbritannien eingeladen.

In der vierten Nachfolge wird der heute immer noch einzigartige Beruf von Eric Davalah fortgeführt.

»›Touristenrufer‹ müsste er eigentlich heißen«, sagt der berühmte südafrikanische Schriftsteller Zakes Mda spöttisch.

81. GRUND

WEIL DER NIKOLAUS IN DEN NIEDERLANDEN ANLEGT

1888 legte Sinterklaas das erste Mal in den Niederlanden an, bekannt als Sinterklaas intocht (auf deutsch: Nikolaus' Ankunft). Jedes Jahr kommt er mit seinen Helfern, den Zwarte Pieten (Schwarze Peter), aus Spanien herübergefahren, um die niederländischen Kinder mit Geschenken zu erfreuen. Ursprünglich diente er als Schutzpatron der Seefahrer.

Wie ein Bischof gekleidet, reitet er nach dem Anlegen auf seinem Schimmel in die Stadt. Seine Ankunft kündigt den Beginn der Sinterklaas-Saison an, die am Abend des 5. Dezember im Rahmen eines Familienfestes mit Bescherung ihren Höhepunkt findet. Pepernoten (die holländische Pfeffernuss-Variante) und Chocoladeletter (Schokoladenbuchstaben) sind traditionelle Süßigkeiten. Letzteren schenkt man sich am 5. Dezember, entweder allgemein als »S« für Sinterklaas oder als entsprechende Initialen.

Es ist sozusagen das holländische Weihnachtsfest. Zu Weihnachten gibt es in den Niederlanden nicht noch mal Geschenke. Und auch spielt das Weihnachtsfest dort eine eher untergeordnete Rolle.

Kaum ist Sinterklaas im Lande, legen die Kinder ihre Stiefel vor die Tür, schreiben Wunschzettel und denken natürlich auch an den Schimmel, für den Wasser und Heu neben den Stiefeln bereitgestellt werden.

Traditionell legt Sinterklaas am 17. November an, doch seit es die dazugehörige TV-Show gibt (seit 1952), muss das Ankunftsdatum auf einen Samstag gelegt werden, um hohe Einschaltquoten zu generieren.

Sinterklaas intocht ist ein wahres Spektakel in den Niederlanden, von dem man hierzulande nichts mitbekommt.

Jedes Jahr wird eine andere Stadt als Anlegestelle für den Nikolaus ausgewählt, wo sich Tausende von Menschen versammeln um gemeinsam die Ankunft von Sinterklaas und seinen Gefährten zu feiern.

Der Kult wird auch stets weiterentwickelt, seit ein paar Jahren kann man Sinterklaas nun auch bei der Abfahrt nach Hause im TV sehen. Und als einige Kinder anfingen, ihren Eltern unbequeme Fragen über Sinterklaas' Originalität zu stellen, entwickelte man die Helpers-Theorie. Helpers (Hilfsgesellen) sind all die anderen wie Bischöfe gekleideten Männer, die zur selben Zeit im Lande sind und Geschenke verteilen. Zum Verwechseln ähnlich, aber eben nicht das Original.

Mittlerweile erregt der Zwarte Piet aber die Gemüter. Die Frage nach Rassismus kommt auf.

2013 machte der Zwarte Piet bereits Furore bei der UN. Ein Komitee wurde gegründet, um herauszufinden, ob der niederländische Brauch rassistisch ist.

2014 kam es sogar zu Protesten, weil sich schwarze Niederländer durch die Figur des Zwarte Pieten diskriminiert fühlen. Gegner argumentieren, dass die schwarz angemalten Helfer Sklaven des Nikolaus symbolisieren und der Brauch ein Relikt aus der niederländischen Kolonialzeit sei und somit heute abgeschafft gehöre.

Umfragen haben ergeben, dass kaum jemand in den Niederlanden die Zwarte Pieten als Sklaven versteht.

Ich erinnere mich, als mir eine holländische Freundin zum ersten Mal von Sinterklaas intocht erzählte. Ich war zugegebenermaßen ein wenig verblüfft über die schwarzen Begleiter von Sinterklaas. Vor allem, dass man so viel Wert darauf legt, dass sich weiße Niederländer extra schwarz anmalen.

Die Befürworter der Tradition meinen, dass das Schwarz vom Kaminruß herrühre, durch den die Mitarbeiter hindurch müssten, um die Geschenke zu den Kindern zu bringen.

Aber wenn man ehrlich bleibt und das Alter der Tradition bedenkt, die ihre Anfänge im 19. Jahrhundert hatte, hat die Konstellation einen rassistischen Charakter. Es ist das übliche Bild vom weißen Herrscher mit schwarzen Untergebenen.

Die Stadt Gouda hat deshalb Sinterklaas 2014 zum ersten Mal auch einen Käse-Peter mit gelbem Gesicht und Stroopwaffel-Peter, mit Waffelmuster bemalt, an die Seite gestellt.

Es wird interessant sein zu sehen, wie sich der Sinterklaas Brauch in den nächsten Jahren entwickelt.

Ob vielleicht auch mal ein schwarzer Sinterklaas mit weißen Petern anlegen wird?

82. GRUND

WEIL MAN FREMDE KULTUREN KENNENLERNT

Andere Länder, andere Sitten. Ein allseits bekannter Spruch – fremde Kulturen kennenzulernen ist einer der großen Antriebe für das Reisen. Doch in der Praxis kann dieses Fremde manchmal zu nervenaufreibendem Kopfzerbrechen führen.

Zeitgefühl
Zu Gast auf einer dreitägigen Hochzeit in Indien und noch Sightseeing zwischendurch, das kann schlauchen. Schließlich war dann nur noch eine Stunde Zeit, um sich auf die kommende Party am Abend vorzubereiten, nachdem wir seit morgens um sieben Uhr mit Zug und Auto beinahe acht Stunden unterwegs gewesen waren, erst mal angekommen, sofort alle Familienmitglieder kennengelernt und dann noch einen Sightseeing-Spaziergang durch

das Örtchen bei 35 Grad Celsius Mittagshitze unternommen hatten.

Eine Stunde ausruhen, immerhin. Nach anderthalb Stunden versammelten wir drei deutschen Gäste uns in der Hotellobby und starrten gespannt auf die Zimmertüren der einheimischen Gäste. Keine Regung, und erschreckend wenig Stimmen waren zu vernehmen. Doch dann, endlich, unser indischer Freund trat heraus. Nicht jedoch umgezogen und irgendwie verschlafen. Leicht irritiert über unsere gestriegelte Anwesenheit in der Lobby bemerkte er: »Oh, I forgot, you don't know about our time meanings. You take it literally. Welcome to India.«

Wechselgeld

Für die Gepäckaufbewahrung in der Old-Delhi Railway Station braucht man ein Schloss, um seinen Koffer zu verschließen. Darauf besteht das Personal, und zwar hartnäckig. Auch wenn ich naiv vertrauenswürdig versuchte, darauf zu beharren, dass ich so ein Schloss aber gar nicht möchte und vor allem auch gar nicht habe. Gar nicht habe? Kein Problem, das kann ich irgendwo auf einem der 18 Bahnsteige kaufen, wo sich täglich rund 200.000 Passagiere drängeln. Na dann. Schon etwas Indien-erfahren, begab ich mich aber nicht völlig hilflos auf diese Ich-suche-einen-Schlossverkäufer-Odyssee, sondern fragte, wieder am Gleis angekommen, den nächstbesten Bahnhofswärter. In der Regel ist man in Indien besser beraten, die Hilfe der Einheimischen in Anspruch zu nehmen, anstatt es stur allein versuchen zu wollen. Nachgefragt – gefunden.

Mein Objekt der Begierde kostete 20 indische Rupien, leider hatte ich nur einen 100-Rupien-Schein – man ist in Indien auch besser beraten, alles immer passend zu haben. Natürlich hatte der Schlossverkäufer kein Wechselgeld: »No change, Madam.« Für solche Fälle gibt es eine Lösung: Man bietet ihm an, das Wechselgeld selbst zu besorgen. Et voilà, auf einmal öffnete der Verkäufer seine Wechselgeldschublade und gab mir das Restgeld genau auf meine

100 Rupien raus. Madam entgegnete ein begeistertes »Oh you have change, that's great!« und erntete ein verschmitztes Lächeln.

Bürokratie

Wenn man in Indien abfliegende Freunde oder Lebensgefährten verabschieden möchte, sollte man darauf gefasst sein, dass ein gemeinsames Schlendern durch die Halle nicht gestattet ist. Wer kein Flugticket hat, kommt auch nicht in die Flughafenhalle.

Wer ein Ticket hat mit einem späteren Abflugdatum, kann versuchen, in die Flughafenhalle hineinzukommen, in der Hoffnung die indische Sicherheitskontrolle hat keine Lust, sich durch das lateinische Buchstabenwirrwarr durchzuarbeiten, um das tatsächliche Abflugdatum herauszufinden. In der Regel möchte man, nachdem die zu verabschiedende Person hinter der Passkontrolle verschwunden ist, diese Halle auch wieder verlassen; man fliegt ja schließlich selbst noch nicht ab. Nun erweist sich aber das Rauskommen schwieriger als das Reinkommen. Von insgesamt fünf Eingängen am Terminal 3 des Indira Gandhi International Airport in Delhi darf man lediglich nur einen als Ausgang benutzen, die Nummer 3. Und man darf nur raus, wenn man eine Permission seiner Fluglinie hat.

Nun gut, man ist ja unerlaubt reingekommen, jetzt braucht man halt eine Erlaubnis, um wieder rauszukommen. Die Permission seiner Fluglinie zu bekommen gleicht einem indischen Behördengang und erfordert Geduld, Durchhaltevermögen und eine gute Erklärung, warum man überhaupt im Gebäude ist, wenn man ja gar nicht abfliegen würde. Am Ticketschalter von *Kingfisher* wurde ich freundlichst auf die *Kingfisher*-Check-in-Schalter gegenüber verwiesen; dort an der Reihe, solle ich mich doch bitte zu den *Kingfisher*-Schaltern auf der anderen Seite begeben, um dann zu erfahren, dass dafür *Kingfisher*-International zuständig ist. Wo ich wiederum eine gefühlte halbe Stunde warten musste, um überhaupt mein Permission-Anliegen vorzutragen. Schließlich begleitete mich ein grimmiger *Kingfisher*-International-Mitarbeiter zum Ausgang

Nummer 3, füllte eine Reihe von nach Diese-Passagierin-ist-keine-Terroristin aussehenden Dokumenten bei der Sicherheitskontrolle aus und entließ mich wieder ins Freie.

83. GRUND

WEIL MAN AUF REISEN MIT ANDEREN SICHTWEISEN KONFRONTIERT WIRD

Ich mag Paris. Ich finde, es ist eine der schönsten Städte der Welt, damit bin ich nicht allein, aber das stört mich auch nicht. Beim letzten Mal war ich dort, um das impressionistische Paris zu bewundern.

Sprich das Musée d'Orsay, Montmartre und das Musée de l'Orangerie. Letzteres kannte ich nicht. Und kann es jetzt nur wärmstens empfehlen, ihr findet dort die berühmten Seerosengemälde von Claude Monet, und die sind nicht wie die *Mona Lisa* gefühlte fünf mal fünf Zentimeter groß (jaja, Größe hat nichts mit Qualität zu tun) und werden auch nicht von Milliarden Touristen belagert.

Am letzten Tag haben wir kurz vor der Abfahrt nach Hause noch ein paar Minuten Zeit, uns die Gegend um den Bahnhof anzuschauen.

Wir sind im 10. Arrondissement (Metro Château d'Eau), das sofort meine Neugierde weckt. Das schaut alles gar nicht aus wie das typische Postkarten-Paris, und das, obwohl es zentral liegt. Die Straßen sind zwar von Altbauten gesäumt, aber es hat sich ein grauer Filter über die Fassaden gelegt, der Putz blättert hier und da ab und Graffiti schmücken die Hauswände. Eine Menge Afro-Rasta-Beauty-Shops reihen sich in der Rue du Château d'Eau aneinander. Und ihre Besitzer betreiben auf der Straße direkte Kundenakquise. Man sieht hier Frankreichs Kolonialerbe wie sonst nirgends im Pariser Stadtbereich deutlich, der überwiegende Anteil der Passanten und Ladenbesitzer ist afrikanischer Herkunft, ich bin eine von wenigen Weißen, die hier entlangschlendern.

Ich will natürlich Fotos machen. Fotografie ist ein kommunikatives Mittel, sag ich euch. Denn ein paar Minuten später tausche ich schon Telefonnummern aus.

Ich positioniere mich auf der einen Straßenseite, da schreit der Kerl vom Shop gegenüber »No Photos«. Häh? Ich will ja gar nicht ihn fotografieren, sondern das Haus. Nee, das darf ich auch nicht fotografieren. Warum? Weil ich nicht das Haus, sondern den Rasta-Shop ablichten würde. Wo er recht hat, hat er recht. Ich geh rüber und frag ihn, warum ich denn den Shop nicht fotografieren darf. Ich wüsste schon warum, sagt er. Und ich weiß tatsächlich nicht warum; ich steh auf dem Schlauch. Ich lass nicht locker, und dann verrät er es mir: Ich würde ja mit dem Foto Geld verdienen, und er und sein Shop bekämen davon gar nichts ab. Oh nein, schon wieder dieses ethische Fotodilemma. Und das auch noch mitten in Paris, das hab ich nicht erwartet. Ich wurde an anderen Orten der Welt schon mal mit diesem Problem konfrontiert. In Marrakesch wurde mir das an touristischen Plätzen ständig vorgeworfen, und einige Verkäufer wollten mir deswegen sogar das Fotografieren von UNESCO-Weltkulturerbestätten verbieten.

Ich verdiene mit meinen Fotos kein Geld, schön wär es. Und mir ist klar, dass ich zum Fotografieren von Personen ihr Einverständnis einholen muss, aber doch nicht für öffentliche Straßenzüge oder gar touristische Plätze.

Der Shop-Türsteher in Paris bietet mir nun an, zum Fotografieren am Sonntag vorbeizukommen, da sind auch ganz viele VIPs da. Ich bin Sonntag schon weg. Wohin denn? Nach München. Euphorie bricht aus. FC Bayern München! Kenn ich auch, entgegne ich, und das löst ein arg blödes Missverständnis aus. Er ist Fußballspieler, Schule hat er abgebrochen, davon wird er krank, und ich hab doch bestimmt Kontakte zum FC Bayern. Das wäre sehr hilfreich, meint er, es ist wohl echt schwierig, da sonst weiterzukommen. Ähm, hab ich nicht. Ehrlich nicht. Er glaubt mir nicht. Na ja, vielleicht in der nächsten Woche, hofft er. Er schreibt mir seine Nummer auf und möchte auch meine haben. E-Mail hat er nicht. Ich kann in solchen Situationen einfach nicht Nein sagen.

Seither bekomme ich regelmäßig Anrufe aus Paris.

84. GRUND

WEIL ANDERE VÖLKER SICH ANDERE GESCHICHTEN ERZÄHLEN

Es war einmal ein Mann namens Darwin, Charles Robert Darwin (1809–1882). Vor einiger Zeit, Mitte des 19. Jahrhunderts, hatte er eine bahnbrechende Geschichte von der Entstehung der Arten erzählt: die Evolutionstheorie. Ein Bestseller sozusagen, der dafür sorgte, dass alle anderen Schöpfungsgeschichten heute die Bezeichnung Mythos und Märchen tragen müssen.

Gegen dieses Exklusivrecht, dass nur Darwins Evolutionstheorie die Wahrheit über unsere Entstehung birgt, setzen sich einige Gruppierungen bis heute zur Wehr.

Neben der uns ebenfalls sehr bekannten christlich-hebräischen Variante, nach der unsere Welt und die Wesen von einem Gott erschaffen wurden, und der von Darwin gibt es aber auch noch zahlreiche hierzulande unbekanntere Geschichten wie zum Beispiel die der Khoikhoi, einer Völkergruppe im südlichen Afrika, mit dem Namen »Bescherung bei König Löwe«.

Das Märchen handelt davon, wie der allmächtige König Löwe seinen Untertanen einen Gefallen tun will und zum Festessen einlädt, um am Ende Geschenke an jeden Anwesenden zu verteilen. Dabei erzählt es auf humorvolle und fantasieanregende Art und Weise, wie die Tiere des südlichen Afrikas zu ihrem heutigen Erscheinungsbild gekommen sind.

Die Antilopenweibchen trauen König Löwe nicht über den Weg, denn sie haben Angst, dass sie gefressen werden, und erscheinen nicht zum Festessen. Deswegen bekommen sie auch keine Hörner wie ihre anwesenden Gatten. Vordrängler und Gierschlunde wie Elefant und Nashorn werden bestraft, sodass ihnen die vermeintlichen Hörner nicht auf dem Kopf, sondern zur Strafe im Gesicht sitzen. Esel und Kaninchen bekommen die langen Ohren.

Leopard, Zebra, Pferd und Kuh erhalten wunderschöne mehrfarbige Kleider mit Tupfen, Streifen oder Flecken.

Giraffe bekommt Angst, dass für sie nichts mehr übrig bleibt, kreischt herum, sie wolle auch was, und verliert zur Strafe auf immer und ewig ihre Stimme. Denn ein König lässt sich nicht anschreien. Aber ein König hat Mitleid. Giraffes tieftrauriger Blick erweicht ihn, und er stattet sie mit einem extraschönen Kleid und dazu passenden Hörnern aus. Außerdem bekommt sie einen langen Hals, damit sie ihre Feinde schon von Weitem sehen kann, und lange Beine, damit sie schnell davonrennen kann.

Pavian bekommt einen Schwanz, Hase und Maulwurf wiederum wollen ihn nicht, verbuddeln ihn heimlich.

Schlange bekommt geklaute Kräutermedizin, mutig würgt sie das Gebräu in einem Schluck herunter. Bevor sie es wieder ausspucken kann, verwandelt es sich in Gift, sie wird wahnsinnig und will einfach nur noch zubeißen. Aus der Not heraus hackt man ihr die Beine ab. Doch zu spät. Auf dem Bauch gleitet sie davon und beißt noch heute mit ihrem gefährlichen Giftzahn alles, was sie sieht.

Iltis gießt sich den geschenkten Dufttopf von Königin Löwe im Ganzen über seinen Körper. Der Gestank schlägt die noch anwesenden Tiere in die Flucht. Nur Hyäne ist noch da. Ein Lachen ist das letzte Geschenk. Und so kommt es, dass Hyäne noch heute das lauteste Lachen von allen Tieren hat.

85. GRUND

WEIL STARS UND STERNCHEN SICH AN DER COSTA SMERALDA TUMMELN

Olbia liegt im Nordosten Sardiniens, der zweitgrößten Insel des Mittelmeers. Die kleine Stadt mit nur rund 55.000 Einwohnern ist das Tor zu Sardiniens berühmter Costa Smeralda. Smaragdgrünes, klares Wasser, weißer Sand und bizarr geformte Granitfelsen bilden die charakteristischen Merkmale dieser Küste. Das mondäne Küstenstädtchen, das heute Läden bekannter europäischer Modefirmen beherbergt, bildet einen interessanten Kontrast zum sardischen Hinterland, das durch Bergdörfer, schroffe Gebirgszüge und jahrhundertealte Vegetation der duftenden Macchie besticht. Szenetreff der Costa Smeralda ist unbestritten Porto Cervo mit seinem eleganten Jachthafen, auch bekannt als die Küste der Superreichen. Wer dazugehören will, muss mindestens einmal über den roten Teppich des berühmten Nachtklubs *Billionaire Club* von Flavio Briatore flaniert sein. Die jährliche Eröffnung im Sommer ist das VIP-Ereignis schlechthin an der sardischen Küste.

1963 kaufte der persische Prinz Karim Aga Khan IV. einen 15 Kilometer langen Streifen der nördlichen Ostküste Sardiniens und verwandelte ihn unter dem Namen Costa Smeralda zu einem Urlaubsdomizil für die oberen Zehntausend. Und die kamen und kommen heute noch. Die Gästeliste ist geschmückt mit Giorgio Armani, Lady Di, Roger Moore, Silvio Berlusconi, Götz George, Madonna, millionenschweren Fußballstars, Ölscheichs, Russen, Puff Daddy, Rihanna und vielen anderen, denen 32.000 Euro pro Champagnerflasche nicht weiter denkwürdig erscheinen.

Die richtig gute Nachricht: Zu später Stunde dürfen sogar Normalsterbliche gegen einen Almosenbeitrag von 100 Euro Eintrittsgeld auch im *Billionaire Club* mitfeiern. Zu teuer? Ach, man muss nur wissen, wo man an anderer Stelle sparen kann. Anstatt im teuren Porto Cervo zu nächtigen, sucht man den schönsten Zeltplatz Sardiniens Coccorrocci auf. Der liegt mitten an der Ostküste, in unmittelbarer Strandnähe. Paparazzi, diese lästige Nebenerscheinung bei zu viel Promiaufkommen, braucht man hier auch nicht zu fürchten. Stattdessen erkundet man das ursprüngliche Landesinnere. Tempio Pausania bietet im Sommer durch seine höhere Lage ein angenehm frisches Klima: Die Altstadt wurde aus hellem Granit erbaut, die römischen Quellen Fonti di Rinaggiu locken auch heute noch Sarden und Touristen. In der umliegenden Granitlandschaft Valle della Luna (Mondtal) befindet sich die außergewöhnliche Sehenswürdigkeit Nuraghe Izzana. Die Nuraghenkultur ist auf Sardinien einzigartig und geht auf die Bronzezeit zurück. In jener Zeit bauten die Nuraghen beeindruckende Gigantengräber aus Granitfelsen, die bis heute auf der ganzen Insel zu finden sind. Die Nuraghe Izzana bei Olbia ist aufgrund ihrer verborgenen Lage im Tal des Mondes weitestgehend erhalten geblieben. Unterwegs im Hinterland der Insel, stärkt man sich passenderweise mit einem typischen Fladenbrot, das in den Hirtendörfern häufig noch selbst gebacken wird. Das hauchdünne knusprige *pane carasau* wird auch mit Tomatensoße und einem Spiegelei in der Mitte serviert.

Sehr zu empfehlen ist die Besteigung des Monte Limbara. Es ist das höchste Gebirgsmassiv im Norden Sardiniens. Von seinem Gipfel kann man an klaren Tagen einen Blick bis nach Korsika hinüber genießen.

86. GRUND

WEIL MAN SICH AUF REISEN VERLIEBEN KANN

Mist, ich bin verliebt. Verliebt in dieses unsägliche Blau. Sirenenartig hat es mich im Flieger bereits in seinen Bann gezogen, als wir den Landeanflug auf Athen beginnen und Kurven über den

Saronischen Golf fliegen. Ich kann mich nicht sattsehen, ich will da reinspringen, sofort. In dieses Blau, in dieses Meer, das an den Stränden der zufällig geformten Landmassen auch noch mit unverschämten Farbnuancen kokettiert. Die Rationalen werden jetzt wieder ihr Lied vom blinden Liebenden trällern, aber ich sage: Das Blau des griechischen Meeres ist ein ganz besonderes.

Ich plädiere für die Einführung einer Frühaussteiger-Option bei passenden Landeanflügen, wie dem jetzt, um den Urlaub ganz unmittelbar starten zu können, aber auf mich hört ja keiner.

Als ich dann endlich angekommen bin auf Poros, zum Strand geeilt bin, um sofort den ersten Körperkontakt mit meiner Angebeteten, der blauen See, zu suchen, steh ich da, starre und werde schüchtern – nein, ich zögere nicht wegen des kalten Wassers, Quatsch!

Nach dem ersten ausgiebigen Schwimmen bin ich tiefenentspannt und schrumpelig. Da wird sogar der Instantkaffee zum absoluten Genuss. Aber das ist ja auch nicht irgendein Instantzeug, das ist der obligatorische griechische Frappé!

»Ena Frappé, metrio me jala« (Ein Frappé, mittelsüß mit Milch), lautet die Zauberformel für mich, die ich stolz wie Bolle auf Griechisch runterbeten kann.

Das Schöne an einer kleinen Insel wie Poros, die nur im August einen hochsaisonalen Superboom erfährt, ist, dass man sich ganz schnell heimisch fühlt, dazugehörig halt. Nach dem zweiten Tag am Strand erkenne ich das ältere Ehepaar und sie mich wieder. Man grüßt sich. Sie kommen immer pünktlich um 16 Uhr, wenn die Sonne noch richtig wärmt, aber nicht mehr ganz so krebserregend brennt. Sie schwimmen eine halbe Stunde, gemeinsam. Und gemeinsam kommen sie auch jedes Mal wieder zurück an Land, sich gegenseitig stützend. Ich find das schön und wünsche mir das auch; jemanden mit dem ich dieses Blau später ebenso teilen kann.

87. GRUND
WEIL BEIRUT EIN GEHEIMES STADTMOTTO HAT

Es gibt Städte, die nicht still stehen, weshalb man selbst nicht still steht. Wo Energie im Überfluss zu sein scheint, Ideen kreiert und sofort in die Tat umgesetzt werden.

Beirut ist so eine Stadt. Die zahlreichen Baukräne und Neubauten sind nur das augenscheinlichste Merkmal dafür.

Bereits im Flugzeug zieht mich Beirut in seinen Bann. Der Landeanflug ist spektakulär. Feuerwerk erleuchtet die Skyline der Stadt. Der Flieger geht parallel zur bebauten Küste auf Fassadenhöhe runter. Mein Tipp: Fensterplatz auf der linken Seite buchen.

Die Aufregung weicht, es fängt an zu kribbeln, ich muss raus, auf diese Straßen, mitten rein in dieses nächtliche Gewimmel.

Eine knappe Stunde später erkunde ich zu Fuß die Hotelnachbarschaft. Spaziere an hippen Restaurants und Bars vorbei, in denen schicke Libanesinnen in Hotpants und Tops Cocktails schlürfen. In Richtung Pingeon Rock sind die Parkbänke der Promenade mit Pärchen belegt. Sich abends hier auf eine Wasserpfeife mit den engsten Freundinnen zu treffen scheint auch nicht weiter außergewöhnlich; für die Einheimischen zumindest. Ich bin stark verblüfft, vom Nahen Osten bzw. dem arabischen Raum hatte ich bisher ein ganz anderes Bild, und das beinhaltete keine rauchenden Frauen in kurzen Röcken.

Am nächsten Morgen spaziere ich an der Küste Richtung Downtown. Ich bin nicht die Einzige, die der Mittagshitze trotzt. Zahlreiche Jogger queren meinen Weg. Ich sag ja, die Leute haben Energie hier.

In Hamra, dem alten Shoppingzentrum der Stadt, stoße ich auf *Red Booth*, eine Bar. Hip wie die anderen auch, aber innen drin komplett mit Berliner Straßennamen dekoriert. Ich bin neugierig, wie das ungewöhnliche Dekor mitten nach Beirut gelangt ist, und komme mit dem Barbesitzer Yasser ins Gespräch.

Yasser ist in Berlin aufgewachsen. Vor einigen Jahren zog es ihn aber in den Libanon, wo seine Familie ursprünglich herstammt. Drei Jahre nun betreibt er seine Bar in Beirut. Er war einer der Ersten in der Ecke. Heute ist Hamra voll von szenigen Kneipen. Der Laden läuft weiterhin gut, aber Yasser hat Lust auf was Neues. Er will umbauen. Zeigt mir die Pläne für ein Marché. Bars und Kneipen gäbe es in der Gegend genug, aber nirgendwo etwas, wo die Nachtschwärmer ihren nächtlichen Heißhunger stillen könnten. Vor drei Wochen hatte er die Idee, morgen schon beginnt der Umbau. Ich staune. So schnell? »Sicher«, meint Yasser, »warum lange fackeln. Ideen sind dafür da, um in die Tat umgesetzt zu werden. Nutze den Tag, du weißt nicht, wie viele du davon haben wirst.«

Carpe Diem scheint das geheime Lebensmotto der Stadt zu sein. Vielleicht war das schon immer so, aber für mich fühlt es sich wie das Resultat des traumatischen 15-jährigen libanesischen Bürgerkrieges (1975–1990) an. Die Stadt baut, die Stadt feiert, sie lebt, als wollte sie sagen, wir wissen nicht, ob es ein Morgen geben wird, also nutze den Tag.

88. GRUND

WEIL ODYSSEUS DIE KÖNIGSTOCHTER NAUSIKAA AUF KORFU TRAF

Korfu ist eine griechische Insel im Ionischen Meer, deren Geschichte von zahlreichen Mythen umwoben ist. Die gleichnamige Hauptstadt der Insel (im griechischen Kerkyra) soll sich vom Ungeheuer Gorgo ableiten. Geflügelte Schreckgestalten mit Schlangenhaaren, deren Anblick jeden zu Stein erstarren ließen. Die berühmteste unter ihnen hieß Medusa, die von Perseus durch die Hilfe der Göttin Athene und ihrem spiegelnden Schild enthauptet wurde.

Gerne assoziiert man sie auch als die Insel der Phäaken, auf der Odysseus der Königstochter Nausikaa begegnet ist. Nach seiner zehnjährigen Irrfahrt strandet Odysseus als Schiffbrüchiger auf der Insel der Phäaken. Die Königstochter Nausikaa erbarmt sich seiner, nimmt ihn mit zu sich an den Königshof, von wo er schließlich sicher in Begleitung der Phäaken auf einem ihrer Schiffe in seine Heimat Ithaka segelt.

Korfu verführt aber nicht nur mit mythischen Geschichten, sondern auch mit sehr realen traumhaften Buchten und azurblauem Wasser; ebenso durch seine üppige grüne Vegetation, insbesondere Olivenbäume und Zypressen bewalden die Insel. Eine perfekte Szenerie, um sich den gestrandeten ausgelaugten Odysseus hier vorzustellen, wie er von der bildhübschen Königstochter Nausikaa wieder aufgebaut wird, wie er sich am Königshof mit korfiotischen Speisen verwöhnen ließ. Die Inselküche ist bekannt für die delikate Verwendung von Zimt. Im griechischen Nudelauflauf *Pastitsio* oder dem Auberginenauflauf *Moussaka* schmeckt man eine leichte Zimtnote heraus. Ebenfalls ein beliebtes lokales Gericht ist *Sofrito*, Kalbfleisch, das mit reichlich Knoblauch und Petersilie in einer Weinsauce gekocht und üblicherweise mit Reis serviert wird. Natürlich kommt auf der ionischen Insel auch reichlich gegrillter Fisch auf den Teller, der in den heißen Sommermonaten hervorragend zu einem kalten *Mythos*-Bier oder dem Digestif *Ouzo* (Anisschnaps mit eiskaltem Wasser verdünnt) eine harmonische Ergänzung findet.

Auch nach der Antike geht Korfus Geschichte einen Sonderweg innerhalb Griechenlands. Im Gegensatz zum restlichen Griechenland war Korfu nie unter osmanische Herrschaft geraten, sondern gehörte unter anderem zur Republik Venedig und wurde erst 1864 Teil Griechenlands. Der italienische Einfluss ist vor allem in der Architektur Kerkyras, der Hauptstadt Korfus, noch deutlich sichtbar. Dem Reiz der »Grünen Insel« verfiel auch die Kaiserin Sisi und ließ 1890 den Achilleion-Palast auf Korfu erbauen. Der Palast ist heute für Besucher geöffnet und eine sehenswerte Attraktion. Von der bewegten Geschichte der Insel zeugen auch die byzantinische Festung Angelokastro (Engelsburg) bei Paleokastritsa. Zwar sind die Ruinen relativ wenig erhalten, aber bieten eine traumhafte Aussicht, wie auch der Kaiserthron bei Pelekas. Für Romantiker bietet sich das ebenfalls bei Paleokastrista gelegene Kloster an. Ungeschlagenes Highlight ist der Blick vom Pantokrator. Pantokrator bedeutet »Alleinherrscher«, der Berg ist mit 914 Metern der höchste Gipfel Korfus. Von da oben eröffnet sich einem die Vogelperspektive über die Insel und ein Blick bis hin zur albanischen Küste, die mit einer Fähre nach Saranda leicht von Korfu aus erreichbar ist.

89. GRUND

WEIL ES SICH LOHNT, IN UNBEKANNTERE LÄNDER ZU REISEN

Bangladesch. Nicht viel hört man über dieses Land bei uns, und wenn, dann sind es Katastrophenmeldungen, die bald wieder im täglichen Strom der *Breaking News* abtauchen. Und ja, natürlich steht es oftmals nicht gut um die Menschen in diesem Land, das selbst unter den armen Nationen zu den ärmsten gehört. Jährlich neue Überschwemmungen, die Tausende von Bangladeschern wohnungs- und mittellos machen. Die Arbeitsbedingungen in den Textilfabriken und Schiffabwrackungswerften sind mehr als katastrophal. Die politischen Unruhen einer sehr jungen Demokratie erschüttern stetig den Versuch, neue Strukturen aufzubauen.

Selbst diese Ereignisse werden jedoch nur selten von den westlichen Medien aufgegriffen, zu fern ist das Land von den Medienkonsuminteressen unserer Gesellschaft. Doch völlig verborgen bleiben uns die vielen spannenden Seiten von Bangladesch – denn über diese wird nahezu nie berichtet.

Natürlich steht das Land im Schatten seines übermächtigen Nachbarn Indien, das dem Reisenden eine Unzahl an Attraktionen präsentiert. Doch oft sind es eben die kleinen, noch nicht von Touristenmassen überlaufenen Orte, die die Faszination des Reisenden wecken. Und hier ist Bangladesch voller Flecken, die darauf warten, entdeckt zu werden; sei es eine Fahrt mit einem historischen Schaufelraddampfer, die Erkundung des größten Mangrovenwaldes der Welt – der Sundarbans, hinduistische Ruinen in Puthia, Teeplantagen in den Hügeln von Srimangal, das Chaos von Dhaka oder eine Wanderung in den Flusstälern und Bergen bei Bandarban.

Was der Reisende hier erlebt, geht über ein routiniertes *been there, done that* weit hinaus: Man sieht ein Land, das noch nicht von Tourismusinteressen ins rechte Bild gerückt wurde, man trifft Menschen, die sich ehrlich freuen, dass man ihre Heimat besucht, da sich nur wenige für sie interessieren.

Und ja: Man leidet. Der Verkehr besteht aus einer Kette von Nahtoderlebnissen. Die Betten sind hart, die Decken dünn und dreckig, Flöhe fühlen sich dort aber ganz besonders wohl. Das Essen eintönig und die Restaurants unhygienisch bis zur Widerwärtigkeit. Die Sehenswürdigkeiten kommen nur selten an die Großartigkeit der Nachbarländer heran.

Doch all das ist nichts, wenn man ein echtes Abenteuer erleben kann und das Herz von der Freundlichkeit eines Volkes im Sturm erobert wird. Man spürt es tausendfach, in jeder Begegnung, in jedem Lachen, in jedem Panorama: Für Bangladesch lohnt es sich zu leiden.

KAPITEL VIII

KURIOSES UND GANZ UND GAR UNGLAUBLICHES

90. GRUND

WEIL MAN IN DEN NIEDERLANDEN MIT ENGELN TELEFONIEREN KANN

»We zijn in Nederland, we zijn in Nederland.« Mit diesem euphorischen Gesang eines Dreijährigen werden wir im Zug bei Grenzübertritt in den Niederlanden empfangen. Ich bin auch ganz begeistert, verkneif mir das Mitsingen und frag mich dann doch, war es denn so schlimm in Deutschland? Na ja, egal. Wir sind endlich da.

Ich liebe die Niederlande und ihre Einwohner. Es sind die Details, die ich hinreißend finde. Wie die Sprache. Kann man noch wundervoller in den Schlaf geschickt werden als mit »Slaap lekker«?! Und ist »Sloffels« nicht einfach die ideale Bezeichnung für Puschen? »Huren« heißt Immobilien mieten. Ich fand das lustig, meine holländischen Freunde fanden lustig, dass ich es lustig fand.

Die Niederländer haben einen interessanten Geschmack. Wenn man *Frikandellen* oder *Kroketten* bestellt, sagen die Holländer: »They are not like yours.« Recht haben sie. Was wir uns wegen der Wortverwandtschaft als Frikadelle vorstellen würden, ist dort eine Art Bratwurst ohne Darm in eine gerade Form gepresst. Die Kroketten sind in Holland auch nicht mit Kartoffeln gefüllt, sondern mit einem sehr feingemahlenen Ragout, das nicht unbedingt an Fleisch erinnert. Ebenso typisch, für uns ungewöhnlich ist die Imbiss-Spezialität *Bamiblok*. Ein asiatisches Nudelgericht in Panade eingebacken. Dafür sind dort Pommes mit Zwiebeln gang und gäbe, und die Saucenauswahl ist beträchtlich größer. Überall gibt es Hering-Stände mit köstlichem Matjes, der als Doppelfilet am Stück serviert und auch so vernascht wird, Gabel und Messer sind unnötig.

Die Niederlande sind womöglich auch das Land mit den meisten Streuselsorten, die die Einwohner vorzugsweise zum Frühstück aufs Brot essen. Zur Amtseinführung des neuen Königs Willem-Alexander gab es sogar eine *Special Edition*. Am liebsten mag ich die *Mu-*

isjes auf rundem Zwieback. Wahrscheinlich wegen der Benennung, übersetzt bedeutet *Muisjes* Mäuschen, weil vom Anissamen meist der feine Stengel wie ein Mäuseschwänzchen aus dem Zuckerüberguss herausschaut. Ach ja, Erdbeeren sind auch ein normaler Zwieback-Belag dort.

Apropos Geschmack. In Sachen Fahrrad-Design sehen sich die Holländer zu Recht als maßgebende Nation an und können nicht nachvollziehen, wieso wir Deutschen den Fahrradkorb hinten am Rad anbringen, das macht man selbstverständlich vorne, alles andere ist uncool.

Ich kenne keine andere Nation die so flexibel ist wie Niederländer, die verlegen sogar Nationalfeiertage. Am 30. April jeden Jahres feierten sie den Geburtstag ihrer Königin – *Koninginnedag*. Königin Beatrix hat aber am 31. Januar Geburtstag. Im Januar ist das Wetter meist schlecht, daher entschloss man sich, den Geburtstag ihrer Mutter Ende April heranzuziehen. Seit 2014 wird nun *Koningsdag* zu Ehren des Königs Willem-Alexander jährlich am 27. April gefeiert.

Auch bei der Umfunktionierung von Kirchen tut man sich nicht schwer. In Utrecht dient ein altes Gotteshaus heute als Gaststätte (*Olivier*) und in Maastricht als Café und wunderschöner Buchladen (*Selexyz Dominicanen*).

Wusstet ihr, dass die 1- und 2-Eurocent-Stücke in Holland nicht genutzt werden? Vor dem Euro gab es diese Beträge nicht, die Einwohner können auch heute noch nichts damit anfangen und runden die Preise jeweils auf beziehungsweise ab.

Aber Ordnung muss sein, trotz aller Flexibilität. Das Grundprinzip auf niederländischen Fußwegen lautet: Stay on the right. Walk on the left.

Warum können wir dieses wundervolle Prinzip nicht zumindest in der Rolltreppennutzung auch hierzulande einführen? Ich bin überzeugt, dass die Stimmung in den öffentlichen Verkehrsmitteln deutlich steigen würde.

Und wenn mal einer die Regeln missachtet, wird ganz oben angerufen und bei Petrus gepetzt. Denn in 's-Hertogenbosch kann man mit Engeln telefonieren. Auf der rechten Seite der St. Johannes-Kathedrale im Stadtzentrum befindet sich die direkte Durchwahl und eine telefonierende Engelsstatue. Achtung, günstig ist das nicht.

Für kurze Anliegen geht auch ein Tweet via Twitter an @ut_engelke.

91. GRUND

WEIL ALLEIN DAS KLO EINE REISE NACH JAPAN WERT IST

Der Begriff »Toilette« stammt von dem französischen Wort *toile* für Tuch ab, mit welchem man sich früher für seine Notdurft von der Umgebung abschirmte. Es verdeutlicht unser Bedürfnis nach dem Alleinsein während der Benutzung. Die Toilette ist für uns heute etwas gänzlich Normales, etwas, was in ihrer Einrichtung als geschlossener, privat nutzbarer Raum für die notwendigen körperlichen Ausscheidungen unentbehrlich ist.

Erst auf Reisen wird uns klar, dass diese hygienische Einrichtung mit WC, Toilettenspülung und Kanalisation, wie wir sie von zu Hause gewohnt sind, noch lange nicht in allen Teilen der Welt Standard ist.

Das war aber auch bei uns nicht immer der Fall. Und wenn man sich die Historie der Toilette anschaut, wundert es, warum die großartige Erfindung des WCs für ein paar Tausend Jahre in einen Dornröschen-ähnlichen Schlaf gefallen ist. Denn die Geschichte der Toilette geht nachweislich bereits bis 2800 v. Chr. zurück. In Mesopotamien hatte man zu diesem Zeitpunkt tatsächlich bereits ausgebaute Abortanlangen. Auch von den Römern weiß man heute, dass sie in öffentlichen Einrichtungen WCs mit fließendem Wasser besaßen, wohlhabende Haushalte hatten sogar ihre eigene Toilette.

Mit dem Ende des Römischen Reiches aber bricht das Zeitalter der Dunkelheit heran – in Bezug auf die Latrine zumindest. Das Wissen der Römer um Hygiene und Abwasserkanäle ging verloren.

Im Mittelalter baute man also Burgen und Klöster mit Abort-Erkern, die unverhohlen ins Freie ragten. In den Städten warf man Kot und Urin einfach auf die Straßen, und selbst in den prunkvollen Schlossbauten des 17. und 18. Jahrhunderts war es normal, die Notdurft in Fluren, Raumecken oder im Garten zu entrichten. Der Geruch muss widerlich gewesen sein, die hygienischen Bedingungen katastrophal. Die zahlreichen Typhus- und Choleraepidemien aus jener Zeit verwundern aus heutiger Sicht leider nicht weiter.

Erst mit der Industrialisierung Europas wurden wieder Abwassersysteme in den Städten installiert und zu Beginn des 19. Jahrhunderts erfand man in Paris ein rasch beliebt werdendes erstes Klosettmodell, das dem Wohnen einen völlig neuen Wert verlieh.

Man könnte Reisen mitunter auch als Zeitreise durch die Geschichte der Toilette begreifen. Um sich ins Mittelalter zurückzuversetzen, ist zum Beispiel die Mongolei das ideale Ziel. Durch meine empirischen Studien in mehreren Teilen der Welt kann ich festhalten, dass die unangenehmsten Aborte sich auf dem mongolischen Land befinden. Im ländlichen Bereich ist das ordinäre Plumpsklo – eine Grube mit einem losen Bretterverschlag unter und um einen herum – die einzige Möglichkeit, seine Notdurft zu verrichten. Das visuell und akustisch wahrnehmbare Geblubbere der Fäkaliensammlung unter einem macht den Gang nicht gerade leichter.

Die Japaner hingegen haben wohl die technologisch fortgeschrittensten Toilettenmodelle, die es vielleicht auch in naher Zukunft bei uns in Europa geben wird. Optisch unterscheidet sich die Toilette dort auf den ersten Blick nicht von unserem WC, jedoch birgt sie vielfältige Funktionen, die man über die zahlreichen Knöpfe auf einer separaten Bedienung steuern kann.

Es lassen sich zum Beispiel Wasserdruck, Wassertemperatur, anale und vaginale Reinigung, Föhnwind zum Trocknen, die Geräuschprinzessin und die Aufstehhilfe nutzen. Allein schon wegen des Namens ist die kurioseste Funktion darunter die Geräuschprinzessin, auf japanisch Otohime, nach einer mythologischen Wasserprinzessin benannt. Sie ist Japans Antwort auf die viel verbreitete Angst, man könne Körpergeräusche auch außerhalb der Kabine hören. Die Geräuschprinzessin imitiert Spülgeräusche mittels eines kleinen Lautsprechers und soll beim Benutzer damit für Entspannung während des Toilettengangs sorgen. Vor allem aber soll die Otohime den Wasserverbrauch reduzieren. Früher sollen japanische Frauen, um präventiv mögliche Geräusche zu übertönen, ständig die Klospülung gedrückt gehalten haben, was einen massiven Wasserverbrauch zur Folge hatte.

92. GRUND

WEIL MAN AN SOGENANNTEN KRAFTORTEN DEN WEG ZUR INNEREN MITTE FINDEN KANN

»Der globale Transformationsprozess bildet ein neues planetares Magnetgitter. Dieses Globalgitternetz, das den gesamten Erdglobus umspannt, ist Träger der morphogenetischen Felder. Dieses beinhaltet das gesamte Erdgedächtnis, das dazu da ist, die jeweilige evolutionäre Stufe, in der sich die Menschheit befindet, zu realisieren. Nun wurde ein neues Globalgitternetz installiert, weil wir am Beginn eines neuen evolutionären Sprungs sind. Dieses neue Magnetgitter wurde für die spirituelle Weiterentwicklung der Menschheit erschaffen. Das neue Magnetgitter verändert die Energien unseres Planeten, um die Voraussetzung dafür zu schaffen, in eine höhere Dimension aufzusteigen. Gleichzeitig werden die Energien eines jeden einzelnen Menschen erhöht, damit jeder einzelne Mensch den Sprung in das Neue Zeitalter in der höheren Dimension schafft.« (www.energie-der-sterne.de)

Ist die Autorin noch ganz beisammen, fragt sich der geneigte Leser gerade. Ja, und sie ist in bester Gesellschaft, denn nicht nur die Chinesen, die Kelten, die Maya, Azteken und die Naturvölker, sondern auch die Römer, Karl der Große, die frühen Christen (insbesondere die Zisterzienser, Benediktiner, die Dom- und Kirchenbaumeister) wussten, dass es sogenannte Kraftorte gibt, an denen man die subtilen Kräfte der Erde an ihren Austrittspunkten und heiligen Linien benutzen, lenken und fixieren kann. Esoteriker – die Autorin zählt sich nicht dazu, ist aber offen für alle friedlichen *Glaubensrichtungen* und *Experimente* – teilen oftmals die Vorstellung, dass Kultstätten aus früherer Zeit solche geomagnetische Kraftorte sind. Allerdings gelten auch markante geografische Orte wie Quellen, Berggipfel, Höhlen und Flüsse als solche Plätze. Die bekanntesten Kraftorte, die auch häufig touristisch angesteuert werden, sind Stonehenge in Großbritannien, Uluṟu (Ayers Rock) in Australien oder auch die Externsteine im deutschen Teutoburger Wald. Die Autorin hat einen weiteren Ort von ausgesprochen großer subtiler Kraft gefunden, in dem das neu installierte Globalgitternetz schon vollends ausgeprägt sein muss: Sossusvlei. Mitten durch Namibias größte Wüste fließt ein Fluss. Er kommt aus einer Gebirgsregion im Landesinneren und fließt durch die Namib Richtung Atlantik beim Sossusvlei vorbei und versandet ein paar Kilometer vor der Küste. Deswegen nennt man ihn in der Sprache der Nama »blind« (Sossus). Es ist ein unterirdischer Fluss, der nur nach ergiebigen Regenfällen sichtbar wird.

In Namibia gibt es dieses Naturphänomen von unsichtbaren Flüssen häufiger. Immer wieder kommt es vor, dass ein Ranger in die weite Ebene zeigt und meint: »There you can see the river.« Ich kneife fest die Augen zusammen, kann trotz viel Fantasie kein Wasser sehen und frage: »Where?«

»Over there, you see?«

»No!«

»It's underground«, lautet die erlösende Antwort.

Clash of Civilisations könnte man das nennen oder mit den Worten von Kurt Tucholsky zusammenfassen: »Wir alle sehen ja nur, was wir sehen wollen.«

Was bitte könnte ein besserer Kraftort sein als ein unterirdisch fließender Fluss in einer der größten Wüsten der Welt? Die Autorin hat keine Mühen gescheut, um das Potenzial dieses Kraftortes zu erforschen. Sie hat sich durch die Hitze und einen aufkommenden Sandsturm, der permanente Nadelstiche auf jedem Stück freier Haut bedeutete, nicht abhalten lassen, um zum Sossusvlei vorzudringen. Während ordinäre Touristen dort mit Fotografieren beschäftigt sind, hat die Autorin versucht sich auf das Empfinden der Magnetgitter zu konzentrieren, und ihrem inneren Drang, dort in Sossusvlei Yoga zu praktizieren, nachgegeben.

Zum Beweisvideo bitte diesen Link im Browserfenster eingeben: https://vimeo.com/76689046

Selbstredend ist es der Autorin gelungen, durch Yoga an einem geomantischen Kraftort zur inneren Mitte zu finden, somit ihre eigene Energie zu erhöhen und den Sprung ins Neue Zeitalter in der höheren Dimension zu schaffen. Wie bitte lässt sich sonst so ein Text verfassen?

93. GRUND

WEIL ES AUF DEN PHILIPPINEN DIE VERRÜCKTEN JEEPNEYS GIBT

Manila mag auf den ersten Blick wie eine uninteressante Stadt wirken. Doch dem ist nicht so. Die philippinische Hauptstadt hat eine spannende und bewegende Geschichte, die bei näherer Betrachtung auch den Grund offenbart, warum Manila heute so ist, wie es ist.

Vor dem Zweiten Weltkrieg galt Manila als die Perle des Orients. Während des Krieges wurde die Stadt aber wortwörtlich dem Erdboden gleichgemacht; sie fiel den amerikanisch-japanischen Kämpfen zum Opfer und hat sich davon nie wieder erholt.

Heute ist sie ein chaotisches Konglomerat aus heruntergekommener pragmatischer Architektur ohne städtebaulichen Plan, überbevölkert, voll Armut, Einwanderer und lokaler Märkte. Auf den Straßen herrscht ein typisch chaotischer Verkehr vor. Doch irgendwas ist hier anders als in anderen asiatischen Megastädten. Ungewöhnliche Fahrzeuge zieren die Straßen: Jeepneys. Ganz Manila ist voll davon, und auch überall sonst auf den Philippinen gibt es diese jeepartigen Fahrzeuge, die ausschauen, als hätte man sie einfach in die Länge gezogen und für eine Disney-Show dekoriert. Sie sind einzigartig: Es gibt sie tatsächlich nur auf den Philippinen. Auch ihre Geschichte geht auf den Zweiten Weltkrieg zurück, als Manila den Amerikanern als Stützpunkt gegen die Japaner diente. Die Amerikaner hatten für die Offensive gegen Japan Tausende von Militär-Jeeps auf den Philippinen stationiert. Als der Krieg zu Ende war, hat man sie den Einheimischen überlassen. Diese transformierten die Fahrzeuge zu Kleinbussen, die sich rasend schnell einer bis heute andauernden Beliebtheit erfreuten. Sie sind das billigste und deswegen auch begehrteste und überfüllteste Verkehrsmittel im Inselstaat.

Intramuros, der rekonstruierte Stadtteil der früheren spanischen Kolonialverwaltung, ist der einzige Bezirk, der noch an Manilas glorreiche Vergangenheit vor dem Zweiten Weltkrieg erinnert. Im 16. Jahrhundert haben sich die spanischen Eroberer in Manila niedergelassen und damit die offizielle Geschichtsschreibung der Philippinen begonnen. Vorher waren die Inseln angeblich von kulturlosen Barbaren bevölkert, so berichteten die Spanier der Außenwelt. Die permanente Ausstellung »Gold of Ancestors« im Ayala Museum in Makati (Metro Manila) beweist nun endlich das Gegenteil.

Im 2. Stock steht man vor einer Eingangstür, golden, vergittert, von Sicherheitsbeamten bewacht. Man könnte sich in Fort Knox wähnen. Dahinter verbirgt sich ein sagenhafter Schatz von Kunstwerken, von dem man nicht ahnte, dass so etwas existieren könnte. Über 1.000 Goldobjekte befinden sich hier, die lange vor der Kolonialisierung der Philippinen durch die Spanier gefertigt wurden. Goldene Schärpen, Halsketten, Diademe, Ohrringe und Fingerringe, Armbänder und Vasen sind aus feinstem Gold hergestellt und von einer atemberaubenden Finesse. Mit winzigen Details, die eine ausgesprochene Begabung und Versiertheit der philippinischen Goldschmiede bereits im 13. Jahrhundert n. Chr. beweisen. Um diese Feinheiten genau bewundern zu können, sind Lupen an den Ausstellungskästen angebracht. Ebenso interessant ist der Vergleich mit Goldwerken aus anderen Kulturkreisen desselben Zeitraumes.

Die Ausstellung verdeutlicht eindrucksvoll, dass es lange vor der spanischen Herrschaft eine hoch entwickelte philippinische Kultur gab, die mit anderen asiatischen Reichen einen regen Handel und Austausch pflegte. Wieso und wann genau diese Kultur ein Ende fand, ist derzeit Forschungsschwerpunkt der Historiker.

94. GRUND

WEIL DIE PYRAMIDEN VON ALIENS ERBAUT WURDEN

Die Pyramiden von Gizeh in Ägypten sind die ältesten erhaltenen Bauwerke der Menschheit und das einzige erhaltene der sieben Weltwunder der Antike.

Gebaut wurden sie zwischen 2620 und 2500 v. Chr. in der 4. Dynastie des alten Ägypten. Sie wurden als Grabstätten für die ägyptischen Herrscher errichtet. Man glaubte im alten Ägypten, dass der Pharao nach seinem Tod in den Götterhimmel aufstieg. Die Pyramide war sozusagen als Himmelstreppe zum Göttlichen gedacht, die es dem verstorbenen Pharao ermöglichen sollte, zu seinem Vater, dem Sonnengott Re, zu gelangen. Die größte und bekannteste Pyramide ist die Cheops-Pyramide, die ursprünglich 146,6 Meter hoch war. Heute stehen davon noch imposante 138,75 Meter.

Eine begrenzte Anzahl an Touristen darf heute täglich den steilen und feuchten Weg ins Innere der Pyramide, in die Grabkammer des Cheops, gehen, um drinnen festzustellen, dass stickige Luft und eine klaustrophobische Erfahrung die Highlights der Begehung sind. Aber man kann sagen, dass man drin war; auch das soll ja etwas wert sein.

Drinnen stehen lediglich Überreste eines Granitsarkophags – keine imposant geschmückten Kammern, keine Schätze. Seit Jahrtausenden scheint es für die Menschen nicht fassbar zu sein, dass dies die Grabstätte eines Gottkönigs sein soll, dementsprechend reißen Mythen und Spekulationen über verborgene Schätze und geheime Kammern nicht ab. Als man Anfang der 90er-Jahre in einem der Schächte eine Blockierung entdeckte, auf deren Oberfläche sich zwei längliche, offenbar kupferne Stifte befanden, überschlugen sich die Ereignisse. Man hoffte, endlich etwas Handfestes gefunden zu haben, um eventuell sogar die »Kammer des Wissens« mit all den Geheimnissen der alten Ägypter zu öffnen. Die weltweite TV-Übertragung im Jahre 2002 von der Öffnung des Blockiersteins brachte leider weder die »Kammer des Wissens« noch irgendwelche Schätze ans Licht. Dahinter war einfach gar nichts.

Das Schöne daran ist: Die Ungewissheit, ob in diesem riesigen Steinkomplex nicht doch irgendwo etwas Verborgenes auf uns wartet, lässt weiterhin viel Raum für spannende Spekulationen.

Zum Beispiel ist bis heute nicht geklärt, wie die Pyramiden eigentlich gebaut worden sind. Über drei Millionen Steinblöcke wurden für den Bau der Cheops-Pyramide benötigt, rund 2,5 Tonnen wiegt einer dieser Blöcke im Durchschnitt. Es ist kaum vorstellbar, dass die Bauzeit weniger als 20 Jahre betrug, und es kursieren die unterschiedlichsten Theorien, wie diese schweren Steinblöcke für den Bau der Pyramiden bewegt und aufgeschichtet wurden.

Wenn man in der glühenden Sonne vor diesen monumentalen Steinbauten in der Wüste steht, scheint es tatsächlich unmöglich, dass vor über 4.500 Jahren ohne moderne Technik, mit reiner Manneskraft, diese Bauwerke entstanden sein sollen.

Mit diesem Gedanken ist man nicht allein. Zum Glück gibt es auch dafür bereits Theorien: Die Prä-Astronautik geht davon aus, dass Aliens in früherer Zeit die Erde besucht haben und vermeintlich menschliche Bauwerke wie Stonehenge, die kolossalen Steinstatuen der Osterinsel oder eben auch die Pyramiden erbaut haben. Zecharia Sitchin (1920–2010), ein bekannter Prä-Astronautiker, hat herausgefunden, dass die Anunnaki keine Götter aus der mesopotamischen Mythologie waren, sondern Außerirdische vom Planeten Nibiru. Sie kamen zum Goldabbau auf die Erde und bauten ihre funktionell notwendigen Einrichtungen, wie Spaceports, Mission Control Center u.ä. nach der Position der Sterne. Die Pyramiden von Gizeh repräsentieren das Sternenbild des Orion.

PS: Böse Zungen ordnen die Prä-Astronautik als Pseudowissenschaft ein.

95. GRUND

WEIL DIE WAHRHEIT DER MONA LISA NOCH UNENTDECKT IST

Man biegt um die Ecke – auf einmal steht man in einer Menschenmasse, die offensichtlich wegen etwas hier ansteht. Denn die Gemälde, die rechts und links herumhängen, scheinen sie überhaupt nicht zu interessieren.

Ob am Ende der Schlange gerade ein italienisches Original feilgeboten wird? Oder gibt es da Eis umsonst? Wissen die Leute überhaupt, weshalb sie hier anstehen? Es kommt ja immer wieder vor, dass einige Menschen sich nur einer Masse anschließen, weil sie Angst haben, was zu verpassen, ohne zu wissen, was der Grund ist.

Wir sind im Denon-Flügel des Louvre in Paris. Hier soll die *Mona Lisa* hängen. Und nachdem ich mich geduldig in die Schlange gestellt habe, steh ich auch für ein paar Sekunden vor ihr, bevor mich meine Hintermänner hektisch weiterschubsen.

Das soll das berühmteste Gemälde der Welt gewesen sein? Ich versuche noch einen letzten Blick zu erhaschen.

Napoleon hat das Gemälde aus dem Louvre entwendet und es sich ins Schlafzimmer gehängt. Der italienische Handwerker Vincenzo Peruggia wollte es seinem Heimatland Italien zurückgeben und hat es 1911 aus dem Louvre gestohlen. Wochenlang beherrschte der Skandal die Titelseiten der Zeitungen. Erst zwei Jahre später konnte der Dieb in Florenz überführt werden. Bevor die *Mona Lisa* nach Paris zurückging, wo sie mit einer großen Staatszeremonie empfangen wurde, reiste sie in einer eigens angefertigten gepolsterten Kiste und mit Ehrenwache durch Italien.

Heute ruht sie vom Publikum weiträumig abgeschirmt hinter kugelsicherem Panzerglas, weil sie mit ihrem undurchsichtigen Blick offensichtlich Betrachter auch in Rage bringen kann. Lächelt sie eigentlich, oder blickt sie einen kalt an? 1956 musste sie gleich zwei Attentate, einmal mit Säure und einen aggressiven Steinwurf, über sich ergehen lassen.

Ziemlich viel Furore um so ein kleines Bild. Die Verwunderung über die Größe ist der erste Gedanke, den wohl viele haben. Dabei wirkt es so monumental, was am Verhältnis von Person und Hintergrund liegt. Wer ist sie oder vielleicht er?

Traditionell wird sie als Lisa del Giocondo identifiziert, Ehefrau eines Florentiner Kaufmanns, der das Porträt bei Leonardo da Vinci in Auftrag gab, aber nie erhalten hat. Warum aber hat Leonardo das Bild für sich behalten?

Andere vertreten die Brandani-Theorie. Demnach soll es sich um Pacifica Brandani handeln, eine Geliebte von Giuliano II. de' Medici, die bei der Geburt des gemeinsamen unehelichen Sohnes im Kindbett verstorben war. Das Gemälde wurde als tröstender

Mutterersatz für den noch kleinen Ippolito bestellt. Der italienische Name der Mona Lisa »La Gioconda«, auf Französisch »La Joconde« (dt. die Heitere), stützt diese Theorie.

Eine vom Louvre zurückgewiesene Spekulation legt nahe, dass es sich um den Jüngling Andrea Salaino Florentine handeln soll, in den sich Leonardo derart verguckt hat, dass er ihn sogar adoptierte. Wegen seines Hangs zum Stehlen bekam der Junge den Spitznamen »mon Salai« (frz. Brut des Teufels), was bei einer Buchstabenumstellung zu »Mona Lisa« führt. Interessanterweise basiert der deutsche bzw. auch im Englischen gebräuchliche Titel »Mona Lisa« auf einem Rechtschreibfehler, denn Mona ist eigentlich kein Vorname, sondern leitet sich von der italienischen Kurzform Monna für Madonna (dt. Frau) ab.

Das lässt zahlreiche Theorien für die Buchstabenumstellung »Mona Lisa« alt aussehen. Nicht zuletzt die fantasievolle Interpretation im Bestseller *Sakrileg* von Dan Brown, wo die ägyptischen Götter Isis und Amon als Inspiration gedient haben sollen.

96. GRUND

WEIL ASIEN JEDE MENGE KURIOSITÄTEN ZU BIETEN HAT

Wenn man länger durch Asien reist, entdeckt man allerlei Kuriositäten. Was für die Einheimischen ganz normal ist, kann mit westlichen Augen betrachtet durchaus etwas seltsam wirken. Einige Beispiele gefällig?

☯ Ein Motorroller kann nicht nur als Transportmittel für Menschen, Tiere und Waren genutzt werden, sondern eignet sich auch hervorragend für ein gemütliches Mittagsschläfchen. So elegant wie die Südostasiaten würden wir das aber mit großer Wahrscheinlichkeit nicht hinkriegen.

◐ Das Wahrzeichen der Flitterwochen-Insel Jeju sind die Harubang. Die Südkoreaner sind der Überzeugung, dass Frauen, welche die Nase einer der Steinfiguren berühren, schwanger werden.

◐ Schon mal frittierte Ahornblätter gegessen? In Osaka sind die *Momiji-Tempura* ein beliebter Snack. Schmeckt echt lecker!

◐ Im kleinen Dorf Kong Lor im Süden von Laos wird der traditionelle Reisschnaps mit Rinderblut gemischt. Prost!

◐ Die Kirchen in Vietnam sind gut besucht. Damit alle den Text der Lieder kennen, wird er in manchen Kirchen in Ho Chi Minh City auf Bildschirmen im Karaoke-Style eingeblendet.

◐ In der südkoreanischen Hafenstadt Busan hatte ich Lust auf etwas Gesundes, und so bestellte ich einen Salat. Ich hab auch einen Salat bekommen – mit kandierten Früchten und zwei Eiskugeln. WTF?

◐ Will man in Japan Kleider shoppen, muss man in der Umkleidekabine einen Make-up-Schutz über den Kopf ziehen, damit die Kleider sauber bleiben.

◐ Für die Hongkong-Chinesen sind die IKEA-Einrichtungen wohl etwas zu real – sie sitzen mit dem Smartphone auf der Couch, unterhalten sich am Küchentisch oder machen ein Nickerchen auf einem Sessel oder im Bett.

◐ Ich bin ein großer Fan der koreanischen Küche! Doch manchmal ist sie auch etwas seltsam. Zum Beispiel die Nudeln im Eiswasser. Oder wenn man das Gericht vor dem Essen noch mit der Schere zerkleinern muss.

◐ Viele Thailänder vergöttern ihren König. An seinem Geburtstag finden im ganzen Land große Festveranstaltungen statt. Mit geschmückten Straßen, Gebeten und Feuerwerken. Fast alle Menschen tragen gelbe T-Shirts (die Farbe des Königs).

◐ In Kambodscha trinkt man den leckeren Zuckerrohrsaft direkt aus der Plastiktüte.

◐ In Japan gibt es nicht nur ein eigenes Museum zum Thema »Fertignudeln«, man kann auch gleich seine ganz eigene Mischung zusammenstellen. Und man lernt, weshalb man einen normalen Becher Nudeln niemals ins Weltall mitnehmen sollte.

🌏 Normalerweise werden an den Straßenrändern Essen, Getränke oder Benzin verkauft. Nicht so in Vientiane, der Hauptstadt von Laos. Dort werden lieber lebendige Fische angepriesen.

🌏 Tätowierten wird in Japan der Zutritt zu den Onsen (heißen Quellen) verweigert. Tattoos sind noch nicht üblich und werden besonders von älteren Menschen als Zeichen für kriminelle Machenschaften gedeutet.

🌏 Bei uns wollen alle braun gebrannt sein, in Asien ist es genau anders herum. Kreideweiß zu sein ist dort das Schönheitsideal, und so finden sich in Produkten wie Sonnencreme, Deos und Bodylotion Spuren von Weißmacher. Die Asiaten, die besonderen Wert auf eine helle Haut legen, haben noch eine weitere Strategie: immer im Schatten bleiben, und falls man doch mal in die Sonne muss, dann nur mit Regenschirm.

🌏 Auf der Insel Jeju verbringen die Südkoreaner ihren Urlaub. Eine der vielen Aktivitäten: in einem Boot im Kreis fahren. Dafür nehmen einige auch gerne die lange Wartezeit in Kauf.

🌏 Auf dem Markt in Sapa in Nordvietnam werden allerlei tote Tiere verkauft. Auch Hunde ...

🌏 Während bei uns der Hipster-Mann Bart trägt, liegt in Hongkong eher das Baby-Face im Trend.

🌏 Auf den Innenwänden des weißen Tempels Wat Rong Khun in Thailand findet man die Bilder von Superman, Kung-Fu Panda, Elvis und Co.

🌏 Man stolpert beinahe täglich über Dinge, die man noch nie zuvor gesehen hat, wie beispielsweise auch Kuchen in Penis- und Brust-Optik.

97. GRUND

WEIL ES UNGEWÖHNLICHE EINREISEBESTIMMUNGEN GIBT

Vor einiger Zeit bin ich auf Saudi-Arabien als potenzielles Reiseziel aufmerksam geworden. Ich finde die arabische Welt ohnehin sehr interessant. Die meisten werden jetzt denken, ich spinne, ob ich über die Verhältnisse in Saudi-Arabien nicht informiert sei. Doch, bin ich. Mich interessieren beim Reisen nicht nur die touristischen Sehenswürdigkeiten, sondern auch der Alltag vor Ort, für mich als Reisende und für die Leute, die da leben. Mich interessiert, ob es anders ist als in unserer Berichterstattung. Und gerade deshalb, weil ich von Saudi-Arabien nur negative Nachrichten vernehme, interessiert es mich umso mehr, mir vor Ort ein eigenes Bild zu machen.

Das Erste, was ich dann höre: Frauen können gar nicht nach Saudi-Arabien einreisen, sie bekommen kein Visum. Nee, dachte ich, kann ja gar nicht sein.

Stimmt aber. Es ist als Frau nicht möglich, ein Geschäftsvisum für die Einreise nach Saudi-Arabien zu beantragen. Ein Touristenvisum in dem Sinne gibt es gar nicht erst. Es heißt Besuchervisum und erfordert die Einladung eines saudischen Staatsbürgers, die das saudische Außenministerium bestätigen muss, damit man dann das Visum beantragen kann.

Unser Auswärtiges Amt schreibt klar: »Saudi-Arabien ist kein touristisches Reiseland. Visa für Individualtouristen werden nicht erteilt. (…) Es gibt nur einen sehr eingeschränkten Auslandstourismus – vorwiegend aus arabischen Nachbarländern. Einige wenige Gruppenreisen mit Reiseleitung aus westlichen Ländern sind jedoch möglich.«

Ich hab bisher noch keinen Anbieter gefunden.

Ich müsste also an ein Besuchervisum kommen. Ich hab mir das genauer angeschaut. Und dazu die interessantesten Infos im Internet gefunden.

Ledige Frauen unter 45 Jahren bekommen angeblich kein Visum. Frauen unter 40 dürfen nur in Begleitung eines volljährigen nahen Verwandten einreisen, das kann der Vater, Bruder oder Ehemann sein, aber nicht alleine.

Wenn man als Frau alleine einreist und der Einladende ein Mann ist, ist darauf zu achten, dass Frauen nicht mit »fremden« Männern im gleichen Auto fahren dürfen.

Selber Auto fahren darf ich auch nicht, das ist Frauen in Saudi-Arabien generell untersagt, egal ob Touristin oder Einheimische.

Medina und Mekka darf ich auch nicht betreten. Diesmal aber nicht, weil ich weiblich bin, sondern weil ich nicht muslimisch bin.

Fakt ist, ich komm wohl nicht rein. Mir waren diese Einreisebeschränkungen völlig unbekannt. Und sie verwundern mich, wo ich doch aufgewachsen bin mit einer theoretisch völlig unbeschränkten Bewegungsfreiheit.

98. GRUND

WEIL ES AUF ISLAND SOMMERSCHNEE GIBT

Kann man in eine Idee, in eine Vorstellung von etwas verliebt sein? Meine Liebesgeschichte mit Island beginnt lange vor meinem tatsächlichen Besuch. Es war ein Abend im Münchner Literaturhaus bei einer Lesung von Hallgrímur Helgason, wo der erste Funken übersprang.

Hallgrímur Helgason las aus seinem Buch *Eine Frau bei 1000 Grad* – und für mich stand fest: Isländer sind charmant sonderbar; mit einer ausgeprägt makabren, humorvollen Note. Den schwarzen Humor der Briten könnte man dagegen als sensibel abstellen.

Ob die isolierte Lage im Nordatlantik auf halber Strecke zwischen dem amerikanischen und dem europäischen Kontinent dafür verantwortlich ist? Oder weil der isländische Staat keine Armee besitzt? Weil der Glaube an Feen und Trolle immer noch in der Bevölkerung vorhanden ist?

Dass der Winter sehr lang, der Sommer sehr kurz ist und die Sonne sich mal gar nicht zeigt oder überhaupt nicht mehr untergeht?

Vielleicht sind es auch die geologischen Bedingungen, nicht umsonst wird Island auch die Insel aus Feuer und Eis genannt. Island ist die größte Vulkaninsel unserer Erde, doch die Lava kocht unter dicken schneebedeckten Eiskappen der Gipfel.

Es gibt nichts Vergleichbares: Polarlichter, riesige Gletscher und brodelnde Vulkane vereint auf einer Insel. Island ist ein Naturparadies, überwältigend schön und geprägt durch Extreme. Es ist das Gesamtpaket aus Sonderbarem und Extremen, was mich bereits aus der Ferne magisch angezogen hat.

Wir reisen zum offiziellen Sommerbeginn nach Island. Wir lernen: Isländer unterscheiden nur zwischen zwei Jahreszeiten: Sommer und Winter. Der Sommerbeginn ist ein offizieller Feiertag und fällt immer auf den Donnerstag nach dem 19. April. Bei Icelandair im Flieger gibt es zur Feier des Tages erst mal eine Portion Eis. Als wir landen werden wir von sommerlichen null Grad und einem eisigen Wind aus Norden empfangen, der die gefühlte Temperatur auf –15 Grad Celsius runterschraubt. Die Jugendlichen interessiert das nicht, nun ist offiziell Sommer, also endlich rein in die T-Shirts und weg mit den Wintersachen. Mir frieren die Hände beim Fotografieren ein; ich hab meine Handschuhe vergessen.

Als wir mit einem Helikopter auf einem Vulkan landen, sinkt die gefühlte Temperatur um weitere 15 Grad, und dennoch blubbert und brodelt es um uns herum. Es stinkt nach Schwefel, der in riesigen Rauchwolken aus der Erde tritt und unsere Sicht behindert. Wir müssen aufpassen, dass wir nicht in kochend heiße Wasserpfützen treten, während der Boden und die Gräser in eine konservierende Eisschicht gehüllt sind. Beim Skógafoss-Wasserfall werden wir mit einem gigantischen Regenbogen empfangen, wo ich dem Gedanken unterliege, dass mit Sicherheit ein Pott voll Gold an dem einen Ende versteckt ist. Danach zu tauchen würde den sofortigen Gefriertod bedeuten. Jeder Tropfen Wasser, der sich von der fließenden Kraft des Wasserfalls entfernt, gefriert sofort zu Eis.

An der Küste in Vík, dem südlichsten Ort der Insel, wird mir klar, dass Island sogar den schönsten Strand der Welt zu bieten hat – weißer Sandstrand mit Palmen gesäumt? Eben nicht. Tiefschwarzer Sand aus Vulkangestein ziert den kilometerlangen Strand, der durch schroffe Felsformationen unterbrochen wird. Papageientaucher bewohnen die Klippen. Hinter uns ein Panorama aus schneebedeckten Vulkanen. Und im Westen geht die Sonne ganz gemächlich unter. Mehrere Stunden färbt sich der Himmel in Gelb, in Orange, schließlich in Rot, von Norden zieht derweil ein Sturm auf. Es fällt Schnee. Einen Tag nach Sommeranfang. Die Isländer nennen es Sommerschnee. Sommerschnee auf schwarzem Sand, wieder so eine sonderbare isländische Erscheinung, der ich gnadenlos verfallen bin.

99. GRUND

WEIL MAN IN DIE ZUKUNFT REISEN KANN

Wir waren gerade erst in Südafrika gelandet. Es war drückend heiß. Die Hitze machte uns zu schaffen, sodass wir erst mal ins total angesagte Mzoli's Meat einkehrten. Das neue Nationalgetränk, der *Fresh-Flip* (eine Mischung aus Soda, irgendwelchen afrikanischen Kräutern, der Marula-Frucht und einem Spritzer Zitronensaft – unbedingt probieren!), dargereicht in Township-Weingläsern (eine in der Mitte durchgesägte Bierflasche mit abgeschliffenen Kanten, deren Flaschenhals unter den Boden geklebt wird), sollte seine Dienste tun und uns Abkühlung verschaffen.

Drinnen war es voll, freie Tische Fehlanzeige. Etwas weiter hinten saß ein Strauß, der uns mit einer Kopfbewegung (treffender wäre die Bezeichnung Hals-Kopf-Bewegung) bedeutete, dass wir uns zu ihm gesellen sollten.

Wir hatten uns schon vorher gefragt, wann wir mit einem Strauß ins Gespräch kommen würden, denn der Animal-Communicator war vor Kurzem auch für Strauße und Waschbären auf den Markt gekommen, nachdem er schon mehrere Jahre erfolgreich von Elefanten, Affen und Pinguinen verwendet wurde. Es hatte bei der Einführung allerdings einige Probleme gegeben, unter anderem konnten die Geräte Imperative nicht richtig umsetzen.

Er heiße Edgar und sei sehr erfreut, uns zu treffen, wir sähen ihm äußerst ähnlich (wir fassten dies mal als Kompliment auf). Wieso er denn Edgar heiße, fragten wir leicht verwundert. »Die Betreiber der Animal-Communicator vergeben die Namen«, sagte er. »Die Communicator setzen sogar die Klicklaute um.« Manchmal komme er mit seinen Zulu-Sprachkünsten aber auch etwas durcheinander, sodass dann eigenartige Gurgelgeräusche entstünden.

Das wirklich Tolle an diesen Geräten sei aber, dass man tatsächlich Bier bestellen könne. Sein absoluter Favorit: das Joburg Beer, das gibts immer noch in Tetrapaks.

Man merkte, Edgar war einer von denen, die alles im Griff hatten. Selbstbewusst, cool, abgeklärt.

Beinahe hätten wir seine Gunst verspielt, als wir einen Straußenwitz zum Besten gaben: »Fragt der eine Strauß den anderen: ›Warum stecken wir eigentlich unsere Köpfe in den Sand?‹ – ›Ich weiß nicht, warum du deinen in den Sand steckst, aber ich suche nach Öl.‹«

»Nicht witzig«, befand Edgar, er mochte uns aber trotzdem noch.

»Ob denn auch der Austausch mit anderen Tieren funktioniert?«, erkundigten wir uns, um von dem Witzdebakel abzulenken. Absoluter Hammer seien die Pinguine; schnattern den ganzen Tag, haben viel zu erzählen und sind dabei noch echt witzig. Es sind mittlerweile auch extra Pinguin-Schnatter-Treffpunkte eingerichtet worden. Er gehe gerne dorthin, sehr unterhaltsam. Gespräche mit

Elefanten könne man hingegen fast vergessen, einfach nicht sein Humor, und Affen seien definitiv zu egozentrisch.

»Und wie schaut es aus mit Tipps für unsere Südafrika-Rundreise?«, löcherten wir ihn weiter. Da hätten wir genau den Richtigen gefragt: Die Garden Route dürfe definitiv nicht fehlen; wunderschön sei der kleine Ort Wilderness, umgeben von zahlreichen Seen und den Outeniqua-Bergen, mit einem endlosen Traumstrand. Super Geheimtipp: das Hotel Wilderness Manor.

Die etwas im Osten gelegene Shipwreck Coast sei ebenfalls äußerst faszinierend. »Ist was für Taucher, fragt deshalb mal die Pinguine. Die wissen da noch besser Bescheid.«

Gute Gelegenheiten, sich mit anderen Tieren auszutauschen, würden sich sicherlich im Great Limpopo Transfortier Park (früher Krüger-Nationalpark) ergeben. Falls es uns dorthin verschlägt, er habe hervorragende Kontakte (aha, Edgar vermittelt auch!) und könne deshalb auch das Tree-Camping für uns klar machen. Sehr hygienisch, völlig ungefährlich und dabei auch absolut romantisch.

Wenn wir uns den Weinen hingeben wollten, müssten wir unbedingt die der Rebsorte Pinotage kosten. Ein wahrer Schatz Südafrikas! »Wunderbar volle Frucht, reichlich Tannin und eine an Holzkohle erinnernde Note«, findet Edgar.

»Ah, und das Apartheid Museum in Johannesburg dürfe natürlich nicht fehlen, man bekommt einen erschütternden Einblick in die diskriminierende Rassenpolitik jener Zeit. Das Ausstellungskonzept ist großartig«, sagte er, »man wird als Besucher richtig hineingerissen in die Geschichte, ein unglaublich intensives und aufrüttelndes Erlebnis.«

Komplett erfrischt von unseren *Fresh-Flips* (jeder von uns hatte bestimmt drei Stück getrunken) und angefüllt mit geballtem Südafrika-Fachwissen, bedankten wir uns bei ihm für die zahlreichen Tipps und verließen das Mzoli's Meat. Salani Kahle Edgar!

Dann fuhren wir noch mit dem Squeezer, der vor mehr als zehn Jahren die Gondel vollständig abgelöst hatte, auf den Tafelberg

und genossen den Sonnenuntergang am Kap bei einer Flasche *Pinotage*.
Reisetagebuch: Tag 1, Kapstadt, 17. Februar 2073

100. GRUND

WEIL ES EINEN SCHLEICHWEG IN DEN VATIKAN GIBT

»Excuse me, Madam, where are you going?«, höre ich den Herrn in der clownesken Renaissance-Uniform bestimmt hinter mir herrufen, als ich in Richtung der Vatikanischen Gärten an der Wache Largo Paolo VI. vorbeispazieren will.

Bewacht wird der Vatikan, der mit einer Fläche von 0,44 Quadratkilometern der kleinste Staat der Welt ist, von 110 Schweizergardisten, die für die persönliche Sicherheit des Papstes zuständig sind. Die Kommandosprachen sind Deutsch und Italienisch, und ihre Geschichte geht auf Anfang des 16. Jahrhunderts zurück, als Papst Julius II. 1506 das Korps zum Schutze des Vatikans gründete. Schweizer Söldner hatten seinerzeit ein erstklassiges Ansehen. Heute gehört die Schweizergarde zu den ältesten noch existierenden militärischen Verbänden. Ihre traditionelle, extravagant bunte Uniform macht sie heute zu einem äußerst beliebten Fotomotiv bei den Touristen.

Für Besucher sind der Petersdom, der Petersplatz, die Vatikanischen Museen und die Sixtinische Kapelle innerhalb der Vatikanstadt zu bestimmten Zeiten geöffnet.

Der uneingeschränkte Zugang zur Vatikanstadt ist nur wenigen Personen gestattet: Angestellten, Staatsbürgern und Gästen des Kirchenstaates. Ich gehöre zu keiner dieser Gruppierungen. Aber Verbotenes ist reizvoll; und mir wurde ein Schleichweg ins Innere des kleinsten Staates der Welt zugetragen, weshalb ich nun mein Glück versuche.

Ich solle vormittags an der Wache Largo Paolo VI., die sich links vom Petersdom befindet, die Schweizergarde auf Deutsch ansprechen und mitteilen, dass ich zum Campo Santo Teutonico möchte, dann dürfe ich passieren.

Mist, das mit dem Ansprechen hätte ich vielleicht zuerst machen sollen, bevor ich so selbstbewusst an den uniformierten Herren vorbeimarschiere, nicht dass sie mir jetzt böse sind. »Ich möchte zum deutschen Friedhof«, rufe ich nonchalant herüber, und der Schweizergardist antwortet mir auf Deutsch, mit reizendem Schweizer Akzent: »Geradeaus, und dann befindet sich der Eingang zum Friedhof auf der linken Seite.« Der deutsche Friedhof, der Campo Santo Teutonico, ist hoch ummauert und liegt innerhalb der vatikanischen Mauern, hat jedoch exterritorialen Status, gehört also zum italienischen Staatsgebiet. Deutsche (meint auch den erweiterten historischen deutschen Kulturraum) müssen den Friedhof ungehindert erreichen dürfen. Der Campo Santo Teutonico ist eine Oase der Stille mitten im hektischen Rom. Kaum ist man hinter den Mauern verschwunden, hat man die stressigen Menschenmassen vorne auf dem Petersplatz bereits gedanklich hinter sich gelassen.

Der kleine Friedhof ist etwa 700 Jahre alt. Er war für Pilger gedacht, die von der Pilgerfahrt nicht mehr heimkehren konnten. Schnell wurde der Friedhof als letzte Ruhestätte sehr attraktiv, weil er in unmittelbarer Nachbarschaft zum Grab des Apostel Petrus liegt. Heute werden hier nur Angehörige der deutsch-katholischen Vereinigung »Erzbruderschaft zur schmerzhaften Muttergottes der Deutschen und Flamen« beigesetzt.

Nach dem Friedhofsbesuch bin ich stark versucht, die Straße einfach weiter hoch zu gehen, weiter ins Innere des Heiligen Staates vorzudringen. Vielleicht würde ich ja den Supermarkt finden, neben Lebensmitteln soll es dort Tiefkühltruhen, Bügeleisen und (kurioserweise) Epiliergeräte geben. Doch meine Begleitung erhebt vernünftig die Stimme und zerrt mich Richtung italienischen Staatsboden wieder auf den Petersplatz.

101. GRUND

WEIL NICHT JEDE HAUPTSTADT SEHENSWERT IST

Podgorica, das bis 1992 Titograd hieß, wurde nach dem Unabhängigkeitsreferendum 2006 zur Hauptstadt des neuen Staates Montenegro erklärt. Sie beherbergt circa 150.000 Einwohner und bildet das kulturelle Zentrum von Montenegro. Eine Reihe von Theatern, wie das montenegrinische Nationaltheater, das Stadttheater, das Puppentheater, mehrere Museen (Stadtmuseum, Naturhistorisches Museum) und Galerien (Dvorac Petrovića und Perjaniki dom) sind hier beheimatet.

Was sich jetzt nach einer spannenden Ladung an Hauptstadtkultur anhört, ist lediglich eine beschönigende Auflistung, die überspielen soll, dass Podgorica berühmt vor allem für eines ist: dass es absolut gar nichts zu sehen gibt.

Es waren vor allem die Einheimischen Montenegros selbst, die mir immer wieder von einem Besuch abrieten. Ich bin natürlich trotzdem gefahren, um mich selbst zu überzeugen. Es war bisher immer so, dass ich in vermeintlich uninteressanten Orten durchaus etwas Nettes entdecken konnte: einen schönen Platz, eine herzliche Begegnung oder auch einfach ein außerordentlich leckeres Stück Kuchen.

Nun. In Podgorica habe ich das »Nichts« entdeckt. Das klingt erst mal fürchterlich, und ich fühl mich auch jedes Mal schlecht, wenn ich das über Montenegros Hauptstadt sage; das hat so was Existenznegierendes. Aber das »Nichts« ist der beste Ort für eine totale Entspannung, hab ich herausgefunden: Man kann nicht viel verpassen.

Doch wer lange genug sucht, wird selbst im Nichts fündig – nicht unbedingt einer Hauptstadt angemessen, aber immerhin! Große Fans von jugoslawischer Geschichte oder visionäre Stadtplaner werden aber trotzdem auf ihre Kosten kommen. Die willkürliche architektonische Mischung der Stadt lässt die bewegte Vergangenheit Podgoricas erahnen. Die mehreren Jahrhunderte osmanischer

Herrschaft sind mit den Moscheen in den Stadtteilen Stara Varoš und Drač noch erkennbar. Das sozialistische Jugoslawien hat seinen Abdruck in Form von groß angelegten seelenlosen Wohnblöcken und Plattenbauten hinterlassen. Zur Jahrtausendwende begann ein moderner architektonischer Bauboom, der das Stadtbild mit verglasten Apartmenthäusern und Bürogebäuden erweitert, die dem Stadtbild keinen Gefallen tun. Das moderne Podgorica hat mit der 2005 eröffneten Millennium-Brücke über den Fluss Morača nun endlich ein Wahrzeichen gefunden. Was leider ebenfalls den Rückschluss zulässt, dass die junge Hauptstadt keine touristischen Sehenswürdigkeiten zu bieten hat, wenn eine Brücke aus dem Jahre 2005 das lang ersehnte Wahrzeichen darstellt.

Der junge Staat versucht aber, den künstlerischen Nachwuchs zu fördern, um das Stadtbild vielseitiger und lebendiger zu gestalten. Erstaunlicherweise, weil auf den ersten Blick nicht ersichtlich, bietet Podgorica deswegen eine Künstler- und Nightlife-Szene. Insbesondere in den warmen Sommernächten sorgen die Open-Air-Clubs für ein abwechslungsreiches Abendprogramm. Beim Sunčane-Skale-Musikfestival erlebt man die jungen Musiker live. Der beliebteste Club der Stadt »Culto« verspricht ganzjährig sensationelle Stimmung und stets tanzbare Musik. Auf der MNE Fashion Week kann man die neuen Balkantrends bestaunen und sich in den Boutiquen der Nachwuchsdesigner neu einkleiden.

Am besten eignet sich Podgorica aber als Ausgangspunkt für die Entdeckung des vielfältigen Kleinstaates Montenegro. Das atemberaubende, in Fels gehauene orthodoxe Kloster Ostrog liegt nur knappe 40 Kilometer von Podgorica entfernt. Die wunderschöne goldgelbe Küste mit den mittelalterlichen Städtchen Kotor und Sveti Stefan lässt sich durch regelmäßigen Bustransfer leicht erreichen. Und im Norden lädt der Durmitor-Nationalpark, bereits 1980 von der UNESCO zum Welterbe der Menschheit erklärt, Bergfreunde in eine unerschöpfliche Szenerie aus tiefen Schluchten, Gletscherseen und hohen Berggipfeln zum Wandern ein.

102. GRUND

WEIL MAN SICH IN SÜDKOREA EINEN GANZ BESONDEREN URBANEN MYTHOS ERZÄHLT

Du bist müde und möchtest schlafen, doch du kriegst kein Auge zu, denn es ist heiß, und du schwitzt. Also schaltest du den Ventilator ein. Die Türe deines Schlafzimmers ist zu, auch die Fenster hast du geschlossen – ein folgenschwerer Fehler?

Es war ein Samstag im Frühsommer diesen Jahres, als ich zum ersten Mal vom Ventilatortod hörte. In Haebangchon (HBC), einem zentralen Viertel der südkoreanischen Hauptstadt Seoul, fand an jenem Abend eine Stand-up Comedy Show von Expats statt. Gemeinsam mit Freunden, die alle als Englischlehrer im Land arbeiten, saß ich im Publikum und hörte mir Witze an. Mal gute, mal weniger gute, doch ein Thema dominierte: der Ventilatortod.

Was ist das genau, worüber sie sich da lustig machen? Ich war verwirrt. Schließlich hätte ich nicht einmal im Traum daran gedacht, dass es tatsächlich Menschen gibt, die Angst vor Ventilatoren haben, weil sie angeblich den Sauerstoff aufbrauchen oder gefährliche Keime übertragen. Bei einer kurzen Internetrecherche informierte ich mich etwas genauer. Es gibt sogar einen Wikipedia Eintrag darüber:

»Der Ventilatortod ist ein in Südkorea verbreiteter Aberglaube bzw. eine moderne Sage. Er sagt aus, dass man durch einen über Nacht in einem geschlossenen Raum laufenden Ventilator sterben kann (durch Erstickung, Vergiftung oder Unterkühlung), wenn man sich in diesem Raum befindet. Zum Teil wird dieser Aberglaube auf Klimaanlagen ausgedehnt.«

WTF? Obwohl es schwarz auf weiß da steht, wollte ich es noch immer nicht wahrhaben. Ich fragte also bei meiner koreanischen Gastfamilie nach und bei weiteren Südkoreanern, die ich während meines Aufenthaltes in Seoul kennengelernt habe. Und tatsächlich:

Viele Leute glauben daran! In südkoreanischen Nachrichten wird sogar regelmäßig im Sommer berichtet, dass wieder Menschen durch den sogenannten »Fan Death« (Ventilatortod) umgekommen sind. Sogar die staatliche Stelle, das Korea Consumer Protection Board, warnte 2006 vor dem Atemstillstand durch elektrische Ventilatoren und Klimaanlagen. Wissenschaftlich ist diese Todesursache nicht haltbar, doch es gibt die verschiedensten Erklärungsansätze für dieses südkoreanische Phänomen:

Der Ventilator erzeugt im geschlossenen Raum durch das Ansaugen der Luft ein partielles Vakuum – nur gefährlich, wenn man direkt unter dem Ventilator schläft, wo das Vakuum erzeugt wird.

Der Ventilator mindert den Sauerstoffanteil im Raum und verursacht dadurch einen tödlichen Kohlenstoffdioxidanteil. Der Ventilator saugt einer schlafenden Person, wenn er zu dicht an ihrem Gesicht steht, die gesamte Luft aus.

Der Gebrauch des Ventilator kann zu tödlichen Unterkühlungen oder auch zu einem Hitzschlag führen. Die Gegensätzlichkeit dieser beiden Aussagen macht die Südkoreaner aber nicht stutzig.

Zum Glück werden einige Ventilatoren, die in Südkorea hergestellt und verkauft werden, mit einem Zeitschalter ausgestattet, sodass sich der Ventilator, wenn man schlafen geht, irgendwann von selbst abstellt. Dem Verbraucher wird stark dazu geraten, diese Funktion auch zu nutzen.

103. GRUND

WEIL MAN AUF DER GALAPAGOS-INSEL FLOREANA EIN DÜSTERES GEHEIMNIS LÜFTEN KANN

Dr. Friedrich Ritter ist es leid. »Dieser ganze Fortschritt, alles wird immer schneller, und ich kann hier in Berlin vor lauter Abgasen nicht mehr durchatmen! Ist doch scheiße«, lamentiert er gerne und laut. Nietzsche! Den mag er. »Sich durch Geisteskraft gegen die Niederungen der Masse durchsetzen. Man muss seiner höheren Natur folgen!« Aber keiner will es mehr hören. »Früher konnte man noch Spaß mit Friedrich haben«, sagen seine Freunde. Aber heute? Er ist ein komischer Kauz.

Doch unser Doktor hat einen Plan: Auswandern! Klar, die Kolonien sind seit dem Ersten Weltkrieg alle weg, aber das war eh nicht sein Ding. Nein, er will ganz weit raus, er hat keinen Bock mehr auf diese verkommene Zivilisation! Eine einsame Insel, und da neu beginnen. Mit Geisteskraft. Das wärs.

Dore findet das toll. Sie ist eine Patientin vom Zahnarzt Friedrich Ritter, und sie will auch dringend raus aus dem Schlamassel.

»Galapagos? Floreana?« Klingt doch toll. 1929 landen die beiden auf der kargen Insel im Pazifischen Ozean. Weit weg von der verhassten Zivilisation. Floreana ist aufgrund der zwei Süßwasserquellen in ihrem Inneren eine von vier bewohnbaren Galapagos-Inseln. Die Insel wurde im 16. Jahrhundert von einem südamerikanischen Bischof entdeckt, zeitweise von Piraten und englischen Walfängern bewohnt. Als Friedrich und Dore Ende der Zwanzigerjahre dort ankommen, ist die Insel unbewohnt. Genauso haben sich die beiden das vorgestellt – die Naturliebhaber spazieren am liebsten nackt über die Insel.

Inspiriert durch die begeisterten Artikel, die über Friedrich Ritter veröffentlicht werden, kommen immer wieder Aussteiger nach Floreana. Doch so schnell sie gekommen sind, sind sie auch schon wieder weg – zu hart ist das Leben hier und hat so wenig mit den Träumereien gemein. Die Vegetation der Vulkaninsel ist in üppigen Regenwald und trockene Uferregionen unterteilt, landwirtschaftlich schwer zu bestellendes Land. Nur eine Familie, die Wittmers, bleibt.

Der paradiesische Zustand hält für das Zahnarztpaar nicht lange an.

Eloise Baronin Wagner de Bousquet landet 1932 mit ihrem kleinen Gefolge von zwei Liebhabern, Rudolph und Bubi, und ein paar weiteren Männern. Sie möchte ein Luxushotel bauen. Friedrich und Dore und den Wittmers gefällt das gar nicht. Und sie ist eine unausstehliche Person! »Ob sie überhaupt eine Baronin ist?«, zweifelt Dore des Öfteren. »Und beide Männer schlafen in ihrem Bett, wenn sie es befiehlt!« Dore ist sehr aufgebracht. Friedrich schweigt dazu. Er hasst diese »Baronin«, sie will ihm sein Lebenswerk zerstören! Aber sie sieht schon gut aus. Leider mag sie nicht nackt rumlaufen. Ach, Frauen machen nur Ärger. »Nirgends hat man seine Ruhe, am wenigsten am Ende der Welt«, murmelt Dr. Ritter.

In Artikeln, die sie an Zeitungen schickt, ruft sich die Baronin derweil zur »Kaiserin von Floreana« aus. Die Zeitungen finden das eine gute Story – doch auf der Insel liegen im Sommer 1934 die Nerven blank. Das Hotelprojekt scheitert.

Und dann ist sie weg. Vom Erdboden verschluckt. Auch Bubi ist von dannen. Ein Schiff soll sie geholt haben, doch keiner hat es gesehen. Mysteriös.

Der zweite Liebhaber Rudolph verkauft Hab und Gut und besteigt ein Schiff. Er wird wenig später tot auf einer Nachbarinsel gefunden, Schiffbruch.

Dann stirbt Friedrich Ritter an einer Fleischvergiftung. Dore hatte gekocht. Sie kehrt nach Deutschland zurück und stirbt 1941 in Berlin.

Familie Wittmer bleibt auf der Insel, der Sohn ertrinkt 1951, der Vater stirbt 1963.

Die Nachfahren der Familie Wittmer betreiben heute ein Hotel auf Floreana. Das Mysterium um die Verschwundenen und Toten von Floreana wurde nie geklärt.

»Es gibt kein Paradies auf Erden. Das Paradies schafft sich jeder selber – oder die Hölle.« (Margaret Wittmer, 1904-2000)

KAPITEL IX

ERINNERUNGEN, NOCH BESSER ALS DIE WIRKLICHKEIT

104. GRUND

WEIL MAN EIGENE FOTOBÜCHER ALS ERINNERUNG GESTALTEN KANN

Man geht auf Reisen, fährt in Urlaub oder besucht Freunde, und hinterher steht man da mit Hunderten von Bildern, weil die Digitalkamera einem kaum noch Grenzen setzt. Nicht dass es mit einer analogen gänzlich anders wäre, aber das Preisbewusstsein beim Entwickeln und Kaufen der Filme hielt einen doch im vernünftigeren Rahmen. Erst einmal zu Hause angekommen, versauern die Fotos dann auf irgendeinem Speichermedium, ohne je das Licht der Welt erblickt zu haben.

Diverse Online-Plattformen wie Flickr bieten die Möglichkeit einer eigenen kostenlosen Online-Galerie, die man mit Freunden, Familie und der ganzen Welt teilen kann, aber trotzdem nicht in Händen hält. Mittlerweile wird ja jeder Drucker mit der Fotodruckoption ausgestattet, doch wenn man die klassische Variante des Fotoalbums auf diese Weise bestücken möchte, wird es teuer. Preiswerter ist es, die Fotos entweder an einer Fotostation zu drucken, wie es sie in vielen Drogeriemärkten gibt, oder online in Druckauftrag zu geben. Die meisten Anbieter verfügen dann auch gleich über die Option, das Fotoalbum 2.0, das sogenannte Fotobuch, zu entwerfen.

Welche Größe, wie viele Seiten, ob Soft- oder Hardcover und wie das Layout des eigenen Bildbandes aussehen soll, kann man frei entscheiden. Es lässt sich also ein richtiger hochwertiger (und auch hochpreisiger) Coffee Table Fotoband erstellen. Ich hab das für eine meiner letzten Reisen nach Bangladesch ausprobiert, und herausgekommen ist ein zauberhafter Bildband mit gut 100 Seiten meiner eigenen Fotografien auf hochwertigem Fotopapier im Hardcover gebunden. Seither behaupte ich stolz, ich hätte meinen ersten Fotoband produziert.

Die eigenen fotografischen Eindrücke einer Reise später nochmals durchzugehen, zu sortieren und dann in Printform in den Händen zu halten ist für mich außerdem eine wundervolle Art der Verarbeitung des Erlebten. Es fühlt sich an, als würde man ein zweites Mal diese Reise erleben, komprimierter, schneller, intensiver. Danach wird mir immer erst bewusst, wie abwegig, einzigartig oder manchmal auch gefährlich einige Situationen doch waren.

Ebenfalls eine herrliche Form der Erinnerung und Verwertung des Bildmaterials ist der selbst gemachte Fotokalender; nicht ganz so aufwendig wie ein Fotoband, weil man sich in der Anzahl der Fotos zwangsläufig auf die zwölf Monate beschränken muss.

Im Übrigen bietet sich der selbst gestaltete Fotokalender auch perfekt als Weihnachtsgeschenk für Familie und Freunde an.

105. GRUND

WEIL POSTKARTENVERSCHICKEN TRADITION HAT

Über eine Postkarte freut sich jeder. Sie ist ein Zeichen, dass man auch in der Ferne, auf Reisen oder im Urlaub an seine Liebsten denkt.

Gemeinhin werden heute ja immer weniger Postkarten geschrieben und verschickt, weil man all die vielen Momente aus dem Urlaub nun zeitgleich mit mehreren Freunden über Social-Media-Kanäle wie Facebook teilt.

Wie schade, denn dabei geht etwas ganz Besonderes verloren: die persönliche Ebene, dass man diesen Gruß, Moment oder Gedanken eben gezielt und bewusst mit dieser einen Person teilt. Dass man sich überhaupt die Mühe macht, in einem fremden Land eine Karte zu finden und sie bei der Post aufzugeben.

Es gibt Länder, da ist es unwahrscheinlich schwierig, geeignete Postkarten für die Lieben zu Hause zu finden. Indien gehört dazu.

Meist findet man überhaupt keine Karten oder muss sich auf langwierige Verhandlungen mit entsprechenden Straßenverkäufern einlassen, die nicht unbedingt ansprechende Motive im Repertoire haben.

Das Hochladen von Fotos oder einer Nachricht als Statusupdate auf Facebook ist auf jeden Fall leichter, befriedigt immerhin die Neugierde der Freunde und das eigene Bedürfnis nach Anerkennung für diesen wohlverdienten Urlaub, ersetzt aber den Postkartengruß nicht im Geringsten.

Es ist Zeit für ein Plädoyer für die gute alte Postkarte!

Die ersten Postkarten durften ab 1861 aus den USA verschickt werden, ein paar Jahre später wurde die Postkarte auch in deutschen Gebieten eingeführt und verbreitete sich schnell als Massenkommunikationsmedium. Zur Jahrhundertwende, als das mehrfarbige und Fotodruckverfahren in Umlauf kamen, setzte sich die Ansichtskarte mit Motiv, im Grunde wie wir sie heute kennen, durch. Zuerst, bis 1905, musste jedoch noch die Bildseite für den Grußtext verwendet werden, weil die Vorderseite ausschließlich für die Adresse, Briefmarke und Poststempel vorgesehen war. Die geteilte Adressseite, die mehr Raum für die schriftliche Nachricht bietet, wurde durch den Weltpostkongress in Rom weltweit zum 1. Oktober 1907 für alle Postkartenarten eingeführt.

Man wird es kaum glauben, aber ihre absolute Blütezeit hatte die Ansichtskarte bis 1918. Danach wurde ihre Popularität durch neuere Kommunikationsmittel wie Telefon und später E-Mail verdrängt.

Doch so modern alle neuen Kommunikationsmethoden sein mögen, die Postkarte hat einen unschlagbaren Trumpf im Ärmel: Man kann sie greifen und somit sammeln – und jede ist einzigartig.

Die Motive mag es als Massenware geben, doch die persönliche Nachricht, die Briefmarke und der Poststempel machen sie im Ganzen einmalig.

Ganz besonders sind Postkarten aus Spitzbergen und Australien. In Spitzbergen in Ny-Ålesund gibt es das nördlichste Postamt der

Welt, wo man Briefe und Postkarten mit dreierlei unterschiedlichen Motiven selber stempeln kann.

Und von Australien kann man Postkarten mit selbst gemalten Briefmarken in die deutsche Heimat schicken. Kein Scherz. Der Grund ist ein altes Abkommen zwischen Deutschland und Australien aus dem Zweiten Weltkrieg, das sicherstellen wollte, dass Soldaten ihre Familien wissen lassen konnten, dass es ihnen gut geht.

106. GRUND

WEIL REISEN BILDET UND MIT KLISCHEES AUFRÄUMT

Wann genau kam Albanien im Geschichtsunterricht dran? Mein Geschichtsinteresse wurde anfangs durch die nicht enden wollende Steinzeit nachhaltig gelähmt, vielleicht hab ich deshalb den Teil verpasst, wo es hieß, dass Albanien die Jahre bis 1990 in einer kompletten Isolation verbrachte; wie Nordkorea bis heute.

Wahrscheinlich kann ich diese Bildungslücke aber tatsächlich auf den deutschen Schulunterricht schieben, der Albanien für stark vernachlässigungswürdig erachtet.

Enver Hoxha war für über 40 Jahre Diktator des kommunistischen Balkanstaates. Und ließ zum Schutze seines unterdrückten Volkes für beinahe jede Familie einen Bunker bauen, um sich für den Großangriff des konsumgeilen westlichen Feindes zu wappnen.

Heute werden diese Bunker der historischen Erinnerung zum Trotz rigoros abgerissen, als könne man damit die Vergangenheit korrigieren. Beim Abriss des Palastes der Republik in Berlin hat man wohl auch in diesen Dimensionen gedacht.

Ich lerne das alles während meiner Reise. Zuvor schwirren nur haltlose Vorurteile in meinem Kopf herum ... alle Albaner sind Kriminelle, und vergiss deine kugelsichere Weste nicht.

Ist Albanien wirklich ein unsicheres Land?

Das Einzige, was mir unsicher erscheint, sind die Gerüchte, die darum kreisen. Das Repertoire ist lang und wird während meiner Reise nicht kürzer: Während der Hoxha-Diktatur hätte man ein Kopfgeld auf westliche Touristen ausgesetzt, die Griechen hätten den Albanern den Sand von den Stränden weggeklaut, Bulgaren durften kostenlosen Urlaub machen, wenn sie vier Stunden täglich in einer albanischen Fabrik arbeiteten, und die meisten Mercedes-Benz-Autos (jeder fährt dort einen Mercedes – kein Gerücht) stammen wohl aus westeuropäischen Haushalten und sind ihren ursprünglichen Besitzern ohne Einwilligungserklärung abgenommen worden.

Ganz sicher hingegen ist, dass ich dort ausnahmslos äußerst gastfreundliche und hilfsbereite Menschen getroffen hab, eine kaum berührte Bergwelt vorfand, ewig lange Sandstrände für mich allein hatte und unfassbar günstig und gut gegessen hab.

Kurzum, Albanien bietet Unberührtheit von der westlichen Zivilisation.

Die faktische Isolation Albaniens ist zwar seit zwei Jahrzehnten aufgehoben. Trotzdem hab ich während meiner Balkanreise das Gefühl, dass einige Nachbarstaaten eine unverhohlene Diskriminierungsstrategie gegen Albanien anwenden.

Ich wollte aus Montenegro nach Albanien einreisen und ging davon aus, dass aus Podgorica, Montenegros Hauptstadt, ganze 25 Kilometer von der albanischen Grenze entfernt, täglich ein paar Busse rüberfahren würden. Pustekuchen! Nicht ein einziger. Man stelle sich mal vor, von Berlin gäbe es keine Busse nach Polen!

Es gibt nur eine einzige Möglichkeit, mit öffentlichen Verkehrsmitteln von Montenegro in das *weit entfernte* Albanien zu kommen, nämlich vom Weltstädtchen Ulcinj aus, von dort fährt einmal täglich ein Bus Richtung Shkodra ab.

Ich nehme ein Taxi, weil ich keine Lust hab, mit dieser lächerlichen Schikane meine Zeit zu vergeuden. Knappe 40 Euro sind für 60 Kilometer irgendwie in Ordnung, auch wenn die Busfahrt wohl nur ein Zehntel gekostet hätte.

Dafür muss ich diesmal mein Gepäck nicht schleppen und werde dekadent entspannt von Tür zu Tür gefahren. In Shkodra wohne ich ein wenig außerhalb bei Florian, der in seinem Elternhaus ein kleines Hostel eröffnet hat. Seine Mutter kocht selbst angebautes Gemüse für die Gäste am Abend, und bei einem Glas etwas eigenwillig schmeckenden, selbst gekelterten Weines seines Vaters sitze ich in gemütlicher Runde unter Reben im Garten und schmiede Pläne für eine Fahrt in die albanischen Berge.

107. GRUND

WEIL MAN NEUE REZEPTE AUS DEM URLAUB MITBRINGT

Jeder findet im Urlaub sein absolutes Lieblingsgericht mit diesem ganz speziellen Duft und Geschmacksnoten, die sofort für die typische und lang ersehnte Urlaubsentspannung sorgen. Um jeden Preis will man dieses Gericht auch zu Hause nachkochen, fragt nach dem Rezept, notiert sich die Zutaten und kauft eventuell hiesige lokale Produkte, um den authentischen Geschmack gewiss auch in der eigenen Heimat wiederzufinden.

Doch kaum ist man zu Hause angekommen und bereitet sich sein ultimatives Urlaubserinnerungsgericht zu, schmeckt es irgendwie doch nicht mehr so wie vor ein paar Tagen noch auf Reisen. Das Phänomen ist bekannt, die mitgebrachten Lebensmittel aus dem Ausland, die dazu dienen sollen, das Urlaubsfeeling zu Hause fortzusetzen, schmecken, einmal in der heimischen Küche zubereitet, dann doch ganz gewöhnlich.

Ich hab im Laufe der Jahre ein paar Regeln und Tipps entdeckt, wie man dieser Enttäuschung vorbeugen kann. Erst einmal: nicht zu komplizierte Gerichte oder Gerichte, die zu viele Zutaten erfordern, mitnehmen wollen. Der indische Chai und der griechische Bauernsalat verdeutlichen ganz gut, warum beide Rezepte nicht als

Souvenirs geeignet sind. Die Inder haben eine ganz ausgeknobelte Art und Weise, ihren an sich banalen schwarzen Tee mit Milch zuzubereiten, mehrmals wird das Teeextrakt aufgekocht, durchgesiebt, dann wieder mit Milch aufgekocht und wer weiß wie viel Kilo Zucker reingeschüttet. Das bekommt man ohne richtig viel Übung zu Hause so nicht hin.

Beim griechischen Bauernsalat scheitert man an den Zutaten. Der Feta-Käse und das Olivenöl können zwar mitgebracht werden, aber die griechischen Tomaten, die sonnengereift sind, die gibt es in Deutschland einfach nicht. Und damit ist das authentische Geschmackserlebnis dahin.

Was tun? Einfache, aber ungewöhnliche Rezepte abschauen oder eigene Kreationen mit Urlaubszutaten entwickeln. Als Foodie freu ich mich besonders, wenn ich auf Reisen was ganz Neues zu essen entdecke, aber auch wenn Bekanntes neu zusammengewürfelt wird. Wie in Israel die Kombination aus Süßkartoffeln und Roquefort. Seit meiner Israelreise kommt es bei mir zu Hause ständig auf den Tisch, weil es speziell, aber schön einfach ist und mich jedes Mal wieder für ein paar Minuten nach Tel Aviv versetzt.

Das Souvenir-Rezept für Süßkartoffel-Pommes mit Roquefort-Dip aus Tel Aviv

Zutaten für 2 Personen:
400 Gramm Süßkartoffeln
50 Gramm Roquefort-Käse
200 Gramm Joghurt

Zubereitung: Süßkartoffeln mit Schale in Spalten schneiden. Mit Olivenöl, 2–3 ganzen ungeschälten Knoblauchzehen, Oregano, Pfeffer und Salz auf ein Backblech bei 225 Grad Celsius in den vorgeheizten Ofen schieben. Die Kartoffeln brauchen ca. 30–45 Minuten, bis sie fertig sind.

Der Dip: Ein Stück Roquefort-Käse, am besten mit wenig anfangen, mit der Gabel zerdrücken und mit viel Joghurt verrühren.

Kosten, ob es mehr Joghurt oder mehr Käse sein darf. Mit Pfeffer abschmecken.

Die heißen Süßkartoffel-Pommes in den Dip tunken und genießen.

Der griechische Frappé

Kaum eine andere Kaffeespezialität symbolisiert so viel Urlaubsfeeling wie der griechische Frappé, der locker als sommerliches Nationalgetränk der Griechen durchgehen kann und auf keinen Fall mit den Frappé-Getränken in Deutschland verwechselt werden darf.

Der griechische Frappé besteht aus dem löslichen Instant-Nescafé-Pulver, Wasser, Zucker und auf Wunsch einem Schuss Milch. Um die schaumige Konsistenz zu Hause ebenfalls hinzukriegen, braucht man einen elektrischen Milchschäumer.

Und so gelingt es: 1–2 Löffel Nescafé-Pulver und Zucker nach Bedarf ins Glas geben, einen Schuss Wasser dazutun (max. 1/4 des Glases), mit dem Milchschäumer kräftig aufschäumen, Eiswürfel ins Glas geben, mit kaltem Wasser auffüllen und bei Bedarf am Ende noch einen Schuss Milch hinzutun.

Heiße Masala-Schokolade – indisch inspiriert

Nachdem mich meine Masala-Chai-Versuche enttäuscht hatten, entdeckte ich durch Zufall eine ziemlich leckere Möglichkeit, was man mit dem Tee-Masala nun stattdessen anstellen kann, nämlich Masala-Schokolade, bzw. Heiße Schokolade mit Masala.

Zutaten pro Becher in etwa und je nach Geschmack:
250 ml Milch
25–50 Gramm Schokolade, vorzugsweise Vollmilch und dunkle gemischt
1 Teelöffel Tee-Masala-Pulver

Milch aufkochen, Schokolade hineingeben, unter Rühren schmelzen und Masala-Pulver hinzufügen.

Et voilà, fertig ist die heiße Schokolade indischer Inspiration!

108. GRUND

WEIL MAN AUF REISEN DEN PERFEKTEN REISEPARTNER FINDET

Eine der schönsten Erfahrungen beim Reisen sind die Begegnungen mit anderen Menschen, seien es Einheimische oder andere Reisende. Meistens verbringt man eine gute Zeit für einen Abend oder sogar ein paar Tage miteinander, aber manchmal entstehen aus solchen Bekanntschaften auch andauernde neue Freundschaften.

Am einfachsten kann man neue Kontakte knüpfen, wenn man alleine auf Reisen geht. Ich hab mit Alleine-Reisen durchweg nur positive Erfahrungen gemacht. Man ist anderen Menschen gegenüber offener, unbefangener und wirkt natürlich für andere auch zugänglicher. Jeder nähert sich einfacher einer Person als zweien oder einer Gruppe.

Alleine reisen hat auch den Vorteil, dass man sich mit seinem Reisepartner nicht in die Haare kriegt. Den perfekten Reisepartner zu finden kann unter Umständen noch schwieriger sein, als den passenden Lebenspartner zu finden. Wie man selbst und der Reisepartner in der Ferne agiert, kann ganz anders ausfallen als gedacht. Die Umgebung ist anders, man ist auch selbst anders, kommt mit dem Klima oder dem Essen nicht klar, ist viel redseliger als vorher, will ständig unterwegs sein oder eben lieber alles langsam erkunden und im Hotel die neuen Eindrücke verarbeiten. Meist entdeckt man viele neue Seiten, ungeliebte, an seiner Begleitung, wenn man gemeinsam verreist.

Zu Hause ist man Diskrepanzen gegenüber toleranter. Doch auf Reisen geht es auch um den Urlaub, aus dem man das Beste rausholen will. Schlechte Stimmung ist hier fehl am Platze. Ein Streit zerstört zu Hause die Freundschaft oder die Beziehung nicht, auf einer Reise kann er alles zerstören, die Reise und die Freundschaft bzw. die Beziehung. Auch wenn vorher alles abgesprochen ist, nirgends bewahrheitet sich die Redensart »Erstens kommt es anders und zweitens als man denkt« mehr als auf Reisen.

Deswegen sind Reisefreundschaften ganz besonders wertvoll. Man hat sich bereits in dieser neuen, ungewohnten Umgebung und Phase kennengelernt. Man weiß, ob man lieber gemeinsam zu Fuß durch die Stadt geht oder das Taxi teilt, ob man sich bei der Essensfrage einig wird, ob man sich für dieselben Dinge interessiert (Sightseeing, Museen, viel oder lieber wenig Kultur) und ein ähnliches Aktivitätslevel hat – lieber am Strand rumliegen, ständig im Café sitzen oder abends Party machen und den Tag verschlafen.

Wer so jemanden gefunden hat, mit dem das Reisen klappt, sollte ihn festhalten, ganz doll.

109. GRUND

WEIL MAN SICH SELBST UNTERWEGS BESSER KENNENLERNT

Ich erwache bereits, bevor mein Wecker klingelt. Draußen ist es noch dunkel, doch das Aufstehen fällt mir leicht, denn ich spüre ein Kribbeln in den Fingern. Voller Vorfreude schaue ich aus dem geöffneten Fenster in den sternenreichen Himmel – ich will raus!

Ungeduldig schnüre ich meine Schuhe zu, schwinge meinen Rucksack auf den Rücken und schließe leise die Türe hinter mir. Das Leuchten des Vollmonds zeigt mir den Weg. Den Weg ins nächste Abenteuer.

Die Luft ist rein. Ich atme tief und rieche den Duft von frisch geschnittenem Gras und vom Harz der Bäume. Mit der Zeit weicht die Nacht dem Tag, und es zeigen sich erste Sonnenstrahlen in der Ferne. Wie wunderschön! Die Sonne scheint mir ins Gesicht, ich schließe die Augen und spüre die Wärme, die durch meinen Körper fließt. Unter meinen Füßen brechen morsche Äste. Ich höre zwitschernde Vögel und das Rauschen der Blätter im Wind. Und ich höre meinen eigenen Atem, spüre, wie sich mein Brustkorb hebt und senkt, nehme mich und meine Umgebung intensiv wahr.

Als der Weg hinab zum Strand führt, bleibe ich an einer Klippe stehen, ziehe mich aus und springe ins kalte Nass. Unter Wasser fühle ich mich schwerelos. Während ich zurück ans Ufer schwimme, kann ich das Salz auf meinen Lippen schmecken. Ich hole meine Sachen, trockne meine Haut und gehe barfuß am Strand entlang. Dort wo das Meer den Sand berührt.

Nach einer Weile bleibe ich stehen und schaue aufs Wasser hinaus, in die unendliche Weite. Schaue zu, wie die Wellen brechen. Immer und immer wieder. Es gelingt mir abzuschalten, den Kopf frei zu kriegen. Ich fühle mich lebendig. Fühle mich leicht. Fühle mich mit der Natur verbunden.

So wundervoll verklärt blicke ich immer nach einem Outdoor-Trip auf das Erlebte zurück, gesteigert durch die romantischen Erinnerungsfotos, die nichts vom Chaos im Zelt zeigen, den fettigen Haaren oder dem spärlichen Essen. Wunderschöne Landschaften, einsame Wege und unberührte Natur sind in der Regel das Sujet meiner fotografischen Aufnahmen und das, was mir romantisch im Gedächtnis bleibt und mich jedes Mal wieder dazu verleitet, die Spuren der Zivilisation zu verlassen.

Doch über die Zeit hab ich eines über mich gelernt: Ich finde Berge zwar wunderschön, schaue sie mir aber lieber aus der Ferne an. In den Steinmassiven selbst fühle ich mich nach ein paar Tagen beklommen. Von Wüste und Meer dagegen kann ich nicht genug bekommen. Die scheinbare Monotonie und Endlosigkeit ziehen mich an. Aber im Grunde meines Herzens bin ich ein Großstadtkind. Ich mag es, nachts rauszuschauen, andere beleuchtete Fenster zu sehen und mich in Gedanken zu verlieren, was die anderen Menschen so umtreibt, die gerade auch nicht schlafen können.

Ich hab meine Sucht nach Großstädten endgültig begriffen, als ich drei Tage in der ägyptischen Wüste war, wo wir die ganze Zeit über keine Menschenseele oder menschliche Spuren gesehen haben.

Und nach ein paar Stunden nicht mal mehr andere Fahrzeugspuren im Sand zu sehen waren. Das war ein großartiges Erlebnis, und ich würde es auf jeden Fall wieder machen. Aber was ich danach unbedingt wollte, war, schnellstmöglich nach Kairo zurückzukehren. Rein in die Menschenmassen, in das Gewimmel, in das Chaos und wieder alle Sinne zeitgleich fordern.

110. GRUND

WEIL MAN IN MUSEEN DIE WELT MIT ANDEREN AUGEN SIEHT

Das Wort »Museum« stammt aus dem Altgriechischen und bedeutete so viel wie Heiligtum der Musen, der Schutzgöttinnen der Künste, Kultur und Wissenschaft. Heute ist das Museum eine Institution, die eine Sammlung bedeutsamer Gegenstände für die Öffentlichkeit ausstellt. Das war nicht immer so. Früher waren Museen private Kunstsammlungen von besonders wohlhabenden Kunstliebhabern aus dem Adel, Herrschaftshäusern oder kirchlicher Würdenträger. Ein berühmtes Beispiel ist die Eremitage im russischen St. Petersburg. Die russische Kaiserin Katharina die Große kaufte Mitte des 18. Jahrhunderts mehr als 1.000 Gemälde von Kunsthändlern und Sammlern und stellte sie im Winterpalais aus – nicht jedoch für die Öffentlichkeit. Bald mussten weitere Gebäude hinzugebaut werden, um die immer größer werdende Sammlung zu beherbergen. Erst 100 Jahre später, 1852, wurde die umfangreiche Gemäldesammlung der Zarenfamilie der Öffentlichkeit zugänglich gemacht. Heute ist die Eremitage eines der bedeutendsten und größten Museen der Welt.

Die großen Häuser dieser Welt wie der Louvre in Paris, das British Museum in London, die Vatikanischen Museen in Rom sind allseits bekannt, und trotz der langen Warteschlangen lohnt sich ein Besuch, weil sie Meilensteine unserer Kultur und menschlichen Schaffens bergen.

Ich möchte euch aber ein paar kleine unbekanntere Museen vorstellen, die mindestens ebenso lohnenswert sind wie ihre berühmten Verwandten. Aber nicht durch die Wucht ihrer Exponate, sondern durch das liebevolle Ausstellungskonzept, das uns eine andere Sicht auf die Welt ermöglicht, bereichern.

Das Musée de l'Orangerie – Paris, Frankreich

In den 1920er Jahren gelangten acht große Seerosengemälde von Claude Monet als Schenkung an den französischen Staat in das Musée de l'Orangerie. Die Gemälde sind in zwei ovalen Räumen installiert, die einen natürlichen Tageslichteinfall von oben gewähren. Dadurch entsteht der Eindruck eines Panoramas von Monets Seerosenteich in Giverny. Die Gemälde sind bis zu 17 Meter breit, zwei Meter hoch und ergeben eine Gesamtlänge von mehr als 100 Metern. André Masson bezeichnete 1952 diese Seerosendekorationen in der Orangerie als »Sixtinische Kapelle des Impressionismus«. Lasst die anderen einen kurzen Blick auf die Mona Lisa im Gedränge erhaschen und genießt lieber in aller Ruhe eine der schönsten Kunstinstallationen überhaupt.

Das Museum der zerbrochenen Beziehungen – Zagreb, Kroatien

Dieses Museum ist eine Sammlung von unterschiedlichsten Gegenständen, die Menschen in einer Beziehung miteinander verbunden hatten, ob ein Korkenzieher, Puschen, der Ehering oder vielleicht ein besonderes Bild. Jeder kann was einreichen, namentlich oder anonym. Einzige Bedingung ist ein Text zum Gegenstand. Die Hauptsammlung befindet sich in Zagreb, und ein Teil ist als Wanderausstellung in der Welt unterwegs.

Die Sammlung zeigt auf, wie wichtig uns Menschen Beziehungen sind, wie vergänglich und zerbrechlich sie sind, dass man selber dran zerbrechen oder wachsen kann.

Das Ayala Museum –
Manila, Philippinen

Ohne großen Prunk, aber stilvoll präsentiert sich das Ayala Museum in der philippinischen Hauptstadt Manila. Im 2. Stock betritt man die permanente Ausstellung »Gold of Ancestors«. Einige Tausend Goldobjekte, die bereits im 13. Jahrhundert von philippinischen Goldschmieden gefertigt wurden, befinden sich hier. Goldene Schärpen, Halsketten, Diademe, Ohrringe und Fingerringe, Armbänder und Vasen sind aus feinstem Gold hergestellt, von einer atemberaubenden Finesse.

Bis vor einiger Zeit begann die offizielle Geschichtsschreibung der Philippinen erst mit der Kolonialisierung durch die Spanier im 16. Jahrhundert. Die Ausstellung verdeutlich eindrucksvoll, dass es lange vor der spanischen Herrschaft eine hoch entwickelte philippinische Kultur gab, die mit anderen asiatischen Reichen einen regen Handel und Austausch pflegte.

111. GRUND

WEIL SOUVENIRS KAUFEN FREUDE BEREITET

Wie erhält man sich die Freude nach der Reise? Wie teilt man das Erlebte mit seinen Liebsten, die zu Hause geblieben sind? Klar, man zeigt Fotos, erzählt die spannendsten und peinlichsten Anekdoten, langweilt seine Freunde womöglich mit viel zu langen »Dia-Vorträgen« und schenkt – auch sich – in der Regel einen kleinen Gegenstand, den man im Urlaub gekauft hat und an die Reise erinnern soll: das Souvenir (französisch »sich erinnern«).

Erinnerungen in Dinge zu projizieren ist so alt, wie es menschliches Denken gibt. In der Antike zerteilten Freunde, die sich trennten, eine Tonscheibe. Jeder bekam eine Hälfte, und wenn man sich wiedertraf, steckte man sie wieder zusammen. Pilger nahmen schon im 4. und 5. Jahrhundert Steine vom Wegesrand mit, die ihnen gefielen. In der Renaissance war es üblich, sich selber in Erinnerung zu bringen, und man verschenkte eine eigene Haarlocke. Wer das nötige Kleingeld hatte, bestellte Münzen mit seinem eigenen Porträt, um sie zu verschenken.

Doch das Souvenir von der Stange ließ nicht lange auf sich warten. Bereits als Johann Wolfgang von Goethe 1786 seine berühmte Italienreise antritt, findet er schon ein reiches Sortiment an Souvenirs vor: Kupferstiche von Rom und viele Gipsskulpturen nach antiken Vorbildern. Natürlich kauft auch Goethe bei den Souvenirhändlern ein.

Es beginnt der Zeitpunkt, wo das Souvenir vom kostbaren Einzelstück zur Massenware der Neuzeit wird. Mit dem Wirtschaftswunder nach dem Zweiten Weltkrieg ist die große Zeit des berühmten Mini-Eiffelturms angebrochen.

Doch nur weil es ein Stück Massenware ist, etwas, was das eigene ästhetische Empfinden nicht repräsentiert, heißt es nicht, dass darin nicht eine Erzählung, eine Erinnerung versteckt sein kann: Die Geschichte vom ersten Streit mit der Freundin, die sich so gar nicht über den kleinen Eiffelturm freuen wollte. Das scheinbar gekonnte Feilschen auf einem orientalischen Basar, wonach man den Souvenirhändler immer noch um das Zehnfache des eigentlichen Kaufpreises bereichert hat, zu Hause aber stolz von seinem Verhandlungsgeschick und dem unverständigen Händler prahlt.

Ich persönlich favorisiere Souvenirs, die sich als Gebrauchsgegenstand zu Hause nutzen lassen. Aus Indien hab ich mir einen einfachen Ganesha-Schlüsselanhänger aus Plastik mitgenommen und ein paar weitere kleine alte Medaillons vom indischen Flohmarkt drangehängt und benutze ihn seit Jahren als Schlüsselanhänger für meinen Haustürschlüssel.

Alte Bollywood-Poster lassen sich auch prima in Mumbai auf dem Chor Bazaar finden. Ein schönes Mitbringsel, das nicht jeder hat. In Island ein paar typische Islandpullover kaufen, am besten zu Beginn der Reise (kann man auch wunderbar über der Jacke tragen, wärmt und schaut ganz typisch isländisch aus – die Isländer machen das nämlich so). Kaschmir-Fans aufgepasst! Nicht Indien ist euer Ziel, sondern die Mongolei. Ein besonderes Faible hab ich für ungewöhnliche Souvenirs, manche würden es auch als Unfug bezeichnen, die mir ein Lächeln ins Gesicht zaubern. In Berlin am Flughafen gibt es zum Beispiel die »Spreewaldgurke to go« in einer Dose abgepackt. Australien bietet die weihnachtliche Krippenbesatzung in Känguru-Figuren an. Jesus als schnuckeliges Baby-Känguru in der Wiege?! Südafrika versteht sich in Zweitverwertung und verpackt Elefantendung für Touristen in Plastikdosen. Und der Vatikan bringt jedes Jahr einen eigenen »Calendario Romano« mit Porträts seiner Bischöfe heraus – leider zölibatär anständig.

MARIANNA HILLMER (geb. 1982) ist Hamburgerin mit griechischen Wurzeln, studierte in Berlin Kultur- und Rechtswissenschaften und arbeitete in Indien, Griechenland und Bayern. »Reisen macht glücklich und darüber lesen auch!«, findet die Gründerin des bekannten Reiseblogs »Weltenbummler Mag«. Sie lebt in Berlin und ist als Autorin, Webdesignerin und Fotografin tätig.

Marianna Hillmer
111 GRÜNDE, UM DIE WELT ZU REISEN
Von der Lust, sich auf den Weg zu machen

ISBN 978-3-86265-549-6
© Schwarzkopf & Schwarzkopf Verlag GmbH, Berlin 2016

Idee und Vermittlung: Literaturagentur Brinkmann, München | Alle Rechte vorbehalten. Dieses Werk ist urheberrechtlich geschützt. Jede Verwendung, die über den Rahmen des Zitatrechtes bei korrekter und vollständiger Quellenangabe hinausgeht, ist honorarpflichtig und bedarf der schriftlichen Genehmigung des Verlages.
Coverfoto: © dorian2013/depositphotos.de | Autorenfoto und Fotos auf S. 59, S. 239: © Johannes Klaus | Alle anderen Fotos © Marianna Hillmer

KATALOG
Wir senden Ihnen gern kostenlos unseren Katalog.
Schwarzkopf & Schwarzkopf Verlag GmbH
Kastanienallee 32, 10435 Berlin
Telefon: 030 – 44 33 63 00
Fax: 030 – 44 33 63 044

INTERNET | E-MAIL
www.schwarzkopf-schwarzkopf.de
info@schwarzkopf-schwarzkopf.de